Herausgeberin: Barbara Taylor
Gestaltung: Ben White
Beratung: Terry Cash
Illustrationen: Kuo Kang Chen, Peter Bull

© 1987 by Grisewood and Dempsey Ltd., London.

Alle Rechte der deutschsprachigen Ausgabe 1988 bei
Südwest Verlag GmbH & Co. KG, München.

Originaltitel: **Fun with Science. Experiments, Tricks, Things to Make**

Aus dem Englischen übersetzt von
Dr. Marcus Würmli

ISBN 3-517-01099-5

Printed in Hong Kong by South China Printing Co.

BRENDA WALPOLE

EXPERIMENTE, TRICKS UND TIPS

zum Verständnis der Natur

Lernen und Wissen im Spiel und mit Spaß

SÜDWEST

Inhalt

Ein Wort zum Anfang

Dieses Buch enthält viele wissenschaftliche Experimente. Sie sind einfach durchzuführen, und ihr werdet dabei viel darüber lernen, warum manche Dinge in der Umwelt gerade so passieren und nicht anders. Das Buch ist in vier Kapitel gegliedert: Wasser, Luft, Bewegung und Licht, und jedes dieser vier Kapitel besteht aus mehreren Themen. Auf den Seiten mit einem blauen Rahmen beginnt jeweils ein neues Thema.

Das meiste Material für die Experimente ist in jedem Haushalt vorhanden. Du brauchst also keine teure Ausrüstung, um ein guter Wissenschaftler zu werden.

Vorsicht!

Einige wissenschaftliche Experimente können gefährlich sein. Bitte einen Erwachsenen um Hilfe, wenn du schwierigere Stücke anfertigen oder zuschneiden mußt, oder wenn du Experimente mit Flammen, heißen Flüssigkeiten oder Chemikalien durchführen willst. Vergiß nicht, nach dem Experiment offene Flammen zu löschen oder Herdplatten auszumachen. Gute Wissenschaftler vermeiden Unfälle.

Wie man ein guter Wissenschaftler wird

● Trage vor dem Beginn eines Versuchs alles benötigte Material zusammen.
● Führe ein Notizbuch. Schreib darin auf, was du während der Versuche machst und was dabei geschieht.
● Beobachte die Versuche genau. Gelegentlich geht alles sehr schnell vor sich, und du mußt einen Versuch mehr als einmal durchführen.

● Wenn der Versuch beim ersten Mal nicht klappt, dann probiere es noch einmal oder führe das Experiment in veränderter Form durch, bis du erfolgreich bist.
● Wenn deine Antworten nicht genau dieselben sind wie in diesem Buch, mache dir keine Sorgen deswegen: Das bedeutet nicht, daß du dich geirrt hast. Sieh zu, ob du herausfindest, was geschehen ist und warum.

Wie du noch mehr herausfinden kannst

● Bringe kleine Veränderungen im Versuchsaufbau und beim Material an und beobachte, ob die Ergebnisse dieselben bleiben.
● Überprüfe mit eigenen Versuchen, ob die Dinge wirklich so funktionieren, wie du glaubst.
● Schau dich zu Hause und draußen um, ob du mehr Beispiele für die wissenschaftlichen Ansichten findest, die in diesem Buch beschrieben sind.
● Mach dir keine Sorgen, wenn du nicht alles verstehst, was du siehst. Das tun nicht einmal die Wissenschaftler. Dafür gibt es immer wieder neue Dinge zu entdecken. Denk daran, daß viele berühmte Entdeckungen durch Zufall gemacht wurden (siehe Seite 92 und 116).

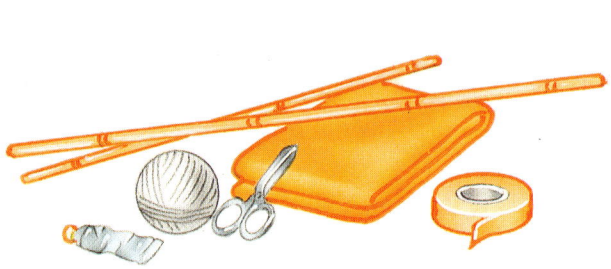

WASSER

In diesem Kapitel stellen wir Forschungen über das Wasser an. Beobachte das Verhalten des Wassers, wenn du trinkst oder dich wäschst oder wenn es regnet.

Dieses Kapitel umfaßt sechs Hauptthemen:

- Wasser als Flüssigkeit, als Festkörper und als Gas
- Wasserstand und fließendes Wasser
- Oberflächenspannung
- Dichte und Wasserverdrängung
- Stoffe lösen sich in Wasser
- Wasser für Lebewesen und zur Energiegewinnung

Mit diesen drei Symbolen kannst du auf den ersten Blick erkennen, worum es jeweils geht.

VERSUCHE

TRICKS

TIPS ZUM SELBERMACHEN

Einführung

Wasser ist ein bedeutender Stoff. Es bedeckt mehr als zwei Drittel der Erdoberfläche, und kein Lebewesen auf der Erde kann ohne Wasser überleben. Die meisten Versuche in diesem Buch zeigen dir die überraschenden Eigenschaften des flüssigen Wassers. Wir entdecken, daß Wasser eine dehnbare »Haut« besitzt. Wir finden heraus, warum schwere Eisenschiffe in Wasser schwimmen und warum einige Stoffe verschwinden, wenn man sie mit Wasser in Berührung bringt. Und schließlich werden wir sehen, wie flüssiges Wasser in Wasserkraftwerken Maschinen antreibt, die uns am Ende elektrische Energie liefern.

Flüssiges Wasser ist aber nur einer der drei Zustandsformen dieses Stoffes. Wenn Wasser unter 0°C abgekühlt wird, gefriert es zu einem Festkörper, dem Eis. Wenn wir es auf 100°C erhitzen, beginnt Wasser zu sieden und verschwindet als gasförmiger Wasserdampf in der Luft.

Wenn du die verschiedenen Eigenschaften des Wassers kennengelernt hast, kannst du auch die Fragen auf diesen beiden Seiten beantworten und erklären, wie das Wasser all die Dinge um uns herum beeinflußt.

◀ Warum verschwinden gewisse Stoffe, wenn du sie mit Wasser mischst? (Siehe Seite 40 – 41)

▲ Warum schwimmt ein Eiswürfel im Wasserglas und warum ein Eisberg im Meer? (Siehe Seite 16 – 17)

▼ Warum schwimmen gewisse Gegenstände auf dem Wasser, während andere absinken? (Siehe Seite 32 – 33)

▲ Warum bilden sich Wolken am Himmel?
Warum zeigen sie so unterschiedliche Formen?
(Siehe Seite 14 – 15)

▶ Wie entfernt
Seife fettige Schmutz-
reste von Tellern?
(Siehe Seite 30 – 31)

▼ Warum bildet Wasser stets
eine waagrechte Oberfläche
aus? (Siehe Seite 20 – 21)

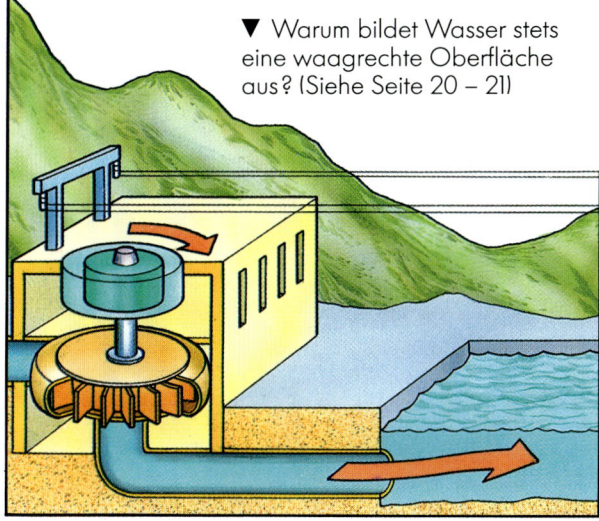

◀ Wie schnell kann
Wasser fließen?
(Siehe Seite 24 – 25)

▲ Wie gewinnt man Energie aus Wasser?
(Siehe Seite 46 – 47)

▶ Woher kommen Schnee und Eis?
(Siehe Seite 16 – 17)

▼ Warum schwimmen Schiffe auf dem Wasser?
Wieviel können sie tragen, ohne unterzugehen?
(Siehe Seite 34 – 35)

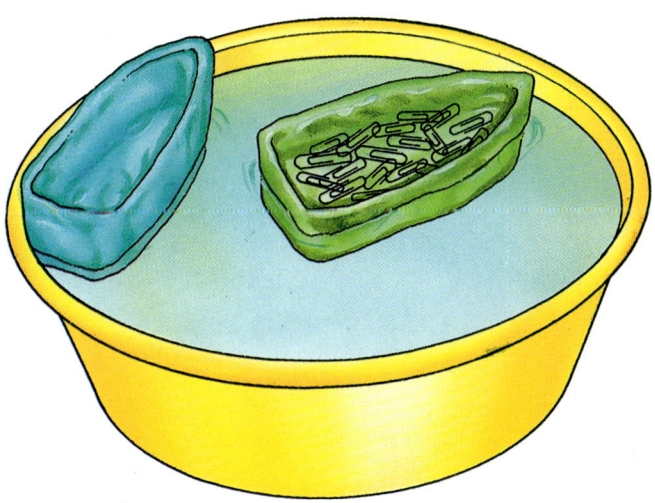

Wasser verschwindet

Wenn es regnet, fällt Wasser vom Himmel und sammelt sich in Pfützen auf dem Boden an. Doch wenn der Regen aufgehört hat und die Sonne wieder zu scheinen beginnt, trocknen die Pfützen aus. Wohin verschwindet all das Wasser? Die Wärme der Sonne bewirkt, daß das Wasser sozusagen in winzigsten Tröpfchen in die Luft steigt. Diesen Vorgang nennen wir **Verdunstung.** Das flüssige Wasser geht dabei in **Wasserdampf** über.

▶ In heißen Ländern läßt man Früchte in der Sonne trocknen. Das Wasser, das in ihnen enthalten ist, wird nach und nach zu Wasserdampf und verdunstet in die Luft. Getrocknete Früchte sind wasserarm. Damit kann man sie als Vorrat für später gut lagern.

Wir untersuchen die Verdunstung

Material: Zwei gleich große und gleich geformte Glasbecher, ein Filzschreiber.

1. Fülle beide Becher ungefähr zur Hälfte mit Wasser. In beiden Gefäßen sollte das Wasser gleich hoch stehen. Markiere die Wasserhöhe außen mit dem Filzschreiber.
2. Decke einen der Becher mit einer Alufolie ab.
3. Laß beide Gefäße einige Tage in einem warmen Raum stehen. Dann überprüfe erneut die Wasserhöhe. Welcher Becher enthält weniger Wasser?

Wasserhöhe markieren

Alu-folie

Wie es funktioniert
Die Wärme führt dazu, daß in beiden Gefäßen Wasser verdunstet. Die Abdeckung hindert aber den Wasserdampf im einen Becher daran, in die Luft zu entweichen. Deswegen enthält dieses Gefäß am Ende mehr Wasser als das andere.

Wäsche trocknet

Wie schnell verdunstet Wasser, und wie lange dauert es, bis Gegenstände trocken werden? Mit diesen Versuchen wollen wir herausfinden, unter welchen Bedingungen das Trocknen am schnellsten erfolgt. Schneide ein Stück Stoff in sechs möglichst gleich große Teile und befeuchte sie alle.
● Lege eines in die Sonne und ein anderes in den Schatten.
● Hänge eines in den Wind, ein anderes an einen windgeschützten Ort.
● Falte ein Stück zusammen oder knülle es zu einem Ball; breite ein anderes Stück flach aus.
Welches Stoffstück ist zuerst trocken?

Wir bauen uns einen Kühlschrank

Am leichtesten kann man irgendwelche Dinge kühl halten, indem man einen Tontopf, zum Beispiel einen kleinen Blumentopf, über sie stülpt. Er muß aber zuvor mit Wasser befeuchtet werden. Wenn dieses Wasser verdunstet, entzieht es dem Topf Wärme. Damit bleibt der Gegenstand kühl, der unter dem Tontopf verborgen ist. Wenn du den Topf in eine mit Wasser gefüllte Schüssel stellst, saugt er Wasser dauernd nach. Ein solcher »Kühlschrank« hält längere Zeit.

Stein

Tontopf

Kühles Getränk

Wasser verdunstet an sonnigen Stellen am schnellsten. Eine Brise trägt den Wasserdampf weg, der von der Oberfläche des Stoffes verdunstet; dadurch wird der Stoff schneller trocken. Auch wenn wir das Tuch ausbreiten, trocknet es besser, denn das Wasser kann nun von der ganzen Oberfläche verdunsten. Warmes windiges Wetter ist also am besten zum Wäschetrocknen. Dabei sollten wir die Kleidungsstücke möglichst ausbreiten.

Weitere Versuche

Vergleiche verschiedene Materialien miteinander, z. B. künstlich und natürlich hergestellte Gebilde. Lege sie an den gleichen Ort und beobachte, welcher davon zuerst trocknet.

Kühlung

Warum gerät man leicht ins Frösteln, wenn man aus einem warmen Bad steigt? Weil das Wasser von der Hautoberfläche verdunstet und dem Körper dabei Wärme entzieht. Derselbe Vorgang hilft beim Abkühlen, wenn der Körper Gefahr läuft, sich zu sehr zu erhitzen, zum Beispiel bei einem sportlichen Wettkampf. Schweiß gelangt über die Poren auf die Hautoberfläche, verdunstet dort und kühlt den Körper ab.

Wasser aus der Luft

Wasserdampf bleibt nicht für alle Ewigkeit in der Luft. Bisweilen wandelt er sich wieder in flüssiges Wasser um. Diesen Vorgang nennt man **Kondensation.** Kalte Luft kann nicht soviel Wasserdampf aufnehmen wie warme. Wenn Luft abkühlt, kondensiert ein Teil des Wasserdampfes und bildet winzige Tröpfchen flüssigen Wassers, die wir Nebel nennen. Die weißen Streifen, die Flugzeuge in großer Höhe zurücklassen, sind solche Nebelkondensstreifen.

Wassertröpfchen aus dem Nichts

Stelle ein Glas Wasser für ungefähr eine Stunde in den Kühlschrank, bis es abgekühlt ist. Wenn du es wieder herausnimmst, werden dir an der Außenseite des Glases viele Wassertröpfchen auffallen.

Wie es funktioniert
Das kalte Glas Wasser kühlt in der nächsten Umgebung ab. Der darin enthaltene Wasserdampf kondensiert und schlägt sich in Form von Wassertröpfchen auf der Außenseite des Glases nieder. Aus diesem Grund bilden sich bei kaltem Wetter an der Innenseite von Fensterscheiben Wassertröpfchen, die nach unten fließen.

Was ist Dampf?

Wenn Wasser in einem Kessel zu kochen beginnt, tritt Wasserdampf aus. Draußen trifft er auf kältere Luft. Dabei bilden sich winzige Wassertröpfchen durch Kondensation, schließen sich zu größeren Tröpfchen zusammen, die wir dann als eine Art Nebel sehen. Diesen bezeichnen wir in der Umgangssprache als Dampf.

Zieh einen Handschuh an, um den Löffel zu halten.

Wenn du einen kalten Löffel in den Dampf hältst, kondensiert das Wasser und bildet immer größere Tröpfchen. **Achtung:** Sei vorsichtig, heißer Dampf kann schmerzhafte Verbrühungen verursachen.

Warum regnet es?

Die Sonnenwärme bewirkt, daß flüssiges Wasser in den Meeren, Flüssen und Seen verdunstet. Der Wasserdampf steigt in die Luft. In großer Höhe ist die Luft aber zu kühl, um all den Wasserdampf aufnehmen zu können.

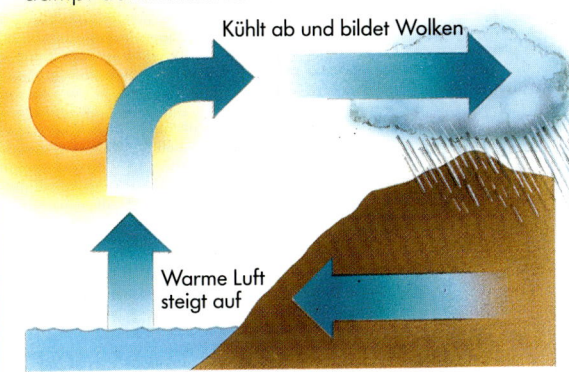

Kühlt ab und bildet Wolken

Warme Luft steigt auf

Er kondensiert in der kalten Luft und bildet winzige Wassertröpfchen, die wir von weitem als Wolken sehen. Die Tröpfchen halten sich in den Wolken auf, bis sie zu schwer werden und schließlich als Regen wieder auf die Erde zurückfallen.

Haufenwolken

Federwolken

Schichtwolken

Halte Ausschau nach den drei wichtigsten Wolkentypen. Blumenkohlartige Haufenwolken (Cumulus) bedeuten schönes Wetter, können sich aber zu großen grauen Sturmwolken verdichten. Schichtwolken (Stratus) bringen Regen oder Schnee. Federwolken (Cirrus) liegen so hoch in der Luft, daß sie aus Eiskristallen bestehen.

Wir bauen einen Regenmesser

Um den Niederschlag in deinem Gebiet zu messen, brauchst du nur eine durchsichtige Plastikflasche und einen Maßstab. Schneide das obere Ende der Flasche ab und stecke es umgekehrt so in den unteren Teil, daß es einen Trichter bildet. Mit dem Maßstab zeichnest du eine Skala an der Außenseite der Flasche auf.
Stelle deinen Regenmesser an einer offenen Stelle auf, nicht unter Bäumen, wo Wassertropfen von den Ästen hineingelangen könnten. Grabe die Flasche leicht in den Boden ein, daß der Wind sie nicht umblasen kann. Überprüfe die Regenmenge, die jeden Tag fällt, und stelle dir deine eigene Niederschlagstabelle zusammen. Denk daran, daß du die Flasche jeden Tag nach dem Messen leeren mußt.

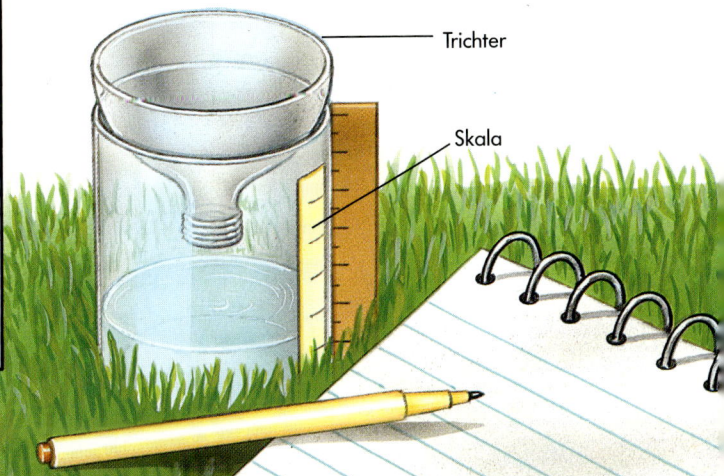

Trichter

Skala

Gefrorenes Wasser

Wasser existiert in drei unterschiedlichen Zustandsformen: als Flüssigkeit, Gas (Wasserdampf) und als Festkörper (Eis). Auf den folgenden vier Seiten erfährst du, wie sich Eis verhält und wie man seine besonderen Eigenschaften für einfache Tricks und Experimente nutzen kann. Festes Wasser kann auf zweierlei Weise entstehen. Zunächst bildet es sich, wenn flüssiges Wasser bis auf 0°C, den Gefrierpunkt, abkühlt. Auf diese Weise entstehen die Eiswürfel im Kühlschrank. Eis tritt aber auch auf, wenn Wasserdampf gefriert; dies ist die Entstehungsweise der Eiskristalle an den Wänden des Tiefkühlgeräts.

Treibendes Eis

Wenn Wasser gefriert und zu Eis erstarrt, dehnt es sich aus und nimmt mehr Raum ein als flüssiges Wasser. Dadurch wird das Eis weniger dicht oder leichter als das flüssige Wasser, aus dem es entstanden ist, und treibt im Wasser. Da Eis ungefähr ein Neuntel mehr Raum einnimmt als flüssiges Wasser, zeigt sich an der Wasseroberfläche ungefähr der neunte Teil eines Eisbergs. Die neunfache Menge davon befindet sich also unter der Wasseroberfläche.

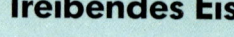

Der unter dem Wasser liegende Teil des Eisbergs wird gefährlich für die Schiffahrt.

Wir halten Ausschau nach Eis

Suche im Winter die verschiedenen Formen und Muster, in denen gefrorenes Wasser auftreten kann.
- Schneeflocken entstehen, wenn Wasserdampf gefriert.
- Eiszapfen entstehen, wenn Wasser in sehr kalter Luft abtropft.
- Eiskristalle bilden an kalten Fenstern schöne Muster, wenn Wasserdampf langsam gefriert.
- Eisschichten bedecken die Oberflächen von Pfützen und Teichen.

Wir sammeln Eiskristalle

Wir fangen Schneeflocken mit einem schwarzen Stück Tuch oder Papier auf, das wir zuvor in den Kühlschrank gestellt haben, damit die zarten Gebilde nicht so schnell schmelzen. Betrachte die Formen mit dem Vergrößerungsglas. Keine Schneeflocke gleicht der anderen, und doch hat jede sechs Strahlen oder Seiten.

Eis braucht Platz

Laß einen Eiswürfel in einem vollen Wasserglas schwimmen. Was meinst du, was geschieht, wenn der Eiswürfel schmilzt? Wird das Glas überlaufen?

Wenn der Eiswürfel schmilzt, bleibt die Wasserhöhe im Glas ungefähr dieselbe, denn das Wasser aus dem Eis nimmt in flüssigem Zustand etwas weniger Raum ein.

Material:
Eine kleine Flasche aus Glas oder dickem Plastik.

1. Fülle die Flasche bis zum Rand mit Wasser und bringe darüber eine lockere Abdeckung aus Alufolie an. Stelle die Flasche in das Tiefkühlgerät und laß sie so lange darin, bis das Wasser hart gefroren ist.

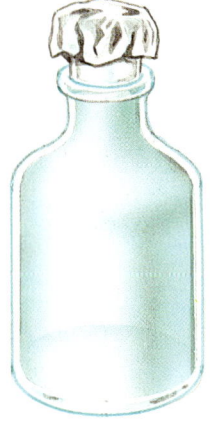

2. Wenn du dir die Flasche genau ansiehst, bemerkst du, daß das Eis die Abdeckung nach oben geschoben hat.

Wie es funktioniert
Eis nimmt beim Gefrieren mehr Raum ein als flüssiges Wasser. Aus diesem Grund können Wasserleitungen im Winter bersten. Das Wasser im Innern dehnt sich beim Gefrieren aus und reißt unter hohem Druck die Röhren auseinander.

Wir schneiden Eis mit einem Draht

Eiswürfel

Korken

Material: Dünne, starke Schnur oder Draht, 1 Flasche mit einem Korken, 1 Eiswürfel, zwei schwere Gabeln.

1. Drücke den Korken so in die Flasche, daß ungefähr 2,5 cm davon noch herausschauen. Lege den Eiswürfel auf den Korken.

2. Schneide ein ungefähr 40 cm langes Stück Schnur oder Draht ab und knüpfe an den beiden Enden die Gabeln fest. Lege den Draht wie in der Abbildung dargestellt über den Eiswürfel und stelle alles in den Kühlschrank. Der Draht wird durch den Eiswürfel hindurchwandern, ohne ihn in zwei Stücke zu zerschneiden.

Wie es funktioniert

Der Druck der Schnur oder des Drahtes bewirkt, daß das Eis unmittelbar darunter schmilzt. Es bildet sich eine Wasserschicht unter dem Draht. Dadurch sinkt er immer tiefer in den Eiswürfel ein, während das Wasser oberhalb des Drahtes wieder zu Eis gefriert.

Dasselbe geschieht auch beim Schlittschuhlaufen. Das Gewicht des Schlittschuhläufers bewirkt, daß das Eis unter den Kufen schmilzt. Die Wasserschicht dient als Schmiermittel über der Eisschicht und gefriert dann gleich wieder zu Eis.

Häuser aus Eis

Die Inuit oder Eskimo von Kanada bauten früher bei Jagdausflügen Häuser aus Eis. Das Material für diese Iglus waren rechteckige Blöcke aus gefrorenem Schnee. Die Eskimo legten sie so übereinander, daß sie eine Kuppel bildeten. Die Lücken zwischen den einzelnen Schneeblöcken wurden mit lockerem Schnee ausgefüllt. Oben auf der Kuppel blieb ein Loch frei für den Luftaustausch. Ein Feuer im Inneren des Iglus führte dazu, daß die Wände zu schmelzen begannen. Dann öffneten die Eskimo die Tür, was zur Folge hatte, daß das flüssige Wasser wieder gefror und eine Eisschicht bildete, die keine Wärme mehr durchließ. Heute bauen nur noch sehr wenige Inuit diese traditionellen Iglus, denn sie gehen kaum mehr für längere Zeit auf Jagd.

Wir heben einen Eiswürfel mit einem Streichholz

Material: Eine Schüssel voller Wasser, ein Eiswürfel, ein Streichholz, etwas Salz.

Wir lassen den Eiswürfel im wassergefüllten Gefäß treiben und legen das Streichholz sorgfältig darauf. Dann streuen wir etwas Salz um das Streichholz herum. Es wird bald am Eiswürfel angefroren sein, so daß man das Streichholz mit dem Eiswürfel herausheben kann.

Wie es funktioniert

Wenn man Salz auf den Eiswürfel streut, bewirkt dieses, daß das Eis um das Streichholz herum schmilzt. Salzwasser gefriert nämlich bei niedrigeren Temperaturen als gewöhnliches Wasser. Mit anderen Worten: Salzwasser muß kälter werden als 0°C, damit es gefriert. Unter das Streichholz fällt jedoch kein Salz, so daß es am Eiswürfel festfrieren kann. Deswegen kannst du beides mit einem Griff in die Höhe heben.

Im Winter wird Salz auf die Straßen gestreut, damit Eisschichten schmelzen. Das Salzwasser, das dabei entsteht, gefriert erst bei Temperaturen, die deutlich unter 0°C liegen. Eine andere Methode, um das Gefrieren von Wasser zu verhindern, besteht im Hinzufügen von Gefrierschutzmittel, wie es im Autokühler geschieht. Ein solches Gemisch gefriert erst bei −30°C.

Der Wasserspiegel

Wasser wird wie alle anderen Körper auf der Welt von einer unsichtbaren Kraft, der Schwerkraft oder Gravitation, gegen die Erdmitte gezogen. An einigen Stellen kann es aber nicht in die Erdoberfläche eindringen, weil bestimmte Gesteinstypen es daran hindern. Solches Wasser bildet dann Seen, Meere und Flüsse. An anderen Stellen lassen die Gesteine jedoch das Wasser durchsickern. Alles Wasser auf der Erde sammelt sich wegen der Schwerkraft an der tiefstmöglichen Stelle.

Wir erraten die Lage des Wasserspiegels

▲ Wasserfälle zeigen uns auf spektakuläre Weise, wie das Wasser von der Erde angezogen wird und stets den tiefstmöglichen Stand zu erreichen sucht. Die Fotografie zeigt die Niagarafälle an der Grenze zwischen den Vereinigten Staaten und Kanada.

Wir brauchen nur Papier, Schreibstift und Schere.
1. Falte ein großes Blatt Papier zur Hälfte und dann noch einmal zur Hälfte.
2. Zeichne die Umrisse einer Flasche auf die eine Seite und schneide diese durch alle vier Blätter hindurch aus.

Schneiden

Falten

3. Lege deine vier »Flaschen« in dieselbe Lage wie unten abgebildet. Zeichne bei jeder Flasche eine Linie ein, wo du die Lage des Wasserspiegels vermutest, wenn die Flaschen zu drei Viertel gefüllt wären.

4. Wiederhole den Versuch mit einer richtigen Wasserflasche. (Halte sie über eine Spüle oder eine Badewanne oder gehe ins Freie, wenn du sie kippst.) Hast du die Lage des Wasserspiegels richtig erraten?

Die Oberfläche des Wassers ist in jedem Behälter stets horizontal, wie sehr du ihn auch kippst. Prüfe das selber nach, indem du Gefäße verwendest, wie sie unten abgebildet sind.

Wasser fließt nach oben

Ordne die beiden Schüsseln so an, daß die eine deutlich tiefer liegt als die andere. Die höhere Schüssel füllst du mit Wasser. Verschließe ein Ende des Plastikschlauches mit einem Finger und fülle ihn dann mit Wasser. Halte das mit dem Finger verschlossene Ende des Plastikschlauches in das Wasser des oberen Gefäßes und lege das andere Ende des Schlauches in die untere Schüssel. Wenn du den Finger wegnimmst, siehst du, wie das Wasser im Schlauch erst nach **oben** und von der oberen Schüssel in die untere fließt.

Wie es funktioniert

Die beiden miteinander verbundenen Schalen bilden **kommunizierende Gefäße**. Der Wasserspiegel in beiden Gefäßen bildet dabei Teile einer einzigen waagrechten Ebene. Da die untere Schüssel aber sehr tief liegt, fließt alles Wasser in sie hinein.

Mit diesem Experiment kann man zeigen, wie das Wasser den Gesetzen der Schwerkraft scheinbar ein Schnippchen schlägt und nach oben fließt!
Material: Große Schüsseln und ein Plastikschlauch.

Der unmögliche Strohhalm

Sauge etwas Wasser in einen Trinkhalm. Verschließ das obere Ende schnell mit einem Finger und ziehe den Halm in senkrechter Stellung aus der Flüssigkeit. Das ganze Wasser bleibt im Strohhalm drin!

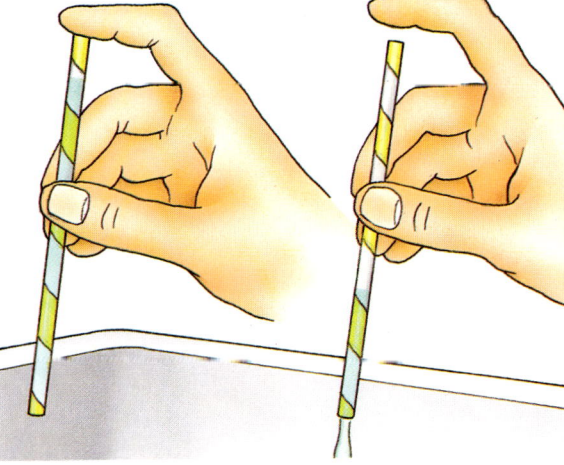

Wenn du den Finger vom oberen Ende des Strohhalms wegnimmst, fließt das Wasser aus, weil Luft in das obere Ende des Strohhalms gelangt und mit seinem Druck das Wasser zum Ausfließen bringt.

Aufsteigende Bewegung

Auf diesen beiden Seiten behandeln wir weitere Möglichkeiten, wie Wasser die Schwerkraft überwinden und nach oben steigen kann. Einige Versuche verwenden dazu den Luftdruck oder die Wärme. Andere benutzen die Eigenschaft des Wassers, in engen Röhren durch die sogenannten **Kapillarkräfte** nach oben zu steigen.

Wir färben eine Blüte

1. Schneide eine Blüte, so daß ungefähr 5 cm Stiel übrigbleibt.
2. Bringe einige Tropfen Färbemittel in ein wassergefülltes Glas.
3. Stelle die Blüte für einige Stunden in das Wasser. Am Ende beginnen die Blütenblätter die Farbe des Wassers anzunehmen.

Wir heben Wasser in einem Glas

Lege ein Glas in eine wassergefüllte Schüssel, so daß es unter der Oberfläche verschwindet. Dann drehe es um.

Hebe das Glas langsam hoch, wobei der Rand allerdings nicht über die Wasseroberfläche gelangen darf. Was geschieht?

Versuche dann das Glas über die Wasseroberfläche zu heben. Was geschieht jetzt?

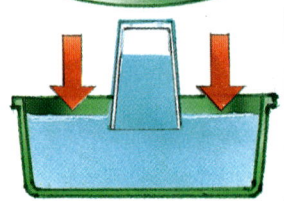

Wie es funktioniert
Der Luftdruck wirkt auf die Oberfläche des Wassers und drückt etwas Wasser in den Becher hinein. Wenn dessen Rand aber über die Wasseroberfläche zu liegen kommt, kann der Luftdruck die Wassersäule nicht mehr länger halten, und das Wasser fließt aus dem Glas aus.

Unterwasservulkan

Material: Eine kleine Flasche, ein breites mit Wasser gefülltes Gefäß, Schnur, Lebensmittelfarbe oder Tinte.

1. Binde die Schnur um den Flaschenhals fest.
2. Fülle die Flasche mit heißem Wasser und gib einen oder zwei Tropfen Farbstoff oder Tinte bei.

3. Senke die kleine Flasche vorsichtig in das große Gefäß. Beobachte, wie das gefärbte Wasser einem Vulkanausbruch ähnlich nach oben steigt.

Wie es funktioniert
Das heiße Wasser ist leichter als das kalte Wasser. Es steigt auf und treibt an der Oberfläche. Wenn sich das heiße Wasser später abkühlt, vermischt es sich gleichmäßig mit dem kalten Wasser, so daß die Färbung einheitlich wird.

Material: Eine frisch geschnittene Blüte (zum Beispiel Osterglocke oder Nelke), ein Gefäß mit Wasser, Lebensmittelfarbe oder Tinte.

Wie es funktioniert

Die Blüte nimmt das gefärbte Wasser durch dünne Röhren im Stengel auf. Der Sog dieser **Kapillarkräfte** reicht aus, um die Schwerkraft zu überwinden.

Weitere Versuche

Du kannst Blüten auch mit mehr als einer Farbe färben. Teile den Stengel der Länge nach in zwei Hälften und stelle jede in unterschiedlich gefärbtes Wasser.

Das Öffnen einer Blüte

Material: Glattes (aber nicht durchscheinendes) Papier, Stifte, Schere, eine Schüssel voll Wasser.

Zeichne ein Blütenmuster wie das rechts abgebildete auf das Papier und male es an, wenn du willst.

Falte die Blütenblätter wie hier

Schneide die Blüte aus und falte die Blätter wie im Bild oben.
Wenn du die Blüte auf dem Wasser schwimmen läßt, öffnen sich die Blütenblätter wegen der Kapillarkräfte langsam.

Wasser steigt durch dünne röhrenartige Hohlräume zwischen den Papierfasern nach oben. Das Papier schwillt an, und die Blütenblätter breiten sich aus wie bei einer richtigen Blüte.

Fließendes Wasser

Die Geschwindigkeit, mit der Wasser zum Beispiel in einem Bach nach unten fließt, hängt von der Schwerkraft und der Landschaftsform ab. Wenn Wasser unter Druck steht, fließt es schneller.

Wir bauen eine Wasseruhr

Vor mehreren Jahrtausenden verwendeten die Chinesen und die alten Ägypter fließendes Wasser für die Zeitmessung. Du kannst eine Wasseruhr bauen, ähnlich denjenigen früherer Zeiten.

Material: Ein langes Lineal, zwei gleiche Joghurtbecher oder sonstige leichte Gefäße, festes Klebeband, ein dünner Nagel, Modelliermasse (z. B. Ton).

1. Bohre mit dem Nagel ein kleines Loch mitten in den Boden eines der Behälter. Bringe eine Skala auf der Innenseite des anderen Behälters an.

2. Befestige die Becher am Lineal mit Hilfe des Klebebandes. Stelle den Becher mit der Innenskala auf den Boden. Bring das Lineal mit der Modelliermasse in senkrechte Stellung.

Miß mit einer Uhr, wie lange das Wasser braucht, von Skalenstrich zu Skalenstrich zu steigen.

3. Bedecke das Loch im oberen Becher mit dem Finger und fülle ihn mit Wasser. Nimm dann den Finger weg und miß mit einer Taschenuhr, wie lange das Wasser braucht, um von Skalenstrich zu Skalenstrich zu steigen. Gelingt es dir, eine Wasseruhr herzustellen, mit der man genau die Minuten messen kann?

Wasser und andere Flüssigkeiten

Untersuche, wie schnell Wasser im Vergleich zu anderen Flüssigkeiten fließt. Bereite zwei Becher auf dieselbe Weise vor wie die Wasseruhr oben. Miß mit der Uhr, wie lange das Wasser braucht, um von einen Becher in den anderen zu tropfen. Führe den Versuch dann mit anderen Flüssigkeiten durch, zum Beispiel mit Sirup, Öl oder einem dicken Fruchtsaft. Welche Flüssigkeit fließt am schnellsten?

▼ Modell einer chinesischen Wasseruhr. Die Uhr bewegt sich jedesmal, wenn ein Eimer mit Wasser gefüllt ist. In 24 Stunden dreht sie sich hundertmal.

24

◄ In den Schläuchen der Feuerwehr fließt das Wasser unter hohem Druck. Deswegen schießt es mit hoher Geschwindigkeit aus dem Schlauch heraus, so daß viel Wasser auf einmal zur Brandstelle gelangt.

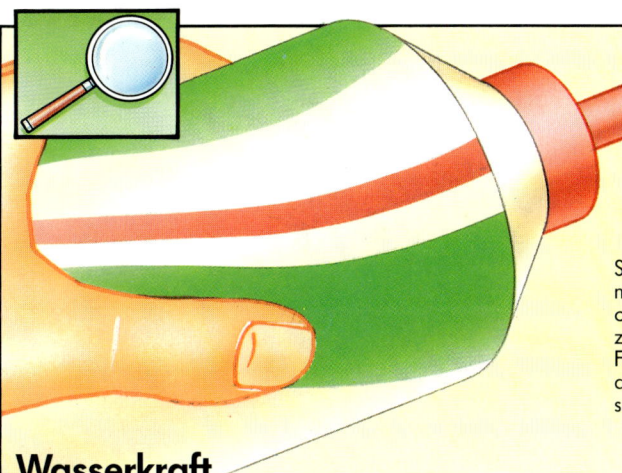

Stich die Löcher mit einem Nagel oder einer Reißzwecke in die Flasche. Sie müssen alle gleich groß sein.

Wasserkraft

Wasser fließt schneller, wenn man es unter Druck setzt. Auch am Boden hoher Gefäße steht es unter einem höheren Druck.

Beschaffe dir eine leere Waschmittelflasche. Schraube den Deckel ab und fülle die Flasche mit Wasser. Setze dann den Deckel wieder auf. Versuche über der Badewanne oder draußen im Freien die Flasche leicht zusammenzudrücken. Drücke dann fest zu. Wenn du das Wasser auf einen kleineren Raum zusammenzudrücken versuchst, wird es schneller fließen.

Leere die Flasche wieder und steche an der Seite drei Löcher hinein. Bedecke sie mit den Fingern und fülle die Flasche mit Wasser. Nimm die Finger weg und beobachte, aus welchem Loch das Wasser am weitesten spritzt.

Wie es funktioniert

Das Wasser in der Nähe des Flaschenbodens wird vom darüberstehenden Wasser unter Druck gesetzt. Deswegen schießt der weiteste Strahl aus dem tiefsten Loch. Die anderen Wasserstrahlen reichen weniger weit.

25

Eine dehnbare Haut

Schau genau hin, wie Regentropfen fallen oder wie die Wassertropfen sich an einem undichten Hahn bilden. Welche Form haben die Wassertropfen? Die kleinsten Tropfen haben eine fast vollkommene Kugelgestalt, weil die Wasseroberfläche von einer starken Kraft, der Oberflächenspannung, zusammengehalten werden. Deswegen sieht das Wasser aus, als würde es auf der Oberfläche eine dünne elastische Haut tragen.

Wasser wölbt sich

Fülle vorsichtig eine Tasse oder ein Glas bis zum Rand mit Wasser. Du wirst dabei sehen, wie die Oberflächenspannung das Wasser zusammenhält, so daß dieses über den Rand des Behälters hinaus eine Wölbung bildet.

Hole ein paar trockene Pinsel – ein kleiner Malpinsel und ein Rasierpinsel gehen gut für den Versuch. Schau dir die Anordnung der Borsten genau an und tauche dann den Pinsel in Wasser. Du wirst sofort erkennen, wie die Borsten zusammengezogen werden und vorne eine Spitze bilden. Die Oberflächenspannung des Wasser bewirkt diese spitze Form der Pinsel.

Die Wasserläufer

Viele Insekten, darunter die Wasserläufer, können auf der Wasseroberfläche gehen ohne einzusinken. Die Oberflächenspannung des Wassers ist stark genug, um sie zu tragen. Sie wird von den sechs Füßen der Insekten nur leicht eingedellt, gibt aber nicht nach. Die Wasserläufer strecken ihre Beine möglichst weit weg, um ihr Gewicht auf der Oberflächenhaut gut zu verteilen.

Schwimmende Nadel

Wird es dir gelingen, ein Metallstück auf der Wasseroberfläche treiben zu lassen?

Material: Ein sauberes Gefäß, eine Gabel, eine Nadel.

1. Fülle das Gefäß mit kaltem Wasser.

2. Lege die Nadel quer über die Zinken der Gabel und tauche diese sehr sachte in die Wasseroberfläche ein. Wenn du die Gabel mit genügender Sorgfalt absinken läßt, wird die Nadel auf der Wasseroberfläche schwimmen.

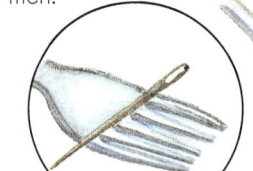
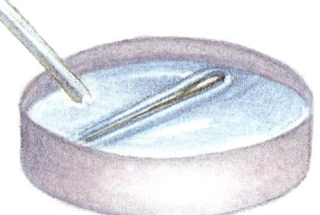

Wie es funktioniert
Die Gabel durchbricht zwar die Oberflächenhaut des Wassers, doch bildet sich diese schnell wieder unterhalb der Nadel. Die Oberflächenspannung kann die Nadel tragen und verhindert, daß sie untersinkt. Wenn du genau hinschaust, erkennst du, wie sich die Oberflächenhaut unter dem Gewicht der Nadel eindellt.

Wasserdichtes Taschentuch

Ist dein Taschentuch wasserdicht? Der folgende Trick wird dich überraschen.

1. Fülle ein Gefäß mit Wasser und befeuchte dein Taschentuch.

2. Breite das Taschentuch über der Öffnung des Gefäßes aus und binde es mit einem Faden oder einem elastischen Band fest.

3. Drehe das Gefäß um. Läuft das Wasser aus?

Wie es funktioniert
Das Taschentuch besteht aus Textilfasern mit winzigen Hohlräumen dazwischen. Die Oberflächenspannung wirkt wie eine Haut und hindert das Wasser daran, durch diese Löcher auszufließen. Aus demselben Grund verhindern Regenschirme, daß Wasser hindurchtritt. Wenn du das nächste Mal einen brauchst, denk an die Oberflächenspannung.

Wasser fließt an einer Schnur entlang

Wenn Wasser aus einem Hahn fließt, bildet es aufgrund der Oberflächenspannung einen stetigen Strom in Form einer glatten Säule. Denselben Effekt kannst du beobachten, wenn du versuchst, Wasser an einer Schnur entlang abzugießen.

Material: Eine kleine Kanne, Schnur, ein leeres Gefäß.

1. Binde das eine Ende der Schnur an den Henkel der Kanne und fülle diese mit Wasser.

2. Lege die Schnur über die Ausgußöffnung und halte das andere Ende gegen die Innenseite des Behälters.

3. Entferne die Kanne so weit vom Behälter, daß die Schnur gespannt ist.

4. Halte die Kanne genau über den Behälter und gieße langsam und sorgfältig Wasser aus. Es sollte der Schnur entlang in den Behälter fließen.

5. Wenn das Wasser zu fließen begonnen hat, bewege die Krane weiter nach links oder nach rechts, so daß die Schnur einen Winkel mit dem Behälter bildet. Die Oberflächenspannung sorgt dafür, daß das Wasser weiterhin der Schnur entlang fließt.

Binde die Schnur
an den Kannenhenkel

Knotenbinden mit Wasser

1. Bohre mit einem Nagel fünf gleichmäßige Löcher nahe am Boden eines Plastikgefäßes. Die Löcher sollten ungefähr 0,5 cm voneinander entfernt sein.

2. Halte das Gefäß in einer Spüle unter einen Hahn und fülle es mit Wasser. Du wirst fünf Wasserströme austreten sehen.

3. Kneife die fünf Wasserströme mit den Fingern zusammen. Es müßte gelingen, die fünf Strahlen mit Hilfe der Oberflächenspannung zu einem einzigen zu vereinigen.

4. Wenn du mit der Hand über die Löcher fährst, werden sich die verschiedenen Wasserstrahlen wieder voneinander trennen.

Die Spannung bricht zusammen

Die Oberflächenspannung kann unerwartete Dinge bewirken, zum Beispiel Gegenstände tragen, von denen man eigentlich annehmen müßte, daß sie untersinken.

Material: Ein Gefäß mit Wasser, ein Plastikkorb (zum Beispiel für Erdbeeren, ähnlich wie im Bild).

1. Fülle das Gefäß mit Wasser und lege den Plastikkorb ganz sacht auf die Oberfläche. Er müßte obenauf schwimmen, obwohl er selbst voller Löcher ist!

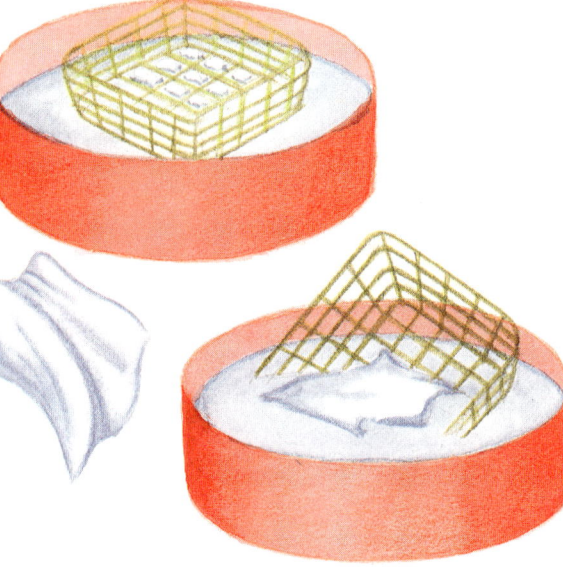

2. Nimm nun ein kleines Stück Tuch und lege es sorgfältig in den Korb. Das Tuch nimmt langsam Wasser auf, und der Korb sinkt plötzlich ein.

Wie es funktioniert
Der Plastikkorb schwimmt, weil die Oberflächenspannung wie eine Haut wirkt und das Wasser daran hindert, zwischen den Löchern hindurchzutreten. Wenn das Tuch aber Wasser ansaugt, wird die Oberflächenhaut durchbrochen und kann den Korb natürlich nicht mehr tragen.

Die Haut wird gedehnt

Was geschieht, wenn der Zug der Oberflächenspannung verringert wird? Wie elastisch ist die Oberflächenhaut des Wassers?

1. Nimm einen großen sauberen Teller und spüle ihn gut ab.

2. Fülle den Teller mit Wasser und warte, bis die Oberfläche ganz glatt und ruhig daliegt. Streue dann Talkpuder darüber.

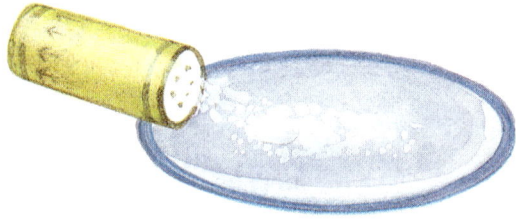

3. Befeuchte einen Finger und reibe ihn anschließend auf einem Seifenstück. Tauche den Finger dann auf der einen Seite des Tellers ins Wasser. Der gesamte Talkpuder wird sofort zur gegenüberliegenden Seite des Tellers gezogen.

Wie es funktioniert
Seife erniedrigt die Oberflächenspannung in der Umgebung des Fingers. Diese ist auf der gegenüberliegenden Seite des Tellers stärker und zieht den Talkpuder an.

Seifenkraft

Seife erniedrigt die Oberflächenspannung, die bewirkt, daß auf der Oberfläche des Wassers eine »Haut« entsteht. Seife dehnt diese Haut aus und ermöglicht die Bildung von Seifenblasen. Mit demselben Trick kann man sogar kleine Schiffchen antreiben. Auf dieser Doppelseite findest du einige Tricks, die von dieser Fähigkeit der Seife Gebrauch machen.

Seifenschiffchen

Material: Karton oder Holz, Schere, kleine Seifenstückchen, Gefäß mit Wasser.

1. Schneide aus dem Karton oder aus dem Holz eine einfache Bootsform aus und bringe am hinteren Ende eine Kerbe an. Darin klemmst du das Seifenstück fest.

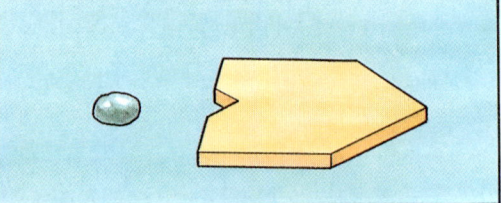

2. Fülle ein sauberes Gefäß oder ein Waschbecken mit Wasser und laß das Wasser zur Ruhe kommen. Lege das Schiffchen auf das Wasser und beobachte, wie es sich bewegt.

Wie es funktioniert
Die Seife erniedrigt die Oberflächenspannung hinter dem Schiffchen. Dieses wird von der stärkeren Oberflächenspannung vorne angezogen.

Weitere Versuche
● Bringe die Kerbe für die Seife nicht in der Mitte, sondern nach links oder rechts versetzt an. Was geschieht?
● Versuche ein Ruder aus Büroklammern anzubringen, um das Schiffchen zu steuern.

Magische Zündhölzer

Material: Zündhölzer, Becken mit sauberem Wasser, Seife, Zuckerwürfel.

1. Lege die Zündhölzer sorgfältig auf die Wasseroberfläche.

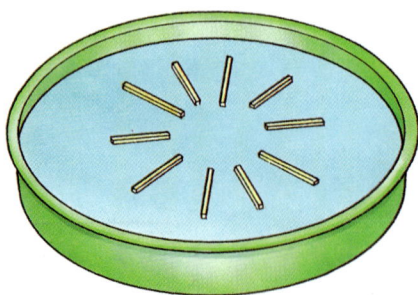

2. Tauche den Zuckerwürfel in der Schalenmitte ins Wasser. Die Zündhölzer werden sich auf den Zucker zu bewegen.

3. Tauche nun die Seife in der Schalenmitte ein. Die Zündhölzer werden sich von der Seife wegbewegen.

Wie es funktioniert
Wenn du den Zuckerwürfel eintauchst, saugt er etwas Wasser an. Dabei entsteht ein kleiner Wasserstrom, der die Zündhölzer mitreißt. Wenn du das Seifenstück eintauchst, zieht die stärkere Oberflächenspannung am Rand die Zündhölzer nach außen.

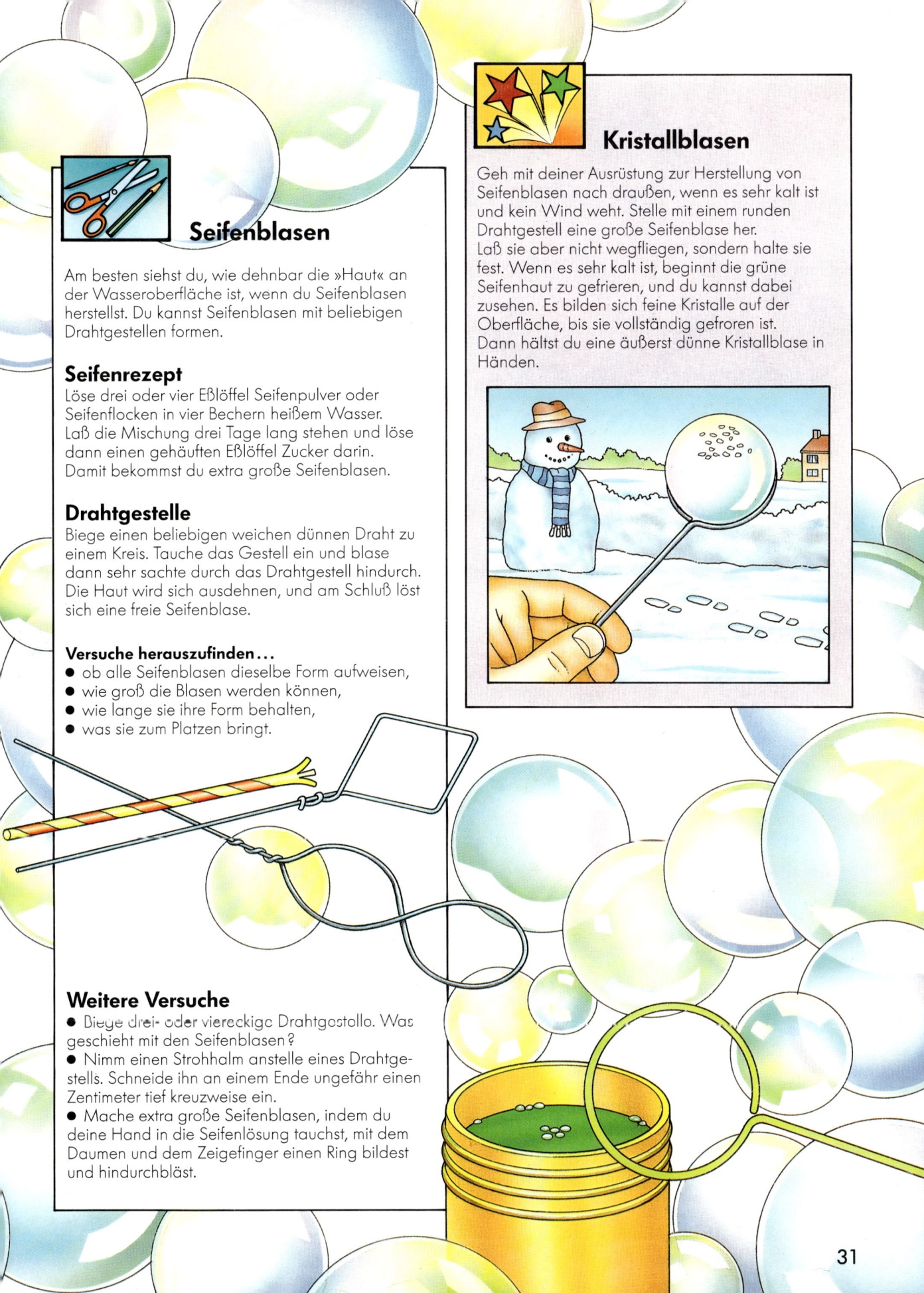

Seifenblasen

Am besten siehst du, wie dehnbar die »Haut« an der Wasseroberfläche ist, wenn du Seifenblasen herstellst. Du kannst Seifenblasen mit beliebigen Drahtgestellen formen.

Seifenrezept

Löse drei oder vier Eßlöffel Seifenpulver oder Seifenflocken in vier Bechern heißem Wasser. Laß die Mischung drei Tage lang stehen und löse dann einen gehäuften Eßlöffel Zucker darin. Damit bekommst du extra große Seifenblasen.

Drahtgestelle

Biege einen beliebigen weichen dünnen Draht zu einem Kreis. Tauche das Gestell ein und blase dann sehr sachte durch das Drahtgestell hindurch. Die Haut wird sich ausdehnen, und am Schluß löst sich eine freie Seifenblase.

Versuche herauszufinden...

● ob alle Seifenblasen dieselbe Form aufweisen,
● wie groß die Blasen werden können,
● wie lange sie ihre Form behalten,
● was sie zum Platzen bringt.

Weitere Versuche

● Biege drei- oder viereckige Drahtgestelle. Was geschieht mit den Seifenblasen?
● Nimm einen Strohhalm anstelle eines Drahtgestells. Schneide ihn an einem Ende ungefähr einen Zentimeter tief kreuzweise ein.
● Mache extra große Seifenblasen, indem du deine Hand in die Seifenlösung tauchst, mit dem Daumen und dem Zeigefinger einen Ring bildest und hindurchbläst.

Kristallblasen

Geh mit deiner Ausrüstung zur Herstellung von Seifenblasen nach draußen, wenn es sehr kalt ist und kein Wind weht. Stelle mit einem runden Drahtgestell eine große Seifenblase her. Laß sie aber nicht wegfliegen, sondern halte sie fest. Wenn es sehr kalt ist, beginnt die grüne Seifenhaut zu gefrieren, und du kannst dabei zusehen. Es bilden sich feine Kristalle auf der Oberfläche, bis sie vollständig gefroren ist. Dann hältst du eine äußerst dünne Kristallblase in Händen.

Schwimmen und Untergehen

Warum schwimmen die einen Gegenstände auf der Wasseroberfläche, während andere untergehen? Schwimmen große Gegenstände leichter als kleine? Spielt dabei die Form eine Rolle? Mit diesen Experimenten kannst du es herausfinden.

Was schwimmt auf dem Wasser?

Nimm einige feste Gegenstände und achte darauf, daß sie innen nicht hohl sind. Versuche zu erraten, welche schwimmen werden, und teste deine Vorhersage dann in einem Wasserbecken oder im Bad.

Gegenstände für den Test: Stein, Orange, Apfel, Schraube, Holzstücke, Ei, Münzen, Styropor, Bimsstein, Kerze, Samen, Radiergummi.

Wie es funktioniert

Das Wasser versucht alle Gegenstände zu halten. Sind diese aber im Verhältnis zu ihrer Größe schwer, so sinken sie ab. Sind sie leicht, so schwimmen sie obenauf. Wenn ein Gegenstand schwer ist im Verhältnis zu seiner Größe, so sagen wir, er hat eine hohe **Dichte.** Ein leerer Aufzug hat eine niedrige Dichte, doch wenn er sich mit Menschen füllt, nimmt die Dichte zu. Seine Größe bleibt nämlich dieselbe. Das ist der Grund, warum gleich große Gegenstände unterschiedliche Dichten aufweisen können. Ein Ziegel hat eine höhere Dichte als ein Stück Holz derselben Größe, denn die Steinteilchen, die den Ziegel aufbauen, sind schwerer und dichter gepackt als die Fasern im Holzblock.

Dichte

Die Dichte sagt uns, wie schwer ein Gegenstand im Vergleich zu seinem Inhalt ist. Du kannst die Dichte eines Gegenstandes berechnen, wenn du sein Gewicht durch seinen Inhalt (Volumen) teilst. Ein Kubikzentimeter Wasser wiegt ein Gramm, Wasser hat also eine Dichte von 1. Ist die Dichte eines Gegenstandes größer als 1, so sinkt dieser nach unten, ist die Dichter kleiner als 1, wird er obenauf schwimmen.

Schwimmt Holz?

Beim vorhergehenden Versuch hast du wohl herausgefunden, daß Holzstücke leicht schwimmen. Aber weißt du auch, daß einige Holzarten untergehen? Kork und die meisten Holzsorten wie Ahorn schwimmen leicht, doch Mahagoniholz wird vom Wasser gerade noch getragen; es schwebt. Das Ebenholz, aus dem die schwarzen Tasten des Pianos bestehen, schwimmt nicht mehr, sondern geht unter: es ist dichter als Wasser.

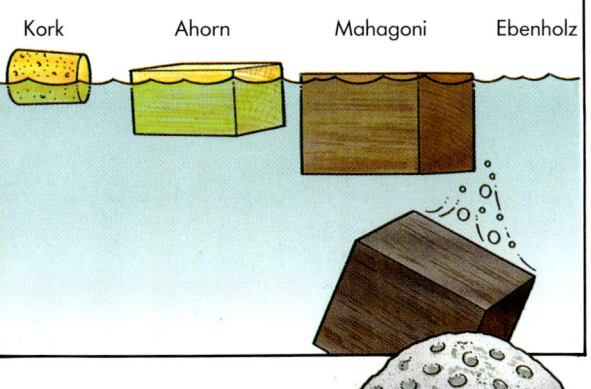

Kork   Ahorn   Mahagoni   Ebenholz

Weitere Versuche

Nachdem du nun über die Dichte verschiedener Gegenstände Bescheid weißt, gibst du einem Stück Modellierton unterschiedliche Formen und untersuchst, ob sie schwimmen. Nimm jedesmal gleich viel Modelliermasse. Hier sind einige Formen, die du ausprobieren kannst:

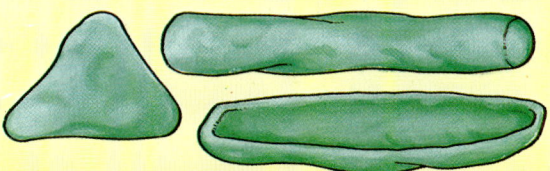

Eine massive Kugel aus Modellierton sinkt sofort auf den Boden. Ein Boot mit hohen Seitenwänden schwimmt. Die Form bestimmt mit, ob ein Gegenstand schwimmt oder sinkt. Dazu mehr auf der nächsten Seite…

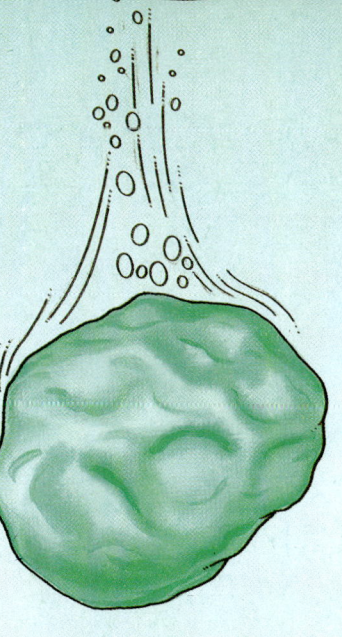

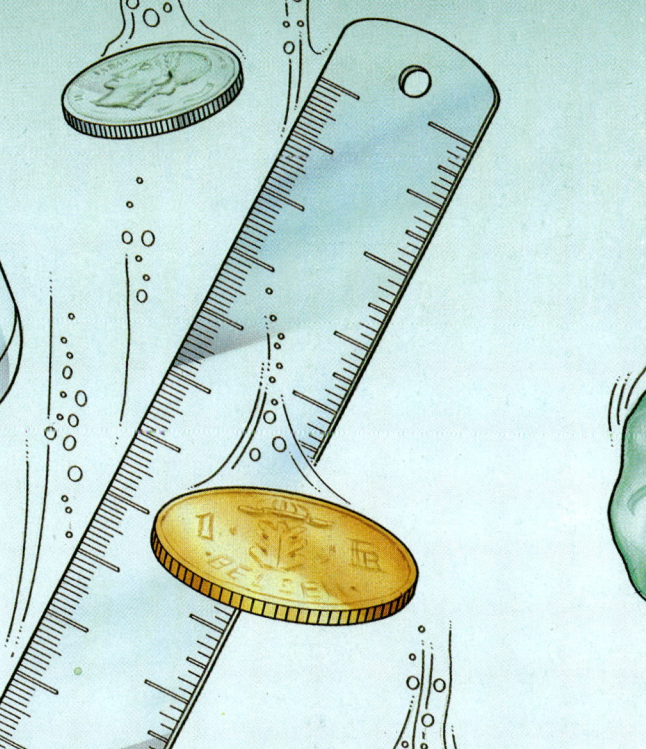

Wasserverdrängung

Die Dichte (Seite 32 – 33) und die Form eines Gegenstandes bestimmen darüber, ob er obenauf schwimmt oder sinkt. Die Form des Gegenstandes ist entscheidend für die Menge des Wassers, die er verdrängt. Ist die Wasserverdrängung größer als das Gewicht des Gegenstandes, so schwimmt dieser obenauf. Wiegt das verdrängte Wasser weniger als der Gegenstand, so wird dieser sinken.

▶ Ein großes Schiff schwimmt deswegen, weil es eine Menge Wasser verdrängt. Selbst wenn es sich um ein schweres Schiff handelt, wiegt es dennoch weniger als die Menge des verdrängten Wassers.

Ein Versuch mit Größe und Form

Versuche etwas Schweres (zum Beispiel eine gefüllte Konservendose) unter Wasser und nachher in der Luft zu heben. Du wirst dabei herausfinden, daß man Gegenstände leichter hebt, wenn sie sich unter Wasser befinden. Das Wasser drückt nämlich die Gegenstände nach oben und versucht sie mitzutragen. Um wieviel weniger wiegen aber diese Gegenstände? Wenn sie sich ganz unter Wasser befinden, verlieren sie so viel Gewicht, wie dem Gewicht des Wasser entspricht, das sie verdrängen.

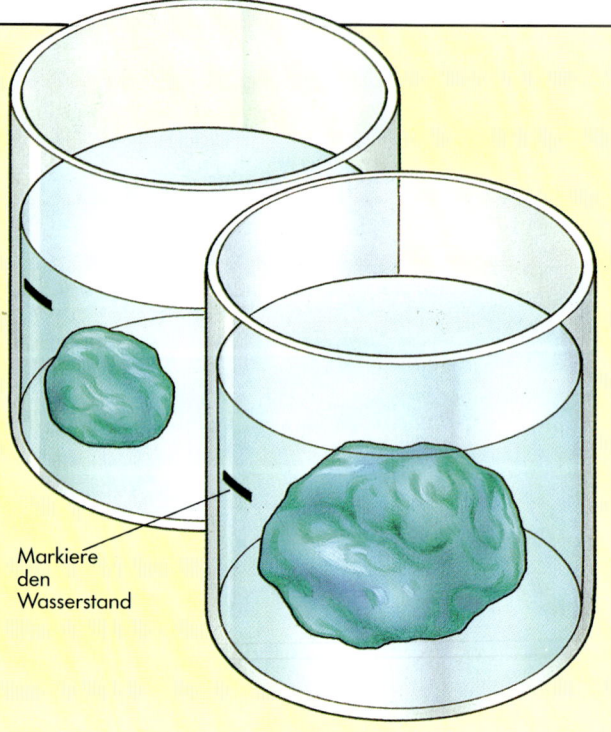

Markiere den Wasserstand

Die Wassermenge, die ein Gegenstand verdrängt, hängt zum Teil von dessen Größe ab. Große Gegenstände verdrängen mehr Wasser.

Fülle ein Gefäß mit Wasser und markiere den Wasserstand. Wirf einen kleinen Tonklumpen hinein und sieh zu, wie der Wasserstand steigt. Versuche dasselbe mit einem viel größeren Klumpen und beobachte, um wieviel mehr der Wasserstand in die Höhe geht.

Wenn Schiffe überladen werden, gehen sie unter. Deswegen haben alle Schiffe eine solche Marke auf der Seite. Sie sagt dem Kapitän, wie tief das Schiff einsinken kann, ohne unterzugehen.

Dieses Zeichen nennt man Plimsoll-Marke nach ihrem Erfinder Samuel Plimsoll.

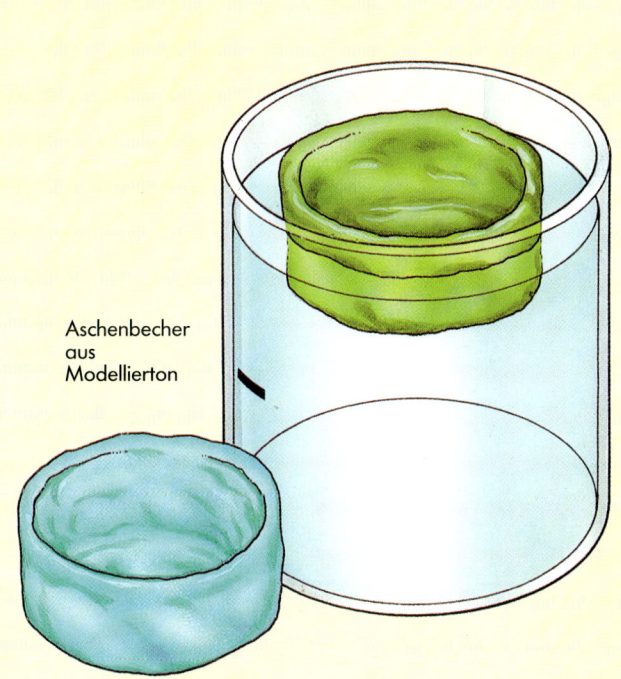

Aschenbecher aus Modellierton

Wir beladen das Boot

Forme ein Boot aus Modellierton oder Papier oder nimm ein Spielboot. Laß es zu Wasser und markiere den Wasserstand auf der Bootsseite. Belade das Schiffchen nun mit kleinen Gegenständen, zum Beispiel Büroklammern. Gib jedesmal ein paar hinzu und beobachte, wie das Boot immer tiefer einsinkt. Wieviel Fracht kann es aufnehmen, bevor es sinkt? Dies zu beantworten ist die Aufgabe der Plimsoll-Marke.

Die Wasserverdrängung hängt nicht nur von der Größe, sondern auch von der Form des eingetauchten Gegenstandes ab.
Mache aus dem bereits verwendeten Klumpen Modellierton einen kleinen Aschenbecher. Wenn du ihn ins Wasser legst, erkennst du, daß viel mehr Wasser verdrängt wird und daß der Wasserstand viel höher liegt als bei den vorigen Versuchen. Der Aschenbecher und die darin befindliche Luft verdrängen viel Wasser.

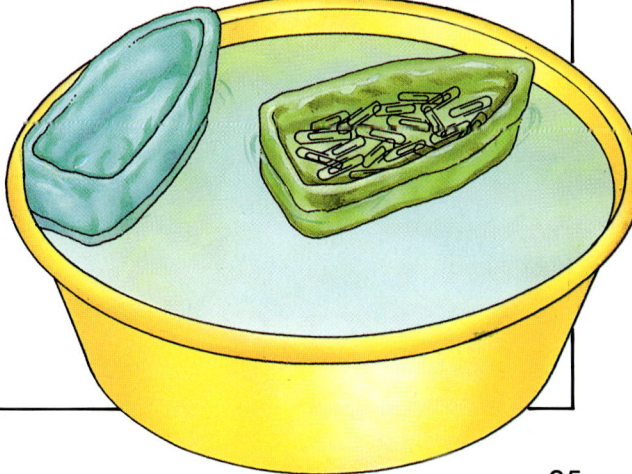

Das tauchende Kugelschreiberhütchen

Dieses faszinierende Spielzeug funktioniert ähnlich wie ein Unterseeboot. Du kannst es zum Tauchen und Wiederauftauchen bringen.

Material: Ein großes Gefäß, das Hütchen eines Kugelschreibers, Modellierton oder Büroklammern, elastisches Band oder Gummiband, dünne Folie aus Gummi.

1. Fülle das Gefäß bis zum Rand mit Wasser. Befestige so viel Modellierton oder Büroklammern am Hütchen, daß es gerade schwebt oder abzusinken droht. (Du kannst die Büroklammern mit feinem Draht befestigen oder machst zu diesem Zweck ein Loch in das Hütchen und ziehst sie hindurch.) Nimm dir hierfür viel Zeit.

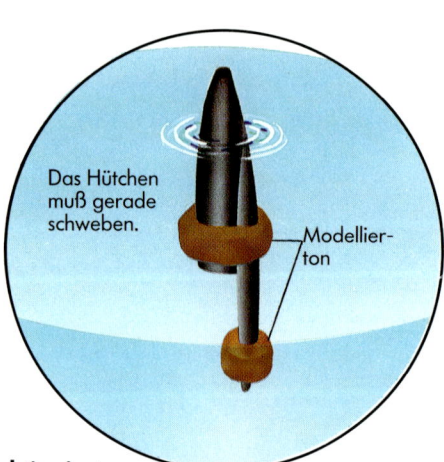

Das Hütchen muß gerade schweben.

Modellierton

Wie es funktioniert

Kunststoff ist nur wenig schwerer als Wasser. Im Innern des Hütchens ist etwas Luft gefangen, und diese reicht aus, um das Hütchen am Schweben zu erhalten. Wenn du auf die Gummifolie drückst, drückst du gleichzeitig auch die winzige Gasblase im Innern des Hütchens zusammen, so daß mehr Wasser eindringen kann. Damit wird das Hütchen schwerer und sinkt. Wenn du mit dem Druck aufhörst, kann sich die Luft wieder ausdehnen und das Extrawasser aus dem Hütchen verdrängen.

Weitere Versuche

Man kann diesen Versuch auch mit einer Orangenschale durchführen: Schneide zum Beispiel eine Bootsform aus. Die Schale enthält winzige Luftblasen und sinkt und steigt damit wie das bereits beschriebene Hütchen. Dabei wird die orangefarbene Seite immer nach unten sehen, denn sie ist schwerer als die weiße Seite.

Wie ein Unterseeboot funktioniert

Unterseeboote verwenden das Prinzip der Wasserverdrängung, um abzutauchen und wiederaufzusteigen. Auf der Wasseroberfläche schwimmen die Boote wie gewöhnliche Schiffe. Doch sie verfügen über besondere Tanks im Innern, die mit Wasser oder Luft gefüllt werden können. Damit wird das Gewicht des Unterseeboots verändert. Du kannst selber sehen, wie dies funktioniert, wenn du eine leere Flasche treiben läßt und sie nach und nach mit Wasser füllst.

2. Spanne die Gummifolie über die Öffnung des Gefäßes und befestige sie mit dem Gummiband. Drück mit der ganzen Handfläche auf die Gummifolie: Das Hütchen wird abtauchen! Wenn du die Hand wegnimmst, steigt es wieder nach oben.

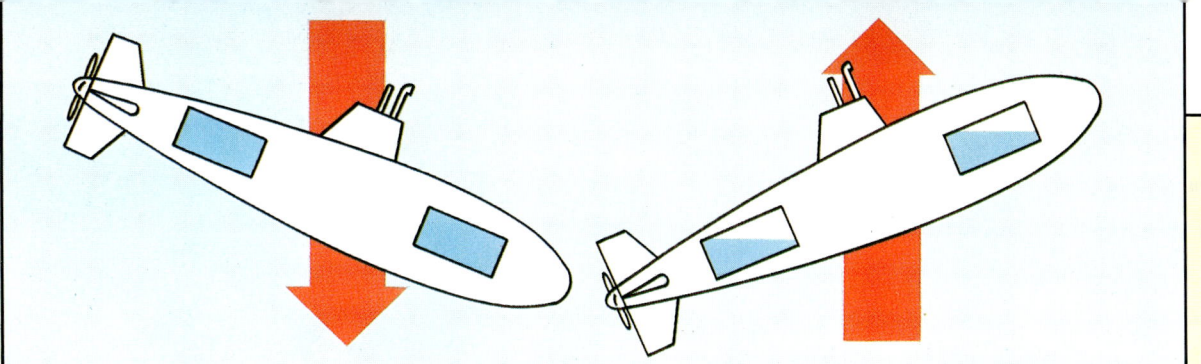

Wenn das Unterseeboot bereit ist zum Abtauchen, werden die Tanks mit Meereswasser geflutet. Dadurch wird das Boot schwerer als das verdrängte Wasser und sinkt ab.

Wenn man Druckluft in die Tanks pumpt und das Meereswasser herauspreßt, wird das Unterseeboot leichter als das Wasser, das es verdrängt und treibt wieder zur Oberfläche zurück.

Springende Mottenkugeln

1. Fülle das Gefäß mit Wasser. Rühre ungefähr eine Dritteltasse Essig und zwei Teelöffel Natriumbikarbonat oder Soda ein. Rühre langsam und sorgfältig um, damit die Mischung nicht zu sehr aufschäumt.

2. Gib ein paar Mottenkugeln in die perlende Flüssigkeit. Zunächst werden sie auf den Boden sinken. Doch nach kurzer Zeit steigt jede wieder zur Wasseroberfläche. Aber auch dort werden sie nicht bleiben, sondern wieder auf den Boden fallen und sich mehrere Stunden lang auf und ab bewegen.

Wie es funktioniert

Die Gasblasen bestehen aus Kohlendioxid, das bei der chemischen Reaktion zwischen Essig und Natriumbikarbonat entsteht. Es ist dasselbe Gas, das in der Limonade oder in Sekt vorhanden ist. Wenn du die Mottenkugeln genau beobachtest, erkennst du, daß sie auf dem Gefäßboden Gasbläschen sammeln. Diese sind leichter als Wasser und heben am Ende die Mottenkugel zur Oberfläche.
Doch viele Gasbläschen entweichen dann in die Luft; die Mottenkugeln werden wieder so schwer, daß die wenigen verbliebenen Gasbläschen sie nicht mehr zu tragen vermögen, und sie sinken wieder ab.
Auf dem Boden sammeln sie gleich neue Bläschen und steigen wieder auf.

Material: Ein Gefäß aus Glas oder eine Blumenvase, Mottenkugeln, Essig, Natriumbikarbonat oder Soda.

Hinweis

Wenn die Oberfläche der Mottenkugeln zu glatt ist, bleiben die Gasbläschen nicht daran haften, und der Versuch funktioniert nicht. Rauhe dann die Oberfläche der Kugeln mit etwas Schmirgelpapier auf.

Geschichtete Flüssigkeiten

Nicht nur Festkörper schwimmen oder sinken im Wasser. Auch verschiedene Flüssigkeiten haben eine unterschiedliche **Dichte** (siehe Seite 32 – 33), und das bedeutet, daß die einen schwerer sind als die anderen. Wenn sich eine Flüssigkeit nicht mit Wasser mischt, kann man herausfinden, ob sie eine größere oder geringere Dichte aufweisen als Wasser.

▶ Dieses Schiff sprüht einen Stoff über eine Ölspur, die auf der Wasseroberfläche treibt. Der versprühte Stoff bewirkt, daß das Öl auf den Meeresboden absinkt und dadurch nicht an Land getrieben wird, wo es die Strände verschmutzten würde.

Wir finden die Dichte heraus

Material: Wasser, Sirup, Speiseöl (je eine Tasse davon), ein großes Gefäß aus Glas, eine Kanne.

Gieße die Flüssigkeiten sorgfältig nacheinander in das Glasgefäß. Du wirst feststellen, daß sie sich in drei Schichten anordnen: Der Sirup sinkt unter das Wasser, und das Öl schwimmt obenauf. Welche Flüssigkeit hat die höchste Dichte?

Versuche einige Gegenstände auf diesen Flüssigkeitsschichten zum Schwimmen zu bringen. Versuche es mit einem Stück Kerze, einem Korken, einem Apfelschnitz, einer Traubenbeere und metallischen Gegenständen.

Schwimmen sie? Auf welcher Schicht schwimmen sie? Mach eine Zeichnung davon in dein Notizbuch.

Gieße die Flüssigkeiten über die Rückseite eines Löffels, so daß sie sich nicht miteinander mischen.

Öl

Wasser

Sirup

Der magische Eiertrick

Salzwasser hat eine höhere Dichte als Süßwasser, und deswegen schwimmt man im Meer auch leichter. Du kannst diese wissenschaftliche Tatsache für einen magischen Trick mit einem Ei nutzen.

Versuche nun diesen magischen Trick.

Material: Zwei Gläser, Salz, zwei Eier.

Salzwasser   Süßwasser

Fülle ein Glas zur Hälfte mit Süßwasser und das andere mit sehr salzhaltigem Wasser, wie zuvor. Gieße dann das Süßwasser sehr sorgfältig in das Salzwasser. Die beiden Flüssigkeiten sollten sich nicht mischen. Laß das Ei langsam in das Wasser gleiten. Es sollte auf der Höhe der Salzwasserschicht schweben und so aussehen, als ob es sich durch Magie mitten im Glas hält.

Löse viel Salz (ungefähr zehn gehäufte Teelöffel) in einem halben Glas Wasser. Fülle das zweite Glas zur Hälfte mit normalem Wasser. Versuche in jedem Glas ein Ei zum Schwimmen zu bringen. Das wird dir im Salzwasser gelingen, denn das Ei hat eine **geringere** Dichte als das Salzwasser. Das Ei sinkt aber im Süßwasser, weil darin seine Dichte **höher** ist.

Obere Grenze der Salz- wasser- schicht

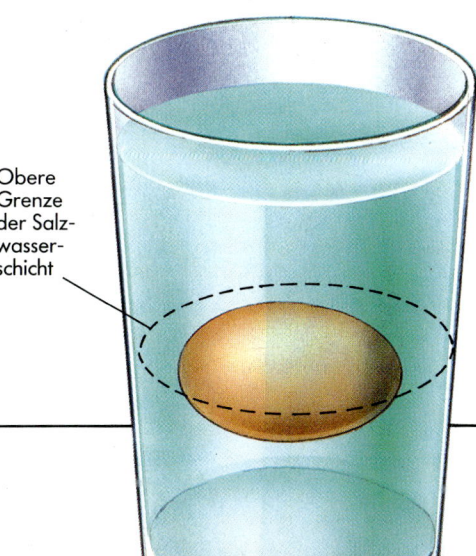

Mischungen mit Wasser

Wenn du Zucker in den Tee rührst, verschwindet er, und der Tee schmeckt süß. Diesen Vorgang nennt man **Lösung.** Die Versuche auf diesen Seiten sollen dir helfen, diesen Vorgang zu erforschen. Auf den Seiten 42 und 43 findest du heraus, wie die gelösten Stoffe wieder vom Wasser getrennt werden können.

Eine Mischung von Öl und Wasser

Wasser und Öl mischen sich nicht. Vögel haben ein wasserdichtes Gefieder, weil sie eine ölige Flüssigkeit aus einer besonderen Drüse auf ihre Federn bringen. Versuche dennoch, Öl und Wasser zu mischen, und sieh zu, was geschieht.

1. Bringe ein bißchen Speiseöl und Wasser in ein verschließbares Gefäß. Schraube den Deckel gut auf und schüttle, so fest du kannst. Wenn du das Gefäß absetzt, trennt sich das Öl vom Wasser, und es entstehen zwei Schichten.

2. Gib jetzt ein paar Tropfen Spülmittel hinzu und schüttle das Gefäß erneut. Am Ende bekommst du eine trübe Mischung.

Wie es funktioniert
Die Seife in der Spülflüssigkeit bewirkt, daß sich winzige Öltröpfchen bilden. Sie schweben im Wasser und geben ihm ein trübes Aussehen. Auf diese Weise entfernt Spülmittel Fettreste von Tellern und Pfannen.

Der Trick mit dem Salz im Wasser

Nimm ein randvolles Glas Wasser und einen Eierbecher voll Salz. Meinst du, es gelingt, all das Salz im Wasser zu lösen, ohne daß das Glas überfließt?

Versuche es. Streue das Salz vorsichtig auf die Wasseroberfläche und rühre mit einem dünnen Draht um. Wenn ein Stoff sich in einem anderen löst, nimmt die sich daraus ergebende Mischung nicht mehr Raum ein.

Was löst sich in Wasser?

Viele Stoffe lösen sich in Wasser, andere hingegen nicht. Versuche es mit einigen: Salz, feinem Sand, Teeblättern, Natriumkarbonat, Natriumbikarbonat oder Soda, Reis, Gelee. Rühre eine kleine Menge von jedem Stoff in ein Glasgefäß und schreibe auf, was passiert. Spielt es eine Rolle, ob das Wasser warm ist?

Wir lassen einen Tropfstein wachsen

Tropfsteine – die Wissenschaftler sprechen von Stalaktiten und Stalagmiten – wachsen in unterirdischen Höhlen. Sie bestehen aus Mineralien, die im Regenwasser gelöst sind. Wenn dieses von den Höhlenwänden heruntertropft, verdunstet etwas Wasser und läßt das gelöste Mineral zurück (siehe Seite 12 – 13).

Material: Zwei Glasbecher, ein Wollfaden, Natriumkarbonat.

1. Fülle die beiden Gefäße mit heißem Wasser. Löse in jedem davon soviel Natriumkarbonat, wie möglich ist.

2. Stelle die beiden Gefäße an einen warmen Ort und lege einen tiefen Teller dazwischen. Verzwirne mehrere Wollfäden miteinander. Tauche jedes Ende in ein Gefäß und laß den Faden in der Mitte durchhängen. Die beiden Lösungen kriechen dem Wollfaden entlang in die Höhe, fließen zur Fadenmitte und tropfen dann in den Suppenteller.

3. Laß die Gefäße mehrere Tage stehen. Mit der Zeit wirst du sehen, wie sich feine Tropfsteine in der Mitte der Wolle bilden. Wenn das Wasser verdunstet, entsteht eine Säule aus Kristallen.

▼ Stalaktiten hängen vom Höhlendach herunter, während Stalagmiten vom Boden nach oben wachsen.

Gase mischen sich mit Wasser

● Sprudelnde Getränke enthalten das gelöste Gas Kohlendioxid. Wenn du eine solche Dose oder Flasche öffnest, kannst du es sprudeln oder schäumen hören und fühlen, wie die Gasblasen entweichen.

● Auch Luft löst sich in Wasser. Pumpen drücken Luft in Aquarien, damit die Fische den Sauerstoff aufnehmen können.

● Heißes Wasser kann weniger Gas lösen als kaltes. Wenn du Wasser erhitzt, bilden sich Luftblasen, die in die Atmosphäre entweichen.

Wie man Süßwasser gewinnt

Meerwasser ist zu salzhaltig, als daß man es trinken könnte. Aber es gelingt, die darin enthaltenen Salze zu entfernen. Dann kann man das Wasser trinken. Dies wird in großem Maßstab in Meerwasserentsalzungsanlagen durchgeführt. Die Kosten dafür sind allerdings hoch. Meerwasser wird bis zum Verdampfen erhitzt; der Dampf zieht über Hunderte von Röhren die kaltes Wasser enthalten und kondensiert wieder zu Wasser.

Versuche selbst etwas Süßwasser herzustellen, um zu sehen, wie es funktioniert.

Bitte einen Erwachsenen um Hilfe. Vorsicht mit heißen Pfannen und Flüssigkeiten! Vergiß nicht, den Herd nachher wieder auszumachen.

Material: Salz, Wasser, ein sauberes Glas, Topflappen, eine Pfanne mit Deckel.

Wie es funktioniert

Wenn Wasser kocht, verdunstet es und wird zu einem Gas. Am kalten Deckel kondensiert es wieder und bildet Tröpfchen mit flüssigem Wasser (siehe Seite 14 – 15). Das Salz kann nicht verdunsten und bleibt in der Pfanne zurück. Das Wasser, das du vom Pfannendeckel sammelst, sollte also nicht salzig schmecken.

Salz

Warte ab, bis das Wasser abgekühlt ist, bevor du es probierst.

1. Gieße Wasser in die Pfanne, bis es ungefähr fünf bis acht Zentimeter hoch steht. Gib eine Menge Salz dazu und probiere – pfui!

2. Erhitze das Wasser und halte es am Kochen. Lege den Deckel auf.

3. Hebe mit dem Lappen den Deckel hoch. Laß die Tröpfchen in das Glas fließen. Lege den Deckel wieder auf und wiederhole den Vorgang mehrmals.

Abwasserreinigung

Das meiste Wasser, das wir zum Trinken, Waschen oder Kochen verwenden, stammt aus Flüssen, Seen oder Brunnen. Das Wasser kommt sauber in unsere Häuser und verläßt sie mit Schmutz beladen wieder. In Industrienationen wird dieses Wasser vor dem erneuten Gebrauch gereinigt: Es fließt in die Abwasserreinigungsanlage. Zunächst wird der gröbste Schmutz mit Rechen und Sieben entfernt. Dann läßt man die feineren festen Schmutzstoffe absinken. Natürliche Pflanzen, Tiere und vor allem Bakterien fressen die Schmutzteilchen weg und vollziehen die biologische Reinigung. Das saubere Wasser wird dann wieder in Flüsse geleitet.

Entfernung von Schlamm

Hier wird ein weiterer Weg beschrieben, wie man einige im Wasser enthaltene Stoffe entfernen kann. Dabei handelt es sich um Schlamm; er ist nicht im Wasser gelöst, sondern schwimmt oder schwebt darin. Alles, was wir brauchen, sind zwei Schüsseln und ein kleines Tuch. Wir füllen eine Schüssel mit schlammigem Wasser und stellen sie höher als die andere. Das eine Ende des Tuches legen wir in das schlammige Wasser, das andere lassen wir in die darunterliegende Schüssel hängen.

Wie es funktioniert

Das Wasser steigt durch **Kapillarkräfte** (siehe Seite 22 – 23) in den engen Zwischenräumen zwischen den Fasern nach oben und tropft dann dem Tuch entlang langsam in die untere Schüssel. Schlammteilchen können das nicht und bleiben in der oberen Schüssel zurück.

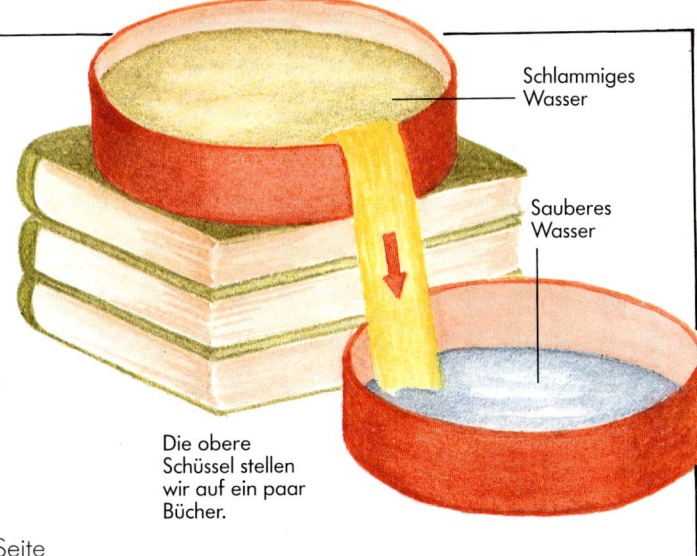

Schlammiges Wasser

Sauberes Wasser

Die obere Schüssel stellen wir auf ein paar Bücher.

Achtung:
Trinke das Wasser nicht, es könnte gefährliche Keime enthalten.

Wie Wasser gefiltert wird

Dieses Experiment hilft dir zu verstehen, wie eine der Reinigungsstufen im Abwasserwerk funktioniert.

Material: Schlammiges Wasser, eine Plastikflasche, Kaffeefilter, etwas Sand, Grillkohle (zu einem Pulver zerrieben).

1. Schneide das obere Ende der Flasche ungefähr acht bis zehn Zentimeter unter dem Deckel ab.

2. Stecke das obere Ende der Flasche umgekehrt in den Boden. Stecke einen Kaffeefilter hinein, zuunterst kommt eine feuchte Schicht aus Sand. Gieße dann etwas schlammiges Wasser auf den Sand. Du wirst feststellen, daß es etwas sauberer unten heraustropft.

3. Du kannst den Filter verbessern, indem du eine Schicht pulverisierte Holzkohle über den Sand und darauf noch einmal Sand legst. Schmutzteilchen werden nun viel besser zurückgehalten. Der feine Holzkohlestaub fängt sie natürlich wesentlich wirksamer ein als die größeren Sandkörner.

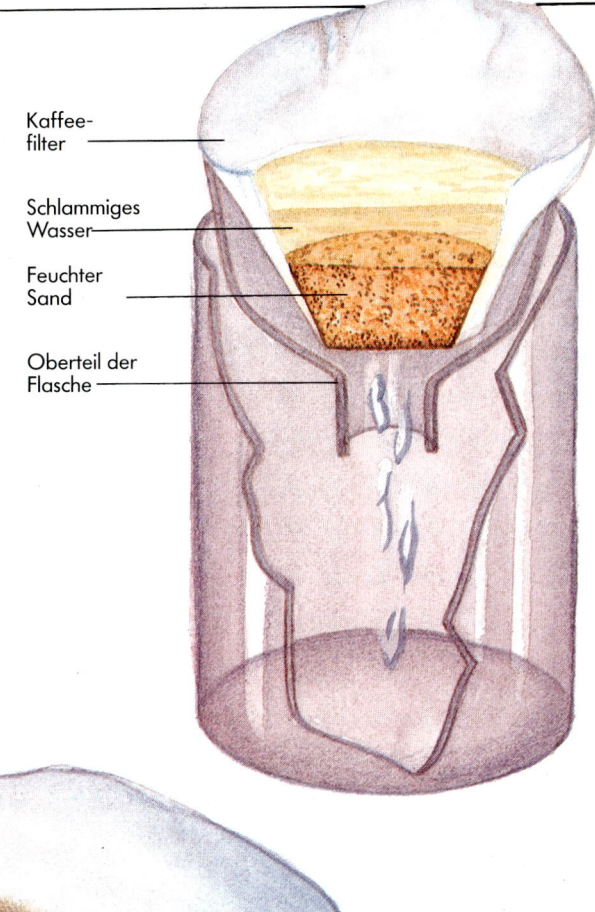

Kaffeefilter

Schlammiges Wasser

Feuchter Sand

Oberteil der Flasche

Pulverisierte Holzkohle

Filterpapier

Achtung
Das Wasser nicht trinken, denn es kann gefährliche Keime enthalten.

Wasser zum Leben

Wußtest du, daß mindestens 65 Prozent deines Körpers aus Wasser besteht? Oder daß eine Qualle zu 95 Prozent Wasser enthält? Alle Lebewesen enthalten einen hohen Prozentsatz an Wasser in ihrem Körper und brauchen stets Wasser zum Überleben. Viele Pflanzen und Tiere verbingen ihr ganzes Leben im Wasser. Andere überleben jedoch auch mit sehr wenig Wasser.

▶ In einigen Ländern müssen die Menschen weit gehen, um ihr tägliches Wasser zu holen. Im Bild ein Brunnen im afrikanischen Land Malawi.

Die Meeresbewohner

Pflanzen und Tiere, die in den Ozeanen leben, gewinnen den benötigten Sauerstoff und die Nahrung aus dem Wasser, das um sie herum ist. Einige Tiere gehen auf Jagd; andere lauern ihnen in Verstecken auf. Mikroskopisch kleine Tierchen, die im Wasser schweben, bilden eine Nahrungsquelle für viele Tiere, darunter auch für einige der großen Wale. Diese Wale haben viele längliche, an einem Ende ausgefranste Hornplatten im Mund. Mit den Fransen seihen die Riesensäuger Krebse aus dem Meerwasser. In der Tiefsee ist es sehr kalt und dunkel, und grüne Pfanzen können dort nicht überleben. Viele Tiere ernähren sich dort von toten Pflanzen und Tieren, die aus höheren Schichten absinken.

Das Wasser trägt die Körper der Pflanzen und der Tiere. Am besten erkennst du das, wenn du das Aussehen eines Tanges unter Wasser und an der Luft vergleichst.

An der Luft

Unter Wasser

Wasser in der Wüste

Dieser Versuch zeigt dir, wie man Wasser aus Sand gewinnen kann, der eigentlich zu trocken aussieht, um überhaupt noch einen Tropfen Wasser zu enthalten. Du kannst das Experiment in einem Sandkasten oder besser noch am Meeresstrand durchführen.

Grabe ein ungefähr 60 Zentimeter tiefes Loch und stelle einen Becher in die Mitte. Bedecke das Loch mit einer Plastikfolie, die einen Trichter bilden soll. Lege dazu einen Stein in die Mitte und befestige die Ränder gut mit anderen Steinen und Sand. Wenn die Sonne scheint, bilden sich auf der Unterseite der Folie langsam Wassertröpfchen, die schließlich in den Becher fallen.

Plastikfolie

Becher

Wie es funktioniert

Die Sonne wärmt den Sand unter der Plastikfolie auf. Dabei verdunstet etwas Feuchtigkeit aus dem Sand, steigt auf und kondensiert an der Plastikfolie (siehe Seite 14 – 15).

Überleben in der Wüste

Pflanzen und Tiere, die in der Wüste leben, haben verschiedene Wege entwickelt, um mit der Wasserarmut zurecht zu kommen. Die Kakteen beispielsweise speichern das Wasser in ihren dicken Stämmen. Der Mesquite-Strauch entwickelt bis zu 30 Meter lange Wurzeln, die an das Grundwasser heranreichen. Viele Pflanzen keimen erst dann, wenn ein kräftiger Regenguß gefallen ist. Einige Wüstentiere verbingen den Tag eingegraben im Boden oder ruhen im Schatten. Nachts, wenn es kühler ist, kommen sie heraus und gehen auf Futtersuche.

Manche Wüstentiere müssen das meiste Wasser aus ihrer Nahrung gewinnen.

▲ Auf dem Land kannst du noch gelegentlich Wassermühlen sehen. Finde heraus, wie sich die Räder gedreht haben und zu welchem Zweck die Wasserräder dienten. Dieses Wasserrad steht im Schwarzwald.

Energie von den Gezeiten

Ein Staudamm an der Mündung des Flusses Rance in der Bretagne in Frankreich nutzt die Energie der Gezeiten für die Stromgewinnung. Das zurückgehaltene Wasser treibt 24 spezielle Turbinen an, welche ihre Drehrichtung ändern können. Das bedeutet, daß eine Stromgewinnung bei Ebbe und bei Flut möglich ist.

Wasserkraft

Die Kraft des bewegten Wassers wird seit Jahrhunderten als Energiequelle verwendet. Wassermühlen an den Ufern schnell fließender Gewässer nutzten die Wasserkraft für den Antrieb der Mühlsteine, die das Getreide zu Mehl zerrieben. Heute wandeln Wasserkraftwerke auf der ganzen Welt die Energie des fließenden Wassers in Strom um. Auch die Energie der Gezeiten und der Wellen kann für die Stromgewinnung verwendet werden.

Wasserkraftwerke

Wasserkraftwerke wandeln die Energie abwärts fließenden Wassers in Strom um. Das Wasser kann von einem natürlichen Wasserfall stammen, etwa den Niagarafällen, oder durch einen künstlichen Staudamm zurückgehalten werden. Das Wasser treibt große Räderturbinen an, versetzt sie in rasend schnelle Drehung. Diese wiederum treiben die Generatoren, die eigentlichen Stromerzeuger an. Die Zeichnung unten zeigt dir, wie das vor sich geht.

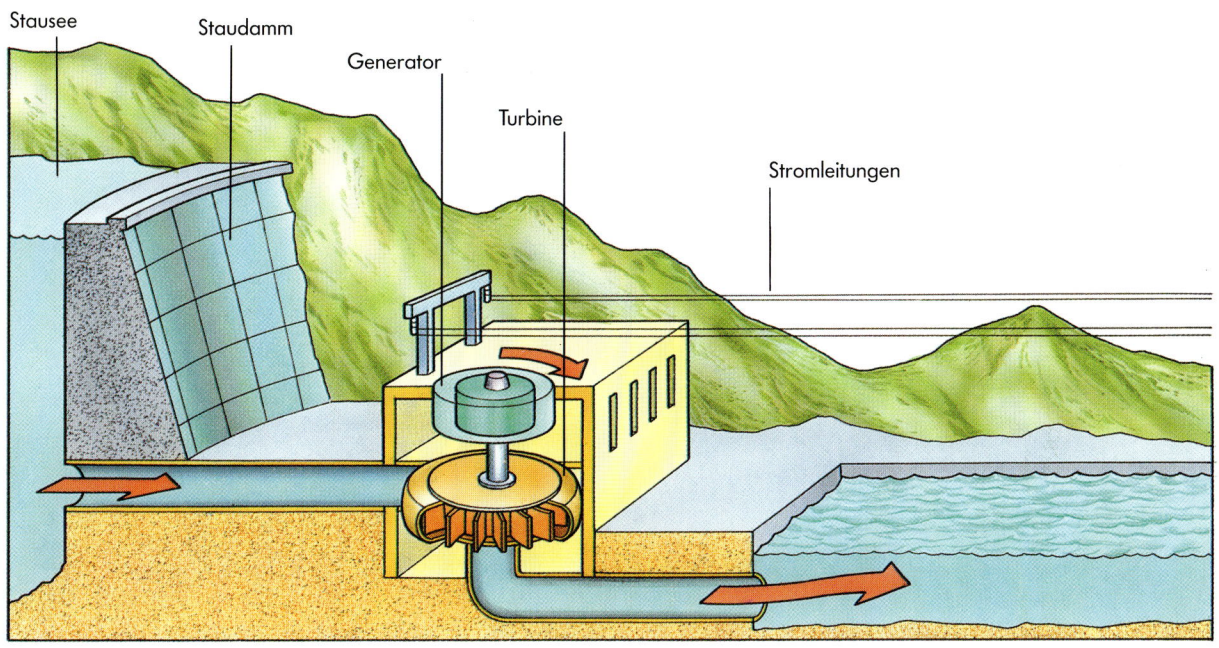

Stausee Staudamm Generator Turbine Stromleitungen

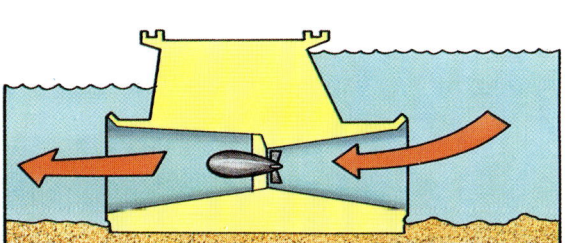

Wenn die Flut steigt, fließt Wasser von der Meerseite zur Flußseite und treibt die Turbinen an.

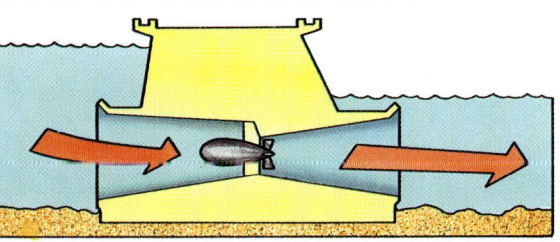

Bei Ebbe fließt das Wasser von der Flußseite zur Meerseite und treibt gleichermaßen die Turbinen an.

Wellenenergie

Die Bewegung der Wellen kann auch für die Stromversorgung verwendet werden. Bisher sind aber erst Versuchsanlagen in Betrieb. Eine davon heißt »Ente«. Die Wellen bewirken, daß sich der »Schnabel« der »Ente« auf und ab bewegt. Diese Bewegungsenergie wird von kleinen Generatoren im Innern der »Entenschnäbel« in Strom umgewandelt.

Wasser-Quiz

Richtig oder falsch

1. Wolken bestehen aus Wasser.

2. Wassertropfen sind rund, weil die Oberflächenspannung ihnen diese Form verleiht.

3. Salz bringt Schnee zum Schmelzen.

4. Schneeflocken haben stets acht Seiten.

Finde die Fehler heraus

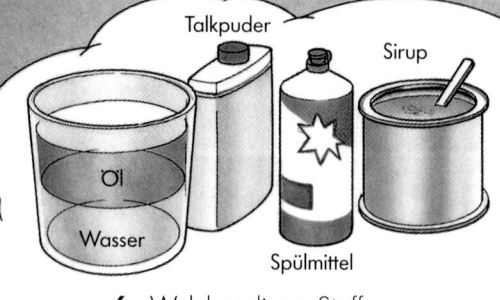

5. Was ist falsch an diesen Zeichnungen?

Talkpuder · Sirup · Öl · Wasser · Spülmittel

6. Welcher dieser Stoffe bewirkt, daß sich Wasser und Öl mischen?

7. Welcher dieser Gegenstände schwimmt in Wasser?

Apfel · Kerze · Cocktailstäbchen · Garnrolle · Bleistift · Münzen · Büroklammer · Schlüssel · Reißzwecke · Federhütchen · Löffel aus Metall

---

Antworten

1. Richtig. Wolken bestehen aus winzigen Wassertröpfchen. Diese entstehen, wenn Wasserdampf in kalter Luft kondensiert. Einige Wolken enthalten auch Eiskristalle (Seite 15).

2. Richtig. Aufgrund der Oberflächenspannung sieht es so aus, als hätte das Wasser eine dünne elastische »Haut«, die den Tropfen zusammenhält (Seite 26).

3. Richtig. Der Grund liegt darin, daß Salzwasser bei niedrigeren Temperaturen gefriert als gewöhnliches Wasser. Salz verwandelt Schnee in Wasser, sofern es nicht grimmig kalt ist (Seite 19).

4. Falsch. Schneeflocken haben immer sechs Seiten oder Strahlen (Seite 16).

5. Links: Eis hat eine geringere Dichte als Wasser; deswegen müssen die Eiswürfel obenauf schwimmen (Seite 16). Rechts: Der Wasserspiegel muß in allen Gefäßen horizontal sein (Seite 20 – 21).

6. Spülmittel. Die Seife im Spülmittel bewirkt, daß das Öl in winzige Tröpfchen aufgelöst wird, die sich mit Wasser leichter mischen (Seite 40).

7. Es schwimmen: Apfel, Kerze, Garnspule, Cocktailstäbchen, Bleistift, Federhütchen. Sie schwimmen, weil sie eine geringere Dichte als Wasser haben (Seite 32 – 33). Es sinken ab: Schlüssel, Büroklammer, Löffel aus Metall, Münzen, Reißzwecke.

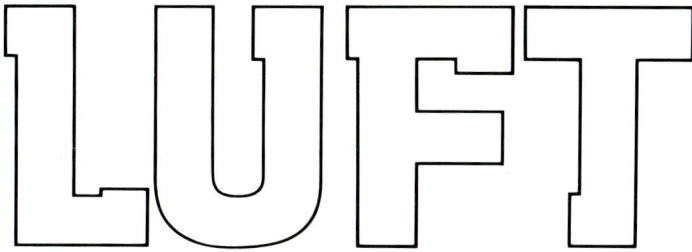

LUFT

In diesem Kapitel stellen wir Forschungen über die Luft an.
Denk einmal über die Luft nach, wenn es draußen stürmt oder wenn du
Flugzeuge und Hubschrauber fliegen siehst.

Dieses Kapitel umfaßt sechs Hauptthemen:

- Luft und Gewicht
- Warme Luft
- Luftdruck
- Luftströmung und Druckluft
- Luft und das Wetter
- Luft und Verbrennung; Leben; Schall

Mit diesen drei Symbolen kannst
du auf den ersten Blick erkennen,
worum es sich jeweils handelt.

VERSUCHE

TRICKS

TIPS ZUM
SELBERMACHEN

Einführung

Täglich atmest du Luft ein. Der Sauerstoff, der in der Luft enthalten ist, erhält dich am Leben. Doch sonst bemerkst du kaum die Luft, die um dich herum ist. Nur bei wenigen Gelegenheiten kannst du Luft sehen, zum Beispiel wenn Luftblasen im Wasser aufsteigen. Es ist hingegen ziemlich leicht, die Auswirkungen der Luft auf deine Umgebung zu beobachten.

Wenn Luft erwärmt wird, wird sie leichter und steigt auf. Vögel und Drachenflieger lassen sich von solchen aufsteigenden Luftströmungen hoch in den Himmel tragen. Bewegte Luft hat genügend Energie, daß sie Segelboote und Windmühlen antreiben kann. Auch wenn Luft auf kleinem Raum zusammengepreßt wird, hat sie viel Kraft. Die Druckluft in einem Autoreifen trägt das Gewicht des ganzen Fahrzeugs. Zusammengepreßte Luft hilft dem Hubschrauber beim Aufsteigen.

Wenn du die Experimente in diesem Buch durchführst, wirst du die unterschiedlichen Eigenschaften der Luft kennenlernen. Am Ende kannst du sicher die Fragen auf diesen beiden Seiten beantworten und anderen Leuten erklären, wie die Luft all die Dinge beeinflußt, die in der Umwelt passieren.

▲ Warum siehst du während eines Sturmes den Blitz, bevor du den Donner hörst? (Siehe Seite 87)

▼ Wie startet ein Flugzeug und wie hält es sich in der Luft? (Siehe Seite 76 – 77)

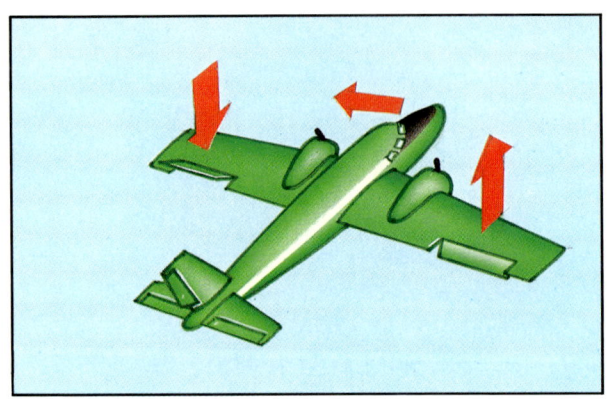

◄ Warum fällt ein Fallschirmspringer langsam zur Erde? (Siehe Seite 74)

▶ Warum steigt
ein Heißluftballon
in den Himmel?
(Siehe Seite 58 – 59)

▶ Wie wandeln Windmühlen die Energie
der bewegten Luft um? (Siehe Seite 80)

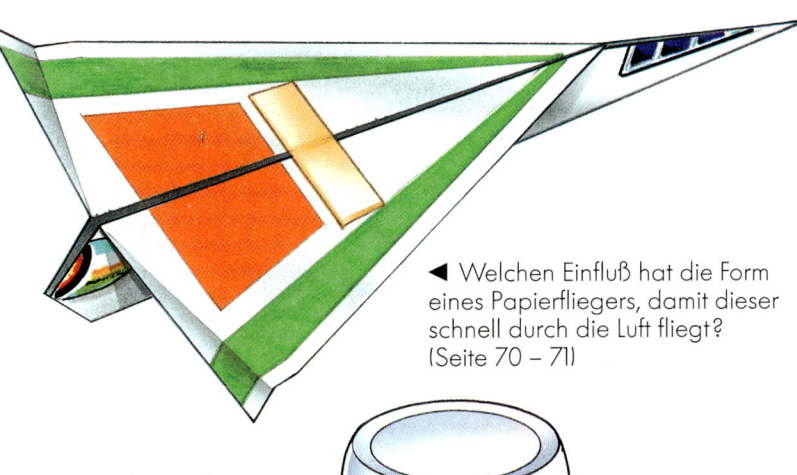

◀ Welchen Einfluß hat die Form
eines Papierfliegers, damit dieser
schnell durch die Luft fliegt?
(Seite 70 – 71)

▲ Wie schnell kann der Wind
blasen? Was für Schäden
richtet ein Orkan an?
(Siehe Seite 78 – 79)

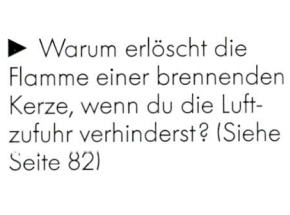

▶ Warum erlöscht die
Flamme einer brennenden
Kerze, wenn du die Luft-
zufuhr verhinderst? (Siehe
Seite 82)

▼ Warum steigt ein Hub-
schrauber senkrecht in die
Luft? (Siehe Seite 72 – 73)

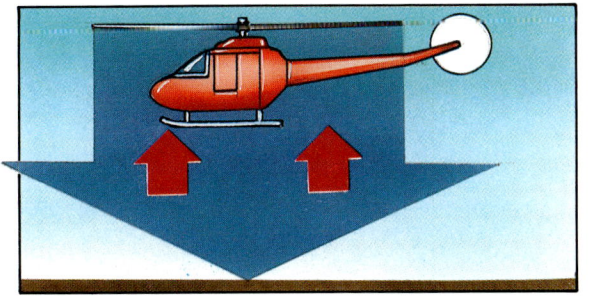

▶ Warum hält eine
Doppelverglasung
ein Haus warm?
(Siehe Seite 61)

Wo ist Luft?

Luft ist überall um uns herum, doch fällt es schwer, Forschungen über sie anzustellen, weil wir sie weder sehen noch schmecken noch berühren können. Luft hat keinen Geruch. Allerdings können wir Blüten- oder Küchenduft oder den Gestank von Abgasen und anderen Stoffen wahrnehmen, weil die Luft sie transportiert. Wir können Luft spüren, wenn sie sich bewegt, und auch die Auswirkungen beobachten, die sie auf andere Dinge hat. Bewegte Luft biegt Gräser und Bäume, wirbelt den Staub auf den Straßen auf und bewirkt, daß die Wolken ziehen.

Taucher schnallen sich Druckluftbehälter auf den Rücken, damit sie auch unter Wasser atmen können. Beim Ausatmen entweichen Blasen mit verbrauchter Luft ins Wasser. Das Bild zeigt einen Unterwasserarchäologen bei Ausgrabungen.

Luft zum Anschauen

Luft ist überall um uns herum und füllt selbst die feinsten Ritzen bei allen möglichen Gegenständen aus. Man kann solche Luft sehen, wenn man Gegenstände ins Wasser legt und beobachtet, wie die Luftblasen entweichen.

1. Halte eine Flasche unter Wasser und lasse sie mit Wasser vollaufen. Wenn dieses in die Flasche dringt, steigen Luftblasen auf.

2. Probiere dasselbe mit einem Blumentopf aus Ton und dann mit einer Handvoll Erde. Wieviel Luft enthalten sie?

3. Untersuche nun das Wasser selbst. Stelle ein Glas Wasser ungefähr eine Stunde lang an einen warmen Ort. Danach siehst du, wie kleine Luftblasen aufsteigen oder sich an den Seiten des Glases sammeln. Wenn das Wasser wärmer wird, entweichen einige Luftblasen in die Luft. Bevor das Wasser kocht, gibt es sehr viele Luftblasen ab. Dies zeigt, daß auch im Wasser Luft enthalten ist.

Wir füllen ein Glas mit Luft

1. Drehe eines der Gläser um. Halte es senkrecht und tauche es unter die Wasseroberfläche. Du wirst sehen, daß es voller Luft ist.

2. Halte mit einer Hand das luftgefüllte Glas unter Wasser und tauche das zweite Glas mit der anderen Hand ins Wasser. Halte es dabei schräg, so daß es sich mit Wasser füllt.

3. Bringe die beiden Gläser nahe aneinander und kippe das erste Glas so, daß Luftblasen in das zweite Glas aufzusteigen beginnen.

Wie es funktioniert
Das Wasser im zweiten Glas wird von den aufsteigenden Luftblasen des ersten Glases verdrängt. Das erste Glas füllt sich dabei als Ersatz für die verlorene Luft mit Wasser.

Material: Zwei durchsichtige Gläser, eine große Wasserschüssel.

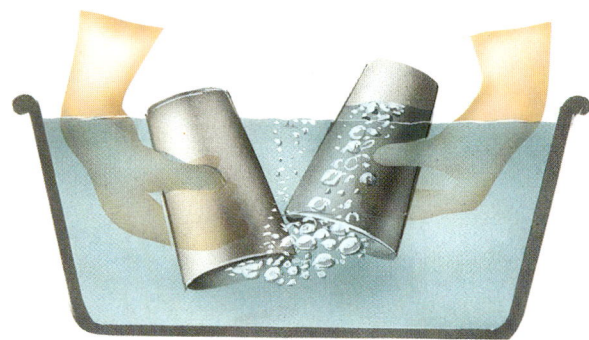

Luft braucht Platz

Material: Eine durchsichtige Plastikflasche, ein Trichter, eine Modelliermasse, Stricknadel oder Bleistift.

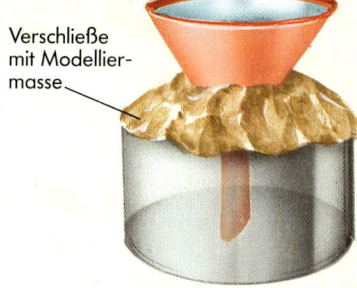

Verschließe mit Modelliermasse

Loch in der Modelliermasse

Die Luft füllt Räume aus, die uns leer erscheinen. Hier ein Experiment, um diese Behauptung zu überprüfen.
1. Stecke den Trichter in den Hals der Flasche und verschließe den Spalt mit Modelliermasse.
2. Gieße etwas Wasser in den Trichter. Mit Überraschung wirst du feststellen, daß das Wasser nicht in die Flasche fließt.
3. Bohre mit der Stricknadel oder dem Bleistift ein kleines Loch in die Modelliermasse. Was geschieht?

Wie es funktioniert
Die Flasche war voller Luft, und die Modelliermasse verhinderte das Entweichen der Luft. Wenn du ein Loch in den Ton bohrst, kann die Luft austreten, während das Wasser hineinfließt und deren Raum ausfüllt. Das kann auch umgekehrt geschehen: Du kannst zum Beispiel keine Flüssigkeit aus einer Dose abgießen, wenn das Loch nur sehr klein ist. Wenn du die Dose leeren willst, verschließt die Flüssigkeit im Inneren das Loch, so daß keine Luft hinzutreten kann, um die Flüssigkeit zu ersetzen. Wenn du allerdings ein weiteres Loch in die Dose bohrst, kann Flüssigkeit gleichzeitig austreten, während Luft hinzutritt.

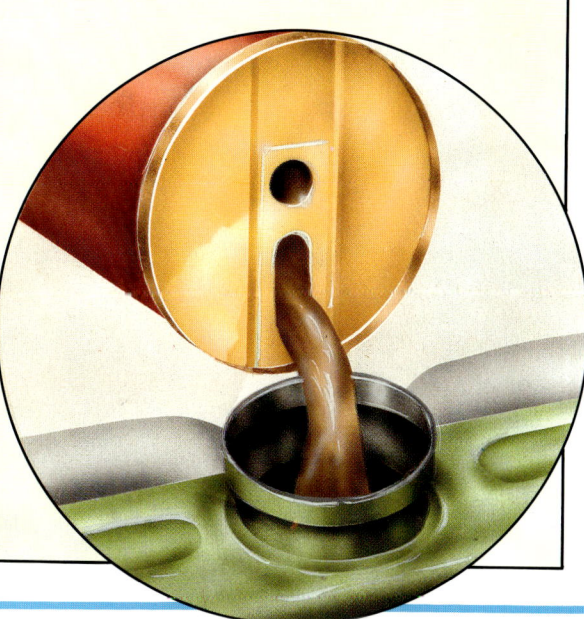

So leicht ist Luft

Die Luft füllt den ganzen Raum um uns herum, doch wieviel wiegt sie? Die Wissenschaftler benutzen komplizierte und sehr empfindliche Geräte, um das Gewicht sehr leichter Stoffe zu messen. Du kannst das Gewicht der Luft mit einer einfachen Waage wie im Bild unten messen.

Wir wiegen die Luft

1. Markiere die Mitte des Stabes.
2. Lege den Bleistift auf die Konservendose und quer darüber den Stab so, daß er waagrecht liegt.
3. Binde mit einem kleinen Stück Klebestreifen an beiden Enden des Stabes je einen Ballon fest. Überprüfe, ob der Stab immer noch waagrecht ist, denn dies bedeutet, daß die Ballons gleich viel wiegen.
4. Nimm einen Ballon wieder weg und blase so viel Luft hinein, wie du kannst.
5. Befestige den Ballon wieder am Stab. Ist der Stab immer noch ganz waagrecht?

Material: Zwei gleiche Ballons, ein langer Stab, Klebeband, zwei Konservendosen, ein Bleistift mit flachen Seiten.

Wie es funktioniert

Wenn du den aufgeblasenen Ballon wieder befestigst, neigt sich der Stab auf dessen Seite. Dies zeigt, daß er nun schwerer ist als der leere Ballon und daß die Luft, die du hineingeblasen hast, etwas wiegt.

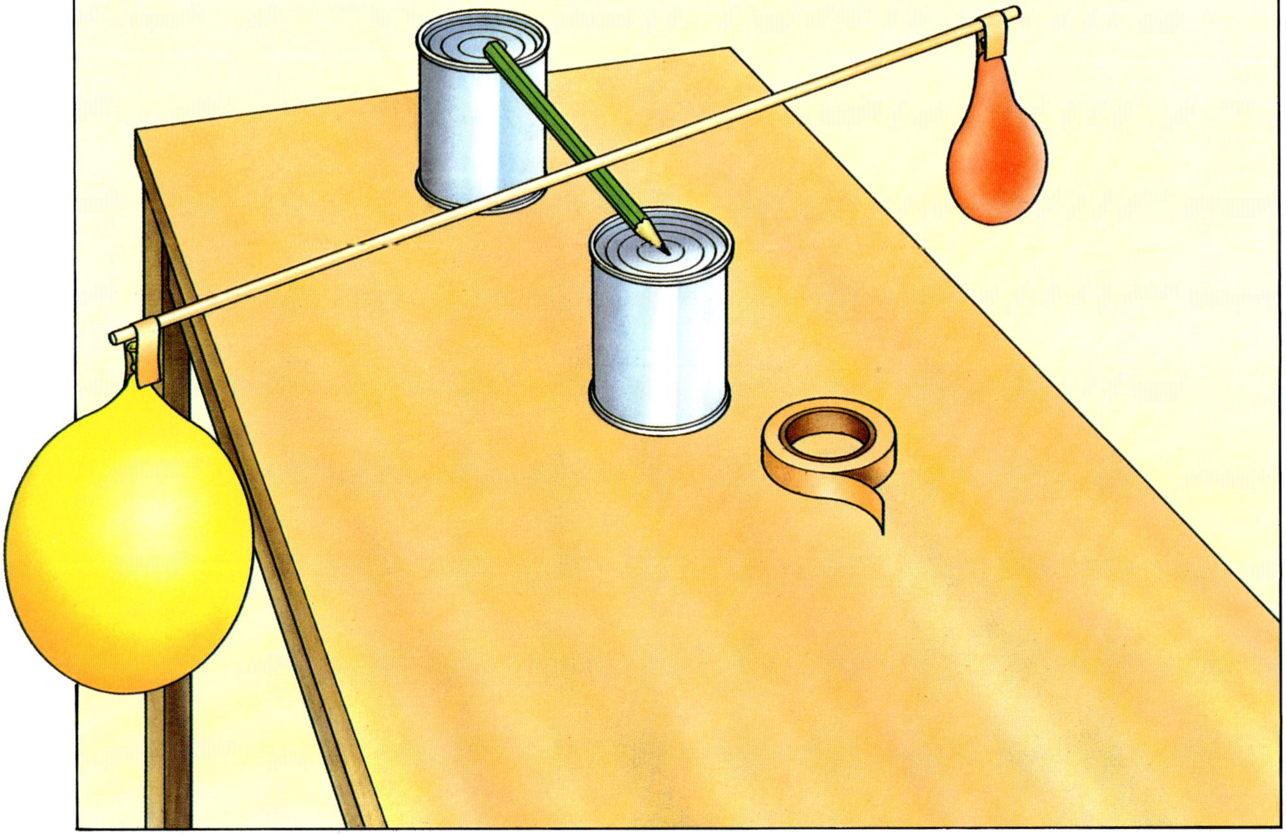

Das Papiertaschentuch bleibt trocken

Kannst du ein Papiertaschentuch in Wasser bringen, ohne daß es ganz naß wird? Du brauchst dazu nur ein Becken voller Wasser, ein kleines Glas und ein Papiertaschentuch.

Zerknülle das Papiertaschentuch zu einer Kugel und stecke es in das Glas. Drehe das Glas um und tauche es ganz in die wassergefüllte Schüssel ein. Du siehst: Das Wasser dringt nicht in das Glas ein, und das Papiertaschentuch bleibt trocken!

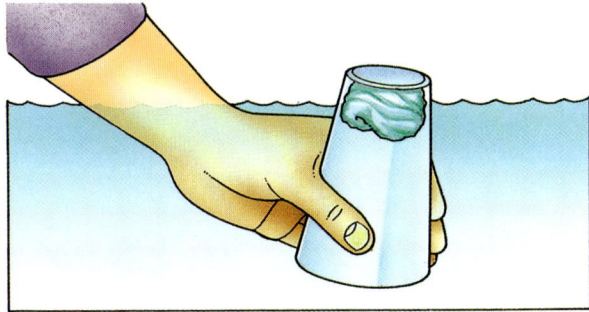

Wie es funktioniert

Das Wasser kann nicht in das Glas eindringen, weil dieses voller Luft ist. Und die Luft kann nicht austreten, weil sie leichter ist als Wasser. Damit wird das Papiertaschentuch nicht naß.

Wir bauen ein Unterseeboot

Wir bauen hier ein Spielzeug-Unterseeboot, das mit »Luftkraft« auftaucht und sinkt.

Material: Eine Plastikflasche mit schlankem Hals, Modelliermasse, ein Stück Plastikschlauch, Münzen, Klebeband.

1. Schneide zwei oder drei kleine Löcher in die Seitenwand der Flasche. Befestige mit Klebeband drei oder vier Münzen an derselben Seite der Flasche. (Sie dienen als Ballast und helfen beim Absinken.)

2. Stecke den Plastikschlauch in den Hals der Flasche und verschließe die Öffnung mit Modelliermasse.

3. Lege das Unterseebot in ein wassergefülltes Becken und laß es mit Wasser vollaufen.

4. Blase Luft durch den Plastikschlauch in das Unterseeboot. Beim Blasen wird Wasser durch die Löcher auf der Seite herausgepreßt.

5. Wenn sich das Unterseeboot mit Luft füllt, steigt es langsam zur Oberfläche. Du kannst es immer wieder aufsteigen und sinken lassen, indem du die Menge der darin enthaltenen Luft durch Blasen veränderst.

Wie es funktioniert

Luft wiegt weniger als Wasser. Wenn du das Unterseeboot mit Luft füllst, wird es leichter als Wasser und steigt folglich zur Oberfläche auf.

Eine Menge heiße Luft

Warme Luft ist leichter als kalte Luft. Beim Erwärmen steigt Luft somit auf, und kalte Luft tritt an deren Stelle. Dies hat zur Folge, daß im Innern von Gebäuden und draußen in der Natur Luftströmungen entstehen. Manche Vögel lassen sich von aufsteigender Warmluft nach oben tragen. Auch Segelflugzeuge nutzen denselben Auftrieb, um in der Luft zu bleiben.

Warme Luft steigt auf

Kalte Luft gelangt über die Fenster und die Ritzen zwischen Tür und Schwelle in die Räume eines Hauses. Sie wird dort von offenem Feuer oder Heizkörpern erwärmt, wird leichter und steigt zur Decke hoch. Kaltluft dringt dabei an die Stelle der nun wärmeren Luft ein. Diese Luftbewegung in einem Raum bezeichnen wir als **Konvektionsströmung.** Warme Luft entweicht aus einem Raum über die Türen und die Fenster. Mehr darüber, wie du den Verlust von warmer Luft stoppen und die Zimmerwärme beibehalten kannst, findest du auf den Seiten 60 bis 61.

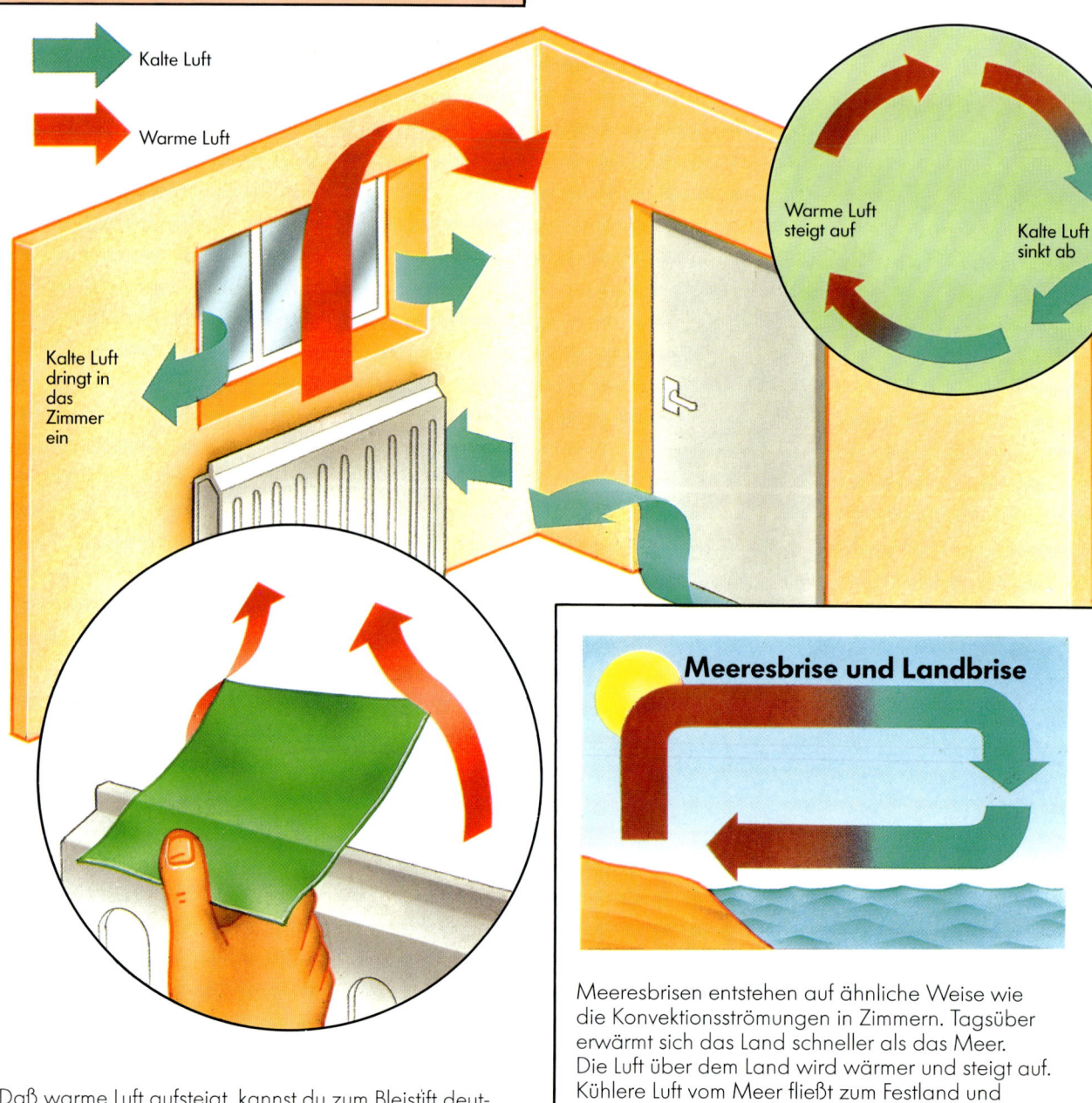

Kalte Luft

Warme Luft

Kalte Luft dringt in das Zimmer ein

Warme Luft steigt auf

Kalte Luft sinkt ab

Meeresbrise und Landbrise

Daß warme Luft aufsteigt, kannst du zum Bleistift deutlich sehen, wenn du ein Stück Seidenpapier über einen Heizkörper hältst. Die warme Luft wird es anheben.

Meeresbrisen entstehen auf ähnliche Weise wie die Konvektionsströmungen in Zimmern. Tagsüber erwärmt sich das Land schneller als das Meer. Die Luft über dem Land wird wärmer und steigt auf. Kühlere Luft vom Meer fließt zum Festland und nimmt deren Platz ein.

Segeln in der Luft

Segelflugzeuge müssen in die Luft geschleppt werden, doch wenn sie einmal genügend Höhe gewonnen haben, können sie aufsteigende warme Luftströmungen zum Segeln benützen. Der Pilot spricht in diesem Zusammenhang von **Thermik**. Am oberen Ende einer Warmluftsäule muß der Pilot Ausschau halten nach der nächsten, bevor sein Flugzeug zu stark nach unten sinkt. Ein Segelflugzeug kann an einem warmen Tag Hunderte von Kilometer zurücklegen.

Eine Schlange, die sich dreht

Material:
Ein Stück Papier, Stifte, Schere, Faden.

Mit dieser runden Schlange können wir leicht die Auswirkungen aufsteigender Luft beobachten und haben noch unseren Spaß dabei. Zeichne eine Spirale wie im Bild rechts auf das Papier. Male die Schlange an und schneide dann mit einer Schere sorgfältig entlang der Spirallinie. Hänge die Schlange über einem Heizkörper an einem Faden auf und beobachte, wie sie sich dreht, wenn warme Luft aufsteigt.

Schneide entlang der Spirallinie

Nachts kühlt das Festland schneller ab als das Meer. Dieses ist damit wärmer als das Land. Es entsteht eine Konvektionsströmung in entgegengesetzter Richtung als tagsüber. Warmluft über dem Meer steigt auf und kalte Luft vom Festland fließt hinzu, um deren Stelle einzunehmen.

Weitere Versuche

● Die Schlange dreht sich besser, wenn du sie an der Spitze eines Bleistiftes befestigst. Dazu bohrst du ein kleines Loch in den Schlangenkopf. Stecke den Bleistift mit dem stumpfen Ende in ein Stück Modelliermasse oder eine Garnspule.

● Baue dir eine Glitzerschlange aus Alufolie.

Forschungen über heiße Luft

Luft braucht immer Raum. Aber wußtest du, daß heiße Luft mehr Raum braucht als kalte? Beweise es selbst mit diesem Experiment.

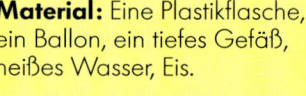

Heißes Wasser

Eis

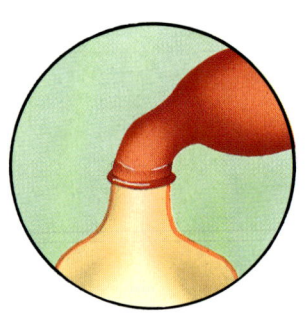

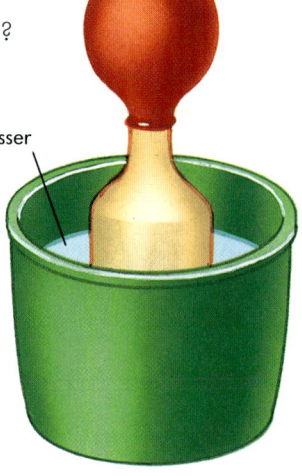

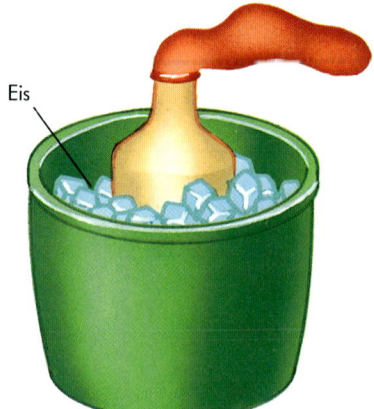

1. Stülpe den Ballon über die Flaschenöffnung.
2. Stelle die Flasche in die Schüssel und fülle sie mit heißem Wasser. Nach einigen Minuten siehst du, wie sich der Ballon aufbläst.
3. Gieße das Wasser weg und fülle die Schüssel mit Eis. Was geschieht?

Wie es funktioniert

Wenn die Luft im Innern der Flasche vom heißen Wasser gewärmt wird, dehnt sie sich aus und braucht mehr Platz, so daß der Ballon aufgeblasen wird. Wenn das Eis die Luft wieder abkühlt, zieht sie sich zusammen und braucht nunmehr weniger Platz, so daß der Ballon wieder einschrumpft.

Der Ballontrick

Blase einen Ballon so fest es geht auf. Lege ihn an einen warmen Ort, zum Beispiel über eine Heizung. Was glaubst du, wird geschehen? Warne deine Familie, daß es vielleicht einen Knall gibt.

Nutzung heißer Luft

Füllt man Ballons mit heißer Luft, werden sie leichter als die Kaltluft um sie herum und steigen auf. Moderne Heißluftballons verfügen über einen Gasbrenner, mit dem die Fahrer die Luft im Innern erhitzen können. Der Wind transportiert den Ballon weiter.
Andere Ballons werden heute mit dem Gas Helium gefüllt, das leichter ist als Luft. Ballons werden für verschiedene Zwecke verwendet, angefangen von der Werbung bis zum Transport wissenschaftlicher Instrumente in die höchsten Luftschichten der Atmosphäre. Diese Instrumente sammeln Informationen über das Wetter und über die Luftverschmutzung.

Wir bauen einen Heißluftballon

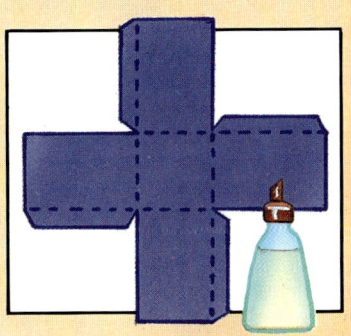

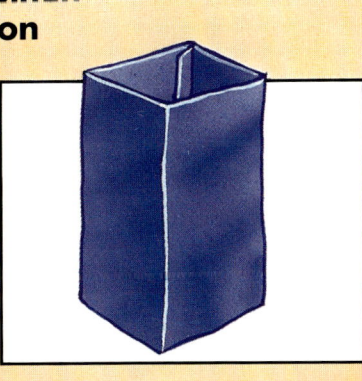

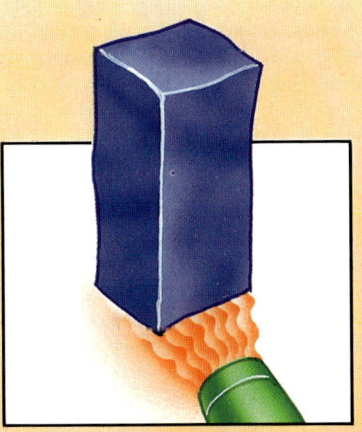

1. Klebe fünf Bogen Seidenpapier so zusammen wie im Bild oben. Du brauchst ein Quadrat und vier Rechtecke.

2. Verklebe die Längsseiten der Rechtecke, so daß eine Art Ballon daraus wird.

3. Fülle deinen Ballon mit Heißluft aus dem Fön. Er wird dann an die Zimmerdecke steigen.

Warmhalten

Warme Dinge kühlen schnell ab, wenn man sie in kalter Luft stehen läßt, denn die Wärme geht vom warmen Gegenstand auf die kalte Luft über. Ein kalter Wind bringt uns zum Schlottern, weil der Körper Wärme an die umgebende Luft verliert.

Kleider helfen den Menschen, sich warm zu halten. Jedes Kleidungsstück hält eine Schicht warmer Luft fest. In sehr kalten Gebieten verwenden die Menschen Jacken und Schlafsäcke mit Federn darin. Die Federn halten eine Menge Luft fest und sorgen damit für Wärme.

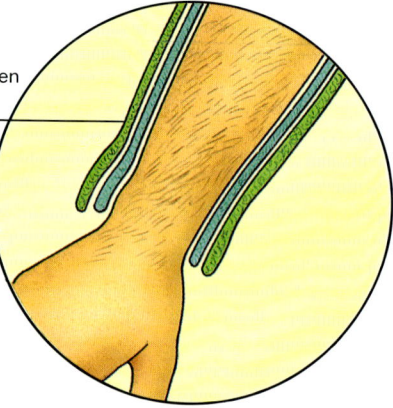

Luft wird von den verschiedenen Schichten der Kleidungsstücke festgehalten.

Abkühlen

Entferne die Deckel von den vier Gläsern und umhülle die Gläser wie in den Zeichnungen rechts. Fülle jedes Glas mit warmem Wasser und schraube den Deckel wieder auf. Bedecke ihn mit demselben Material wie das Glas. Laß die Gläser ungefähr eine halbe Stunde in einem kühlen Raum stehen und miß dann die Wassertemperatur mit einem Thermometer oder prüfe sie mit dem kleinen Finger. Welches Glas enthält das wärmste Wasser?

Material: 4 Gläser mit Deckeln, heißes Wasser, Zeitungspapier, 1 Schal oder 1 Tuch, 1 Thermometer, 1 Schachtel.

1. Stelle ein Glas in die Schachtel und umhülle den Zwischenraum mit lose zusammengeknülltem Zeitungspapier.

2. Binde eine Schicht Zeitungspapier um das zweite Glas. Halte das Papier mit Gummiringen fest.

Zwischen den beiden Glasschichten wird Luft festgehalten.

Das Haus bleibt warm

Auch Häuser verlieren bei kaltem Wetter Wärme an die Außenluft. Die meiste Wärme entweicht über die Fenster, die Türen und das Dach. Man kann diese Verluste verringern, indem man Ritzen und Spalten um Türen und Fenster verschließt und vor allem indem man eine Doppelverglasung verwendet. Solche Fenster halten zwischen den beiden Glasscheiben eine isolierende Luftschicht fest. Die trennt die warme Innenluft von der kalten Außenluft und verhindert, daß viel Wärme entweicht.

3. Wickle um das dritte Glas lose einen Schal oder ein Stück Tuch.

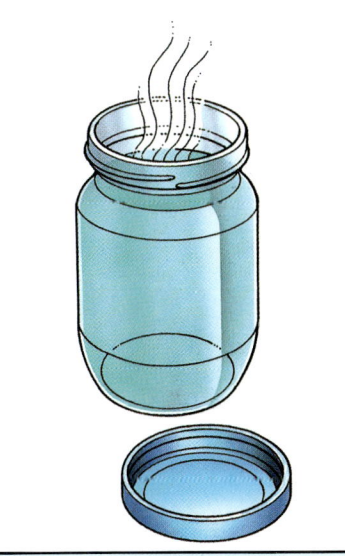

4. Laß dieses Glas ohne jeden Schutz, damit du erkennst, welchen Einfluß die unterschiedlichen Verpackungen ausüben.

Wie es funktioniert

Das wärmste Glas ist jenes, das vor der kühlen Luft am besten geschützt wurde. Diesen Schutz bezeichnet man auch als **Isolation.** Die Isolation funktioniert dadurch, daß Luftschichten zwischen dem warmen Wasser und der kühlen Außenluft festgehalten werden. Sie verringern nämlich am besten den Wärmeverlust. Der Schal oder das Stück Tuch und das lose zerknüllte Zeitungspapier sorgen für eine gute Isolation, so daß das Wasser in diesen Gläsern wärmer bleibt als in den beiden übrigen Gläsern.
Hausbesitzer bringen am Dach und an den Wänden isolierende Materialien an oder wickeln diese um Heizungsrohre, um den Wärmeverlust zu begrenzen.

Luftdruck

Wenn du unter Wasser schwimmst, spürst du, wie das Wasser auf deinen Körper drückt. Die Luft um uns herum macht dasselbe, doch wir sind es gewohnt, keine Notiz davon zu nehmen. Auf jedem Quadratzentimeter unserer Haut lastet mehr als ein Kilogramm Luftdruck. Dieser Luftdruck wird von einer Luftschicht bewirkt, die wir **Atmosphäre** nennen: sie umgibt die ganze Erde. Die meiste Luft liegt in einer ungefähr fünf Kilometer dicken Schicht direkt über der Erdoberfläche.

▲ Viele Instrumente in einem Flugzeug messen Veränderungen des Luftdruckes und versorgen den Piloten mit wichtigen Informationen. Der Luftdruck sinkt mit zunehmender Höhe. Deswegen kann man anhand des Luftdrucks die Höhe über dem Meer bestimmen. Diese Aufgabe übernimmt ein **Höhenmesser.** Er zeigt, wie hoch das Flugzeug fliegt.

Wir bauen ein Barometer

Den Luftdruck mißt man mit einem **Barometer.** Wenn der Luftdruck steigt, ist das üblicherweise ein Zeichen für eine Wetterbesserung. Wenn Schlechtwetter kommt, fällt der Luftdruck.

Material: Eine große, schlanke, durchsichtige Plastikflasche, eine Schüssel mit Wasser, Papier, Klebeband, Maßstab, Schnur, Modelliermasse.

1. Bringe ein Stück Modelliermasse an einer Seite der Schüssel an und stecke den Maßstab senkrecht hinein.

2. Fülle die Schüssel fünf bis acht Zentimeter hoch mit Wasser und die Flasche zu drei Viertel mit Wasser.

3. Decke die Flaschenöffnung mit der Handfläche zu. Drehe dann die Flasche sorgfältig um, mit der Öffnung unter der Wasseroberfläche in der Schüssel.

4. Nimm die Hand von der Flaschenöffnung weg, halte die Flasche aber weiterhin senkrecht und binde sie mit der Schnur am Maßstab fest.

5. Zeichne auf ein Stück Papier eine Skala auf und klebe sie an die Flasche. Markiere den Wasserstand und zeichne Tag für Tag ein, wie sich der Wasserspiegel verändert.

Wie es funktioniert
Luft drückt auf die Wasseroberfläche in der Schüssel. Wenn der Luftdruck steigt, wird mehr Wasser in die Flasche hineingedrückt und der Wasserspiegel steigt. Bei fallendem Luftdruck geschieht das Umgekehrte.

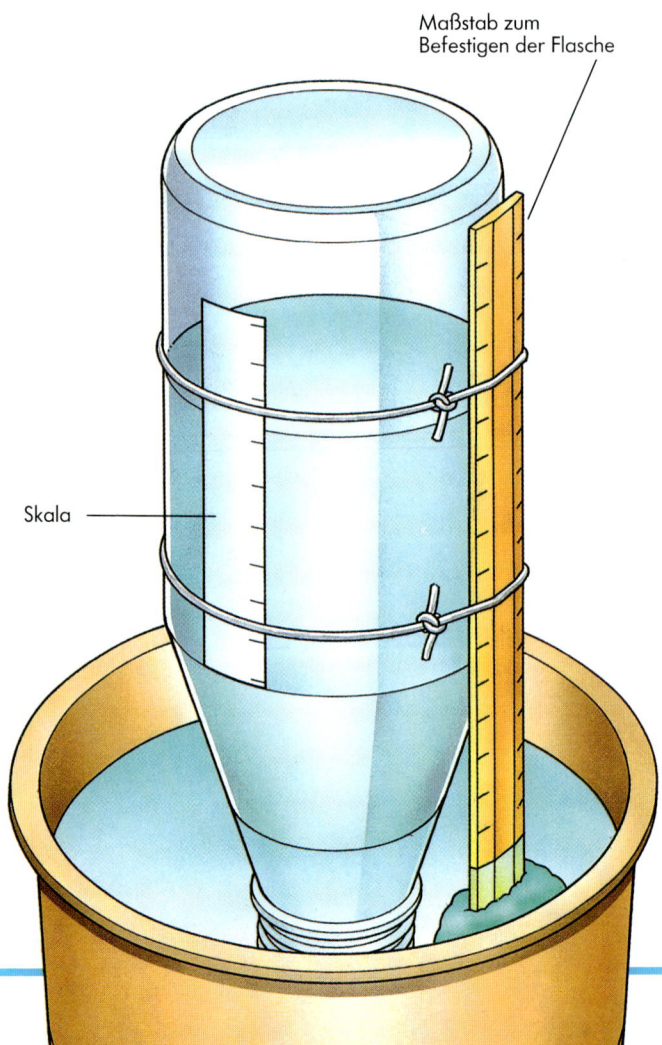

Maßstab zum Befestigen der Flasche

Skala

Luft hat Kraft

Der Luftdruck ist eine starke Kraft. Mit diesem Trick kannst du es beweisen. Du brauchst nur einen flachen Maßstab, ein großes Stück Papier und einen Tisch.

Lege den Maßstab so auf den Tisch, daß ein Drittel davon über die Tischkante hinausragt. Lege das Blatt über den Maßstab. Schlage nun auf den Maßstab und versuche, das Papier in die Luft zu wirbeln. Du wirst sehen: Das geht nicht!
(Schlage nicht zu hart auf den Maßstab, sonst kann er brechen.)

Wie es funktioniert

Der Luftdruck drückt das Blatt Papier auf die Tischfläche. Weil es eine große Oberfläche aufweist, wird es von einer Menge Luft niedergedrückt. Dies reicht aus, um das Papier und den Maßstab festzuhalten.

Das magische Wasserglas

Der Luftdruck kann sogar das Wasser in einem umgestülpten Glas festhalten! Für diesen Trick brauchst du ein Glas mit einem glatten Rand, Wasser und ein postkartengroßes glattes Stück Karton.
Fülle das Glas ganz mit Wasser und befeuchte auch leicht den Rand. Lege die Karte oben auf das Glas. Halte sie fest und drehe dann beides um. Jetzt nimmst du die Hand weg. Das Wasser sollte im Glas bleiben. Gib nicht sofort auf, wenn es beim erstenmal nicht gleich funktioniert – versuche es so lange, bis es gelingt.

Hinweis: Paß auf, daß zwischen dem Glasrand und dem Stück Karton vor dem Umdrehen eine gute Verbindung besteht. Vielleicht ist die Idee ganz nützlich, diesen Trick zuerst über dem Spülbecken auszuprobieren!

Wir bauen einen Springbrunnen

Material: Zwei Gläser, das eine mit einem Deckel, eine Flasche mit Wasser, Modelliermasse, vier Trinkhalme aus Kunststoff (oder ein Plastikschlauch), Klebeband, eine Schüssel.

Mit Modelliermasse wasserdicht verschließen

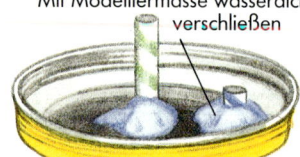

1. Bohre zwei Löcher in den Deckel.

2. Stecke einen Trinkhalm durch ein Loch, so daß er ungefähr fünf Zentimeter in das Glas hineinragt. Verbinde drei Trinkhalme mit Klebeband zu einer langen Röhre (oder nimm einen Plastikschlauch) und stecke ein Ende davon durch das andere Loch im Deckel.

3. Fülle die Lücken zwischen den Trinkhalmen und der Bohrung im Deckel mit Modelliermasse.

4. Fülle ein Glas ungefähr fünf Zentimeter hoch mit Wasser und schraube dann den Deckel auf.

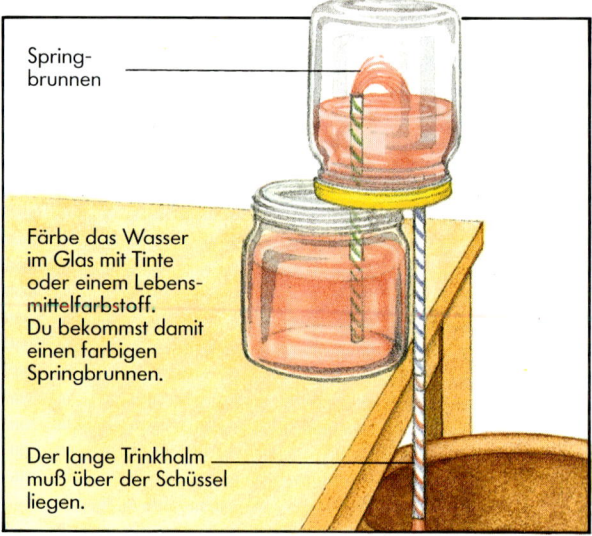

Spring-
brunnen

Färbe das Wasser im Glas mit Tinte oder einem Lebensmittelfarbstoff. Du bekommst damit einen farbigen Springbrunnen.

Der lange Trinkhalm muß über der Schüssel liegen.

5. Fülle das zweite Glas zu drei Viertel mit Wasser und stelle es an die Kante einer Tischplatte. Die Schüssel stellst du darunter. Drehe das Glas mit den Trinkhalmen im Deckel um und tauche den kürzeren Halm in das Wasserglas, das auf dem Tisch steht. Kaum hast du das getan, steigt ein Springbrunnen aus dem Trinkhalm.

Wie es funktioniert

Wenn Wasser aus dem geschlossenen Glas über den langen Trinkhalm (oder Schlauch) in die Schüssel fließt, verringert sich der Luftdruck im Innern des Gefäßes, denn die Luft nimmt nun auch den Raum des ausgeflossenen Wassers ein. Die Außenluft steht unter einem höheren Druck als die Innenluft und drückt auf das Wasser im offenen Glas. Dieses wird über den kurzen Trinkhalm nach oben gedrückt und bildet den Springbrunnen.

Wie Trinkhalme funktionieren

Wenn du an einem Trinkhalm saugst, verringerst du den Luftdruck im Mund und im Trinkhalm. Die Außenluft drückt aber weiterhin auf die Oberfläche des Getränks und treibt dieses schließlich den Trinkhalm hinauf.

Daß das so funktioniert, kannst du selbst überprüfen. Trinke etwas Flüssigkeit und beobachte, wie leicht sie im Trinkhalm aufsteigt. Bohre dann ein kleines Loch in den Trinkhalm ungefähr fünf Zentimeter unterhalb des Mundes und versuche wieder zu trinken. Etwas Flüssigkeit wird wohl beim Saugen aufsteigen. Doch über das Loch dringt Luft ein und drückt die Flüssigkeit wieder nach unten. Es wird dir zwar gelingen, etwas zu trinken. Doch brauchst du viel länger dafür, und überdies wirst du auch Luftblasen ansaugen!

Der Trick mit dem Ei in der Flasche

Material: Ein hartgekochtes Ei ohne Schale, eine Flasche, deren Hals etwas enger ist als das Ei, ein Stück Papier, eine lange Kerze oder ein Streichholz.

1. Überprüfe, daß das Ei genau in den Flaschenhals paßt, aber nicht durchfällt. Am besten für diesen Versuch eignen sich Weinkaraffen.

2. Zerknülle das Stück Papier und lege es in die Flasche.

3. Zünde das Papier mit einer langen Kerze an oder laß ein brennendes Streichholz in die Flasche fallen.

4. Lege das Ei schnell in den Flaschenhals. Erstaunlicherweise wird es mit einem Glucksen und einem Knall hineingesogen!

Wie es funktioniert

Wenn das Papier verbrennt, wird der Sauerstoff in der Luft aufgezehrt (siehe Seite 84 – 85). Das verschließt den Flaschenhals, so daß keine Luft mehr hinzutreten und der Sauerstoff nicht ersetzt werden kann. Dadurch verringert sich der Luftdruck im Innern der Flasche, und das Ei wird eingesogen.

Bewegte Luft

Wenn sich Luft bewegt, drückt sie nicht so stark auf Gegenstände wie unbewegte Luft. Es sieht dann so aus, als würden die Dinge in die Luftströmung gesogen. Tatsächlich werden sie aber durch den stärkeren Druck der umgebenden Luft in die Luftströmung gedrückt. Wenn ein Sturm vorbeizieht, kann man beobachten, mit welcher Kraft Dinge in die Luftströmung gestoßen werden.

Das Papier wegblasen

Lege zwei dicke Bücher ungefähr 10 Zentimeter voneinander entfernt auf einen Tisch. Breite ein Blatt Papier über die Bücher. Versuche, das Papier zum Wegsegeln zu bringen, indem du darunterbläst. Gelingt das? Du wirst sehen: Das Papier wird beim Blasen in der Mitte absinken.

Kannst du erklären, warum dies geschieht?

Verblüffende Äpfel

Hänge zwei Äpfel ungefähr fünf Zentimeter voneinander entfernt auf. Sie sollten sich nicht bewegen. Blase scharf zwischen den Äpfeln hindurch und versuche sie so zu trennen.

Überraschenderweise bewegen sich die Äpfel aufeinander zu. Beim Blasen bewegt sich die Luft zwischen den Äpfeln. Diese bewegte Luft weist einen geringeren Druck auf als die Luft auf den Seiten der Äpfel. Der Luftdruck auf den Seiten führt also dazu, daß sich die Äpfel aufeinander zubewegen.

Weitere Versuche

Wenn du noch nicht ganz überzeugt bist, dann versuche denselben Trick mit zwei Blatt Papier. Halte sie vor das Gesicht und versuche, sie durch Blasen voneinander zu trennen. Wiederum werden die Blätter durch die bewegte Luft angezogen anstatt voneinander getrennt.

Wir bauen einen Wassersprüher

Mit dem Wassersprüher kannst du Planzen gießen.

Material: Zwei Trinkhalme aus Kunststoff, ein Glas Wasser.

1. Halte einen Trinkhalm senkrecht ins Wasser. Er sollte etwas länger sein, als das Glas hoch ist (schneide ihn gegebenenfalls zu).
2. Halte den zweiten Trinkhalm in einem rechten Winkel zum ersten, wie oben dargestellt.
3. Blase durch den zweiten Trinkhalm und beobachte die Wasserhöhe im ersten Halm.

Wenn du sachte bläst, wird sich der Wasserspiegel etwas heben. Wenn du sehr scharf pustest, steigt das Wasser bis an das obere Ende des Trinkhalms und wird dort versprüht.

Wie es funktioniert
Die bewegte Luft, die wir über das obere Ende des ersten Trinkhalmes hinwegblasen, hat einen geringeren Druck als die ruhige Luft. Der Luftdruck, der auf der Wasseroberfläche lastet, kann dadurch das Wasser im Trinkhalm ansteigen lassen.

▶ Parfümzerstäuber funktionieren auf genau dieselbe Weise wie der oben beschriebene Wassersprüher. Die Luft wird bewegt, wenn man den Gummiball drückt.

Die hüpfende Spielmarke

Dieser Trick zeigt uns, wie starke Winde Dinge vom Boden hochwirbeln können. Du brauchst nur eine Untertasse und eine leichte Spielmarke

Der Mund sollte auf der gleichen Höhe wie die Untertasse liegen.

Lege die Spielmarke ungefähr einen Zentimeter von der Tischkante entfernt nieder. Die Untertasse kommt in etwas größerer Entfernung zu stehen.

Blase stark über den Rand der Untertasse hinweg. Mit etwas Übung sollte es gelingen, die Spielmarke in die Untertasse zu wirbeln.

Weitere Versuche
Lustiger wird das Spiel mit einer Zielscheibe und Punkten, und wenn die Freunde mitspielen.

Luftströmungen

Im Jahre 1738 entdeckte ein Schweizer Forscher namens Daniel Bernoulli, daß bewegte Luft weniger Druckkraft aufweist als unbewegte. Er konnte nicht ahnen, daß seine Idee eines Tages dazu führen würde, daß sich Flugzeuge in die Luft erheben.

Wir bauen einen Flügel

Mit diesem Experiment kannst du verstehen, wie ein Flugzeugflügel gestaltet ist und warum er eine derart schwere Maschine in die Luft heben kann.

Falte ein kleines Stück Papier zur Hälfte und klebe den oberen Teil in ungefähr 2,5 Zentimeter Entfernung vom Rand am unteren Teil fest. (Die obere Fläche wird dadurch gewölbt.) Schiebe den Maßstab in den Flügelfalz. Blase dann Luft über den Flügel. Du wirst sehen, daß er sich dabei in die Luft erhebt.

Papier wird angehoben

Halte ein Blatt dünnes Papier gerade unterhalb der Lippen vor das Gesicht. Blase stetig über die Wölbung des Papiers. Was geschieht?

Dein Atem bewegt die Luft über dem Papier. Die Druckkraft der Luft wird dadurch geringer. Der Luftdruck unter dem Papier bleibt aber normal und hebt deswegen das Papier an.

Die Luft strömt hier schneller, und der Luftdruck ist geringer.

Die Luft strömt hier normal, so daß der höhere Druck den Flügel anhebt.

Die Luft, die über den gewölbten Oberflügel fließt, bewegt sich schneller als die Luft auf der Unterseite des Flügels. Das hat zur Folge, daß der Luftdruck auf der Flügeloberseite geringer ist als auf der Unterseite. Der größere Druck von unten stößt den Flügel in die Luft. Flugzeugflügel sind ähnlich geformt und können deswegen vom Boden abheben (siehe Seite 76 – 77).

Der Trick mit dem schwebenden Karton

Material: Eine Garnspule, ein Quadrat mit acht Zentimeter Seitenlänge aus leichtem Karton, eine Reißzwecke.

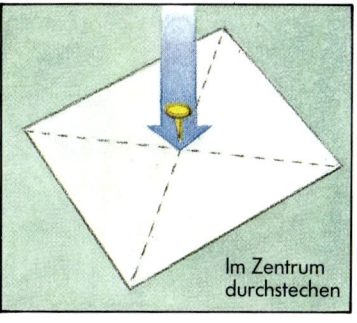

Im Zentrum durchstechen

1. Verbinde die Ecken des Kartons mit diagonalen Linien. Wo sie sich kreuzen, befindet sich die Mitte.
2. Stecke die Reißzwecke durch den Mittelpunkt des Kartons.
3. Halte das Stück Karton so unter die Garnspule, daß sich die Reißzwecke im Loch in der Mitte befindet.
4. Hebe den Karton und die Garnspule an und blase scharf durch das Loch. Nimm die Hand weg. Gelingt es dir, den Karton von der Spule wegzublasen?

Wie es funktioniert

Der Luftstrom, den du durch Blasen erzeugst, passiert zwischen der Garnspule und dem Karton. Diese bewegte Luft hat einen geringeren Druck als die Luft unter dem Karton. Deswegen wird dieser weiterhin an die Spule gedrückt.

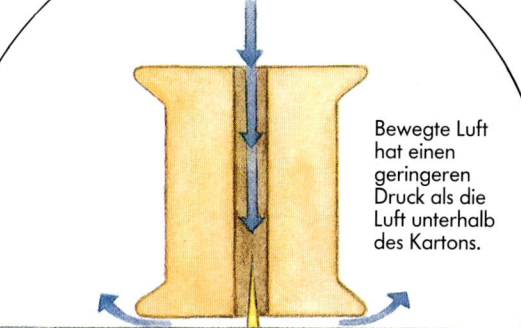

Bewegte Luft hat einen geringeren Druck als die Luft unterhalb des Kartons.

Der Luftdruck drückt den Karton nach oben.

Schutz vor dem Wind

Hast du jemals Schutz vor dem Wind hinter einem Baum gesucht? Dieses Experiment zeigt dir, warum dies nicht immer sehr nutzbringend ist.

1. Befestige eine Kerze fest auf einer Untertasse, stelle sie auf den Tisch und zünde sie an.
2. Stelle eine Flasche vor die Kerze.
3. Blase die Flasche von vorne an und beobachte, was mit der Kerzenflamme geschieht.

Die Flamme wird ausgehen, denn die beiden Luftströmungen vereinigen sich hinter der Flasche und sind genauso stark wie auf der Vorderfront.

Weitere Versuche

● Bewege die Kerze etwas von der Flasche weg. Was geschieht nun?
● Entferne die Flasche und blase durch einen Trichter. Kannst du erklären, was mit der Flamme geschieht?

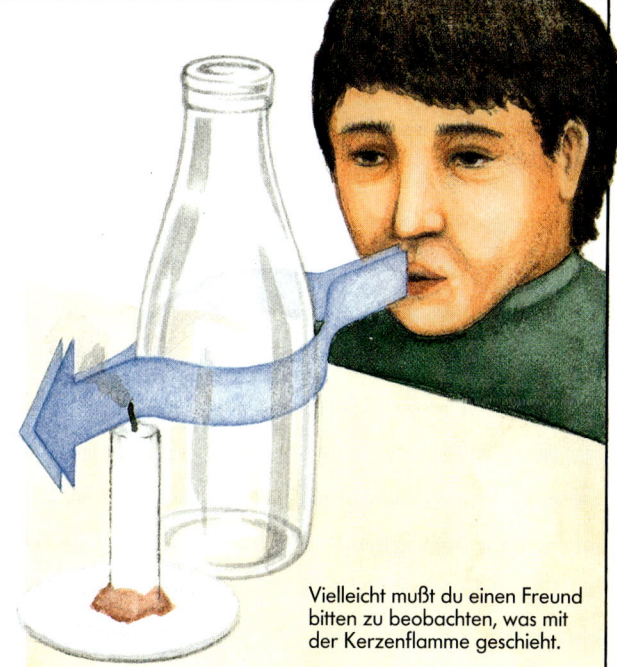

Vielleicht mußt du einen Freund bitten zu beobachten, was mit der Kerzenflamme geschieht.

Fliegen durch die Luft

Papierpfeile fliegen gut. Wenn sie sorgfältig gefaltet wurden, bewirkt ihre Stromlinienform, daß sie schnell durch die Luft gleiten und eine lange Strecke zurücklegen. Auch Rennwagen und Jagdflugzeuge haben eine glatte, schlanke Stromlinienform, um schnell voranzukommen. Die Luft strömt leicht über ihren Körper hinweg und bewirkt nur geringe Reibung.

Wir bauen Papierpfeile

Um die Stromlinienform zu untersuchen, brauchst du nur zwei Blatt Papier, ungefähr im Format DIN A4 (etwa 30 x 20 cm).

Nimm ein Blatt Papier und versuche es in die Luft zu werfen. Es wird nur eine kurze Entfernung zurücklegen. Knülle dann dasselbe Stück Papier zu einer Kugel zusammen. Wenn du es mit aller Kraft wirfst, legt es eine ziemlich lange Strecke zurück. Doch seine Form bewirkt, daß es bald auf den Boden fällt.

Baue nun einen Papierpfeil, indem du das andere Blatt Papier wie in den Bildern unten faltest. Wie lange bleibt der Papierpfeil in der Luft? Wie weit kannst du ihn werfen?

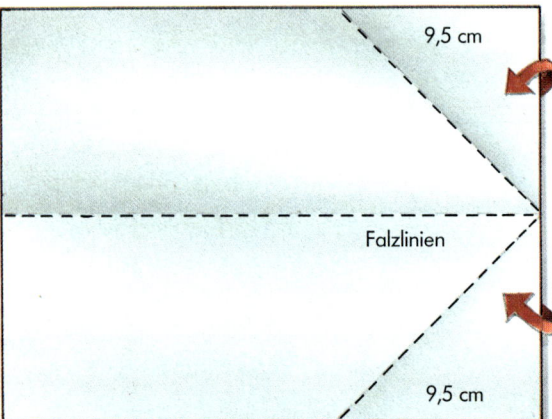

1. Zeichne die Linie ein, die das Blatt Papier der Länge nach halbiert. Miß 9,5 Zentimeter auf jeder Längsseite ab und ziehe eine Linie zum Mittelpunkt der kürzeren Seite.

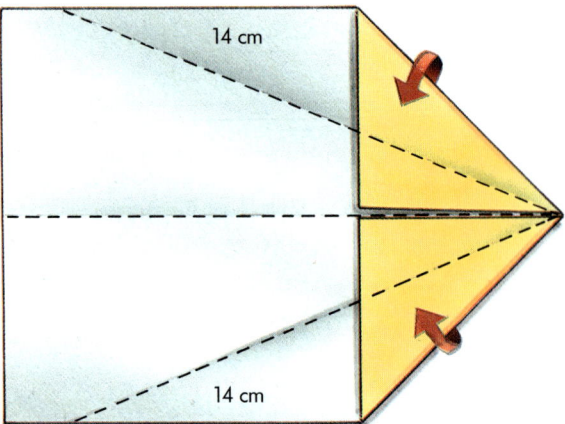

2. Falte entlang der eben gezeichneten Linien. Miß dann weitere 14 Zentimeter auf denselben Längsseiten ab und ziehe zwei weitere Linien zur Pfeilspitze.

► Die Stromlinienform bewirkt, daß die Concorde mit einer Geschwindigkeit von 2333 Kilometer pro Stunde fliegen kann, schneller als eine Gewehrkugel. Die Concorde überfliegt den Atlantik in nur drei Stunden.

Weitere Versuche

● Biege die Flügel nach oben. Damit sollte der Pfeil weiter fliegen.

● Bringe am Ende beider Flügel eine Klappe an. Eine solche kannst du auch an Flugzeugflügeln sehen. Sie helfen beim Landen und bei Wendemanövern. Die Klappen führen dazu, daß unser Papierpfeil sich während des Fluges dreht.

● Beschwere die Nase des Papierpfeiles mit einer Büroklammer. Was bewirkt dieses Extragewicht?

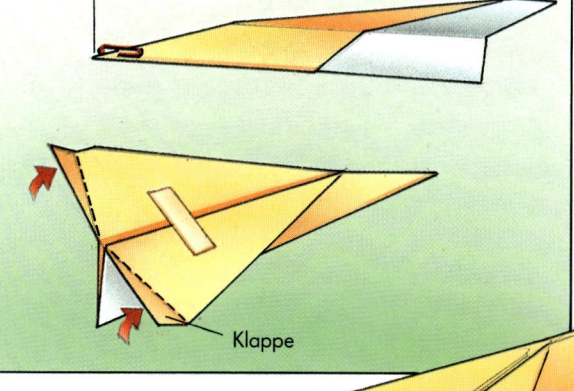

Büroklammer

Klappe

Klebestreifen

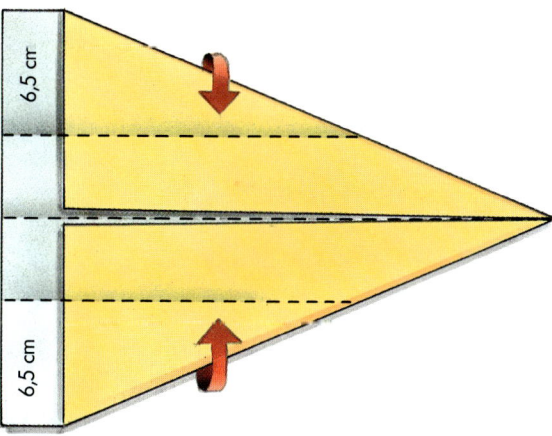

6,5 cm

6,5 cm

3. Falze entlang dieser zweiten Linie wie im Bild oben. Miß dann 6,5 Zentimeter von der kürzeren Seite zum Zentrum und ziehe eine waagrechte Linie wie im Bild oben.

4. Falze in der Mittellinie, so daß ein Tal entsteht, und auf den beiden parallelen Linien, daß ein Berg entsteht. Verbinde die beiden Hälften mit einem Klebesteifen.

Luft wird zusammengedrückt

Wenn du einen Reifen aufpumpst, füllt er sich mit Luft. Wenn du weiterpumpst, drückst du immer mehr Luft hinein. Im Innern des Reifens wird die Luft auf einen kleinen Raum zusammengedrückt. Dies bezeichnen wir als **Druckluft.** Sie hat viel Kraft und kann Fahrräder und sogar schwere Autos tragen.

▲ Druckluft ist so stark, daß sie Beton aufbrechen kann. Man verwendet sie zum Beispiel in Preßlufthämmern.

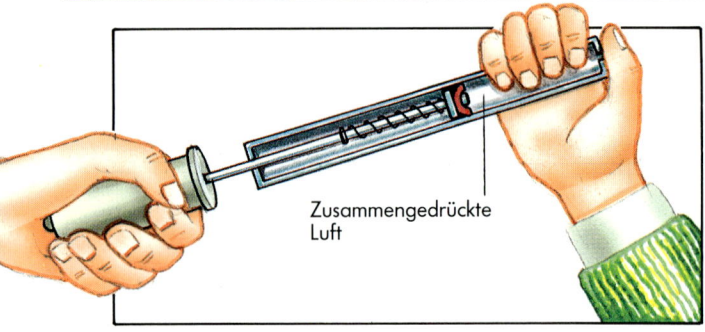

Zusammengedrückte Luft

◄ Halte einen Finger über das Ende einer Fahrradpumpe und versuche zu pumpen. Weil die Luft auf einen kleinen Raum zusammengedrückt wird, wird es immer schwerer, die Pumpe zu betätigen.

Wir heben Bücher mit Luft

Zeig deinen Freunden einen Stoß schwerer Bücher und frage sie, ob sie ihn nur mit ihrem Atem hochheben können. Unmöglich, werden sie sagen! Zeige ihnen dann, wie es trotzdem gelingt. Breite einen großen Plastikbeutel auf einem Tisch aus und lege den Bücherstapel darauf. Das offene Ende der Tüte sollte herausschauen. Blase Luft in den Beutel und halte dabei die Öffnung so klein wie möglich. Das braucht etwas Zeit. Aber am Ende werden die Bücher hochgehoben werden. Sie ruhen nun auf zusammengedrückter Luft im Plastikbeutel.

Wir bauen einen Hubschrauber

Zusammengedrückte Luft hilft dem Hubschrauber, von der Erde abzuheben. Wenn sich die Rotoren am oberen Ende des Hubschraubers drehen, drücken sie Luft nach unten. Die Luft unter den Rotoren wird zusammengedrückt, und diese Druckluft treibt den Hubschrauber nach oben.

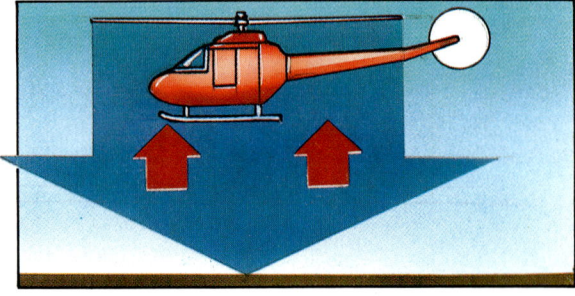

Zusammengedrückte Luft treibt den Hubschrauber nach oben.

1. Für die Herstellung des Rotors solltest du erst die Zeichnung rechts auf das Kartonstück übertragen.

2. Falte entlang der gestrichelten Linien. Falte eine Seite des Rotors nach oben, die andere Seite nach unten.

3. Stecke den dünnen Stab durch das Loch im Rotor und befestige ihn mit Klebeband oder Leim.

Wir bauen eine Rakete

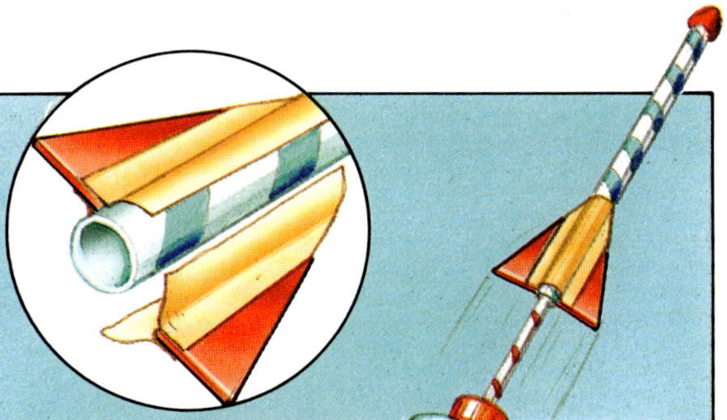

Material: Eine weiche Plastikflasche (zum Beispiel für Spülmittel), zwei Trinkhalme aus Plastik (der eine dünner als der andere), Modelliermasse, Leim.

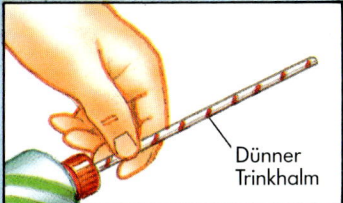

Dünner Trinkhalm

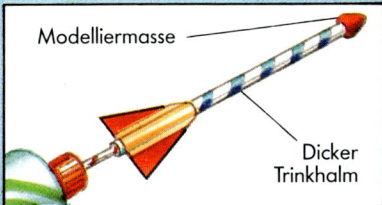

Modelliermasse

Dicker Trinkhalm

1. Bohre ein Loch in den Flaschendeckel und stecke den dünneren Trinkhalm hindurch. Verschließe die Lücken mit Modelliermasse oder Leim. Du hast jetzt die Abschußrampe.

2. Nun ist die Rakete an der Reihe. Schneide ungefähr 10 Zentimeter vom dickeren Trinkhalm ab. Klebe an das eine Ende Papierdreiecke und befestige am anderen eine »Nase« aus Modelliermasse.

3. Stecke die Rakete in die Abschußrampe. Drücke die Plastikflasche fest zusammen und sieh zu, wie die Druckluft in der Flasche die Rakete in die Luft treibt.

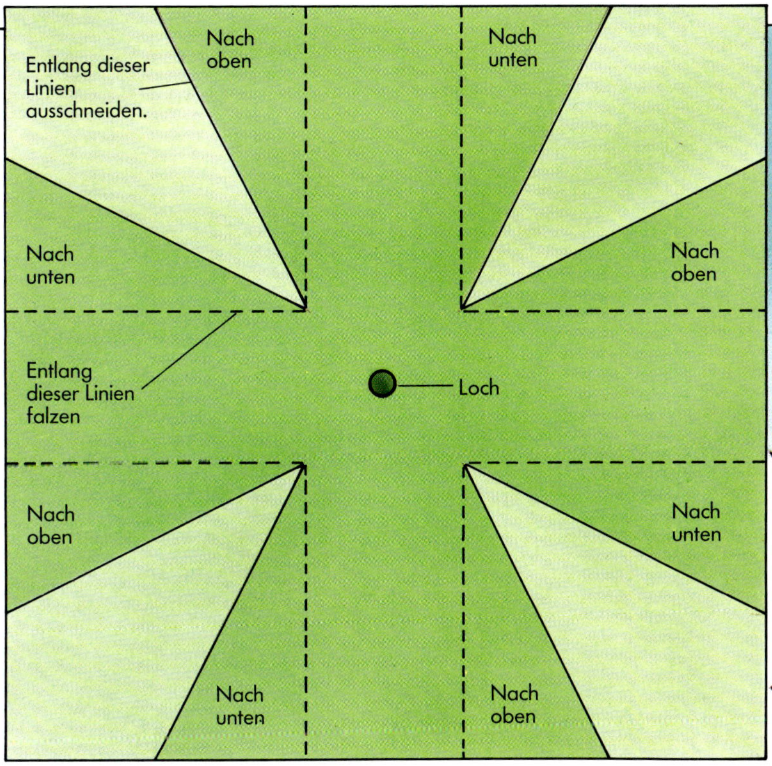

Entlang dieser Linien ausschneiden.

Nach oben

Nach unten

Nach unten

Nach oben

Loch

Entlang dieser Linien falzen

Nach oben

Nach unten

Nach unten

Nach oben

Material: Ein quadratisches Stück Karton mit einer Seitenlänge von ungefähr 10 Zentimeter, eine Garnspule, ein dünner Stab, Klebeband oder Leim.

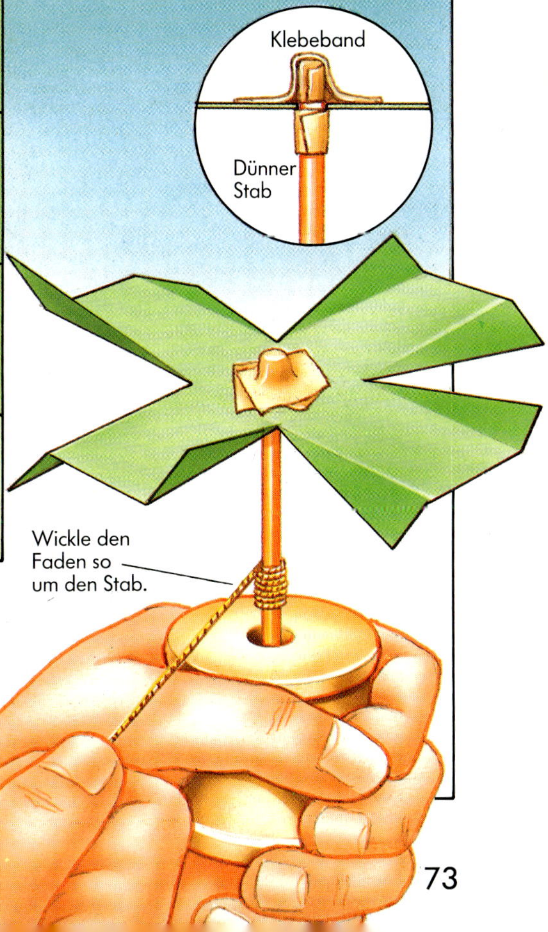

Klebeband

Dünner Stab

Wickle den Faden so um den Stab.

4. Stecke den dünnen Stab in das Loch einer Garnspule und wickle einen dünnen Faden unterhalb des Rotors um den Stab.

5. Ziehe am Faden, so daß sich der Rotor dreht. Dein Hubschrauber sollte dabei abheben. Vielleicht mußt du das einige Male probieren, bevor es gelingt.

Wenn ein Fallschirm nach unten gleitet, wird Luft im Innern des Schirms eingefangen und dort zusammengedrückt. Dadurch zeigt sie einen stärkeren Druck als die umgebende Luft. Sie drückt von unten her auf den Fallschirm und stößt ihn nach oben. Diese Kraft ist zwar nicht stark genug, um den Fall aufzuhalten, aber sie verlangsamt ihn dennoch. Die meisten Fallschirme sind schirmförmig, doch gibt es auch Spezialformen oder Extraschirme dazu, mit denen Fallschirmspringer ihren Flug steuern können.

Versuche mit Fallschirmen

Suche dir zuerst einen geeigneten Platz (zum Beispiel einen Stuhl oder die oberste Stufe einer Treppe), von der du die Versuche mit dem Fallschirm durchführen kannst. Laß erst den Gegenstand fallen und achte darauf, wie lange er braucht, bis er am Boden ankommt. Dann laß ihn an drei verschiedenen Fallschirmen fallen:

1. An einem zusammengeknüllten quadratischen Stück Papier mit einer Seitenlänge von 20 Zentimeter.
2. An einem flachen Stück Papier mit denselben Maßen wie beim ersten Versuch.
3. An einem quadratischen Stück Papier mit 35 Zentimeter Seitenlänge. Welcher Fallschirm braucht am längsten, bis er am Boden ankommt? (Du mußt die Fallschirme immer von derselben Höhe fallen lassen.)

Du wirst herausfinden, daß der größte Fallschirm auch am längsten Zeit braucht zum Fallen, denn er hat am meisten Luft, die ihn von unten her nach oben drückt.

Material: Papier, Faden, Klebeband, ein kleiner unzerbrechlicher Gegenstand.

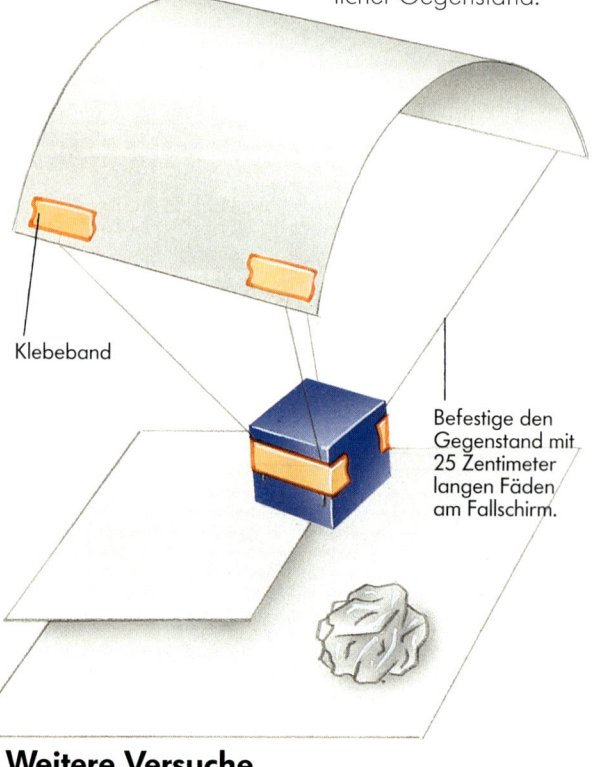

Klebeband

Befestige den Gegenstand mit 25 Zentimeter langen Fäden am Fallschirm.

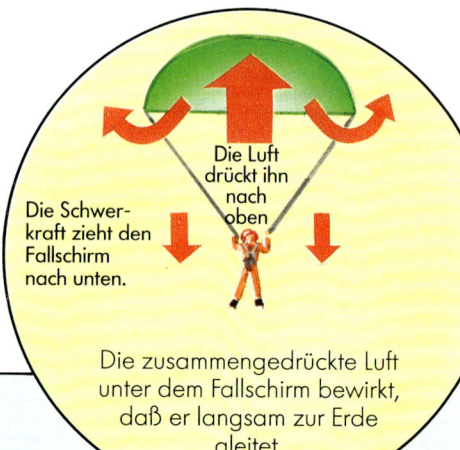

Die Luft drückt ihn nach oben

Die Schwerkraft zieht den Fallschirm nach unten.

Die zusammengedrückte Luft unter dem Fallschirm bewirkt, daß er langsam zur Erde gleitet.

Weitere Versuche
- Längere Fäden.
- Ein Loch ganz oben im Fallschirm.
- Unterschiedliche Papierformen (z. B. Kreise).
- Unterschiedliche Materialien (z. B. Kunststoff oder Baumwollstoff).

Wir bauen einen Drachen

Material: Dünner Stoff oder Papier mit den ungefähren Maßen 1 m x 75 cm, dünne Stäbe, eine Schnurrolle, Klebeband, Leim, Schere, Nadel und Faden.

Drachen funktionieren ähnlich wie die Fallschirme. Wenn ein Drachen im Wind steht, wird die Luft unter ihm zusammengedrückt. Sie stößt den Drachen nach oben, so daß er fliegt. Drachen werden aus sehr leichten Werkstoffen hergestellt, damit sie lange in der Luft bleiben.

1. Stelle aus den beiden Stäben zuerst den Rahmen her. Die genauen Maße sind nicht wichtig, doch sollte ein Stab ungefähr doppelt so lang sein wie der andere. Binde die Stäbe kreuzweise zusammen. Verbinde dann die Ecken mit kurzen Stäben oder besser mit einem Bindfaden, so daß eine Rautenform entsteht.

2. Lege den Rahmen auf den Stoff. Schneide diesen in der richtigen Form zu, wobei du einen Rand von 3 bis 4 Zentimeter stehen läßt. Falze den Stoff, so daß er den Rahmen bedeckt, und vernähe den Rand oder klebe ihn an.

3. Der Schwanz des Drachens sollte ungefähr doppelt so lang sein wie dieser selbst. Binde den Schwanz am Drachen fest. Befestige dann zwei Fadenstücke an den beiden Enden des längeren Stabes. Verknüpfe die beiden Enden und verbinde sie dann mit der Schnur von der Rolle.

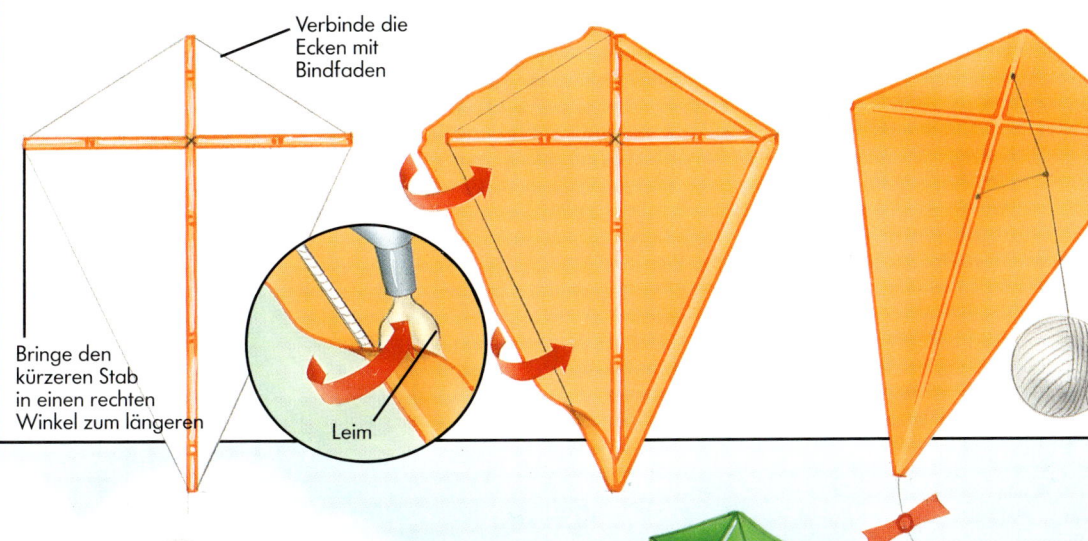

Verbinde die Ecken mit Bindfaden

Bringe den kürzeren Stab in einen rechten Winkel zum längeren

Leim

Wir lassen den Drachen fliegen

An einem windigen Tag kannst du den Drachen einfach in die Luft halten. Wenn du ihn losläßt, steigt er, von der Luft angetrieben, nach oben. (Vergiß nicht, ihm genügend Schnur zu geben, sonst landet er wieder.) Wenn kein rechter Wind bläst, mußt du gegen den Wind laufen und den Drachen hinter dir herziehen. Dabei wird die Luft unter ihm zusammengepreßt, und er steigt nach oben.

Das Fliegen

Wie können sich schwere Flugzeuge vom Boden lösen und in der Luft bleiben? Die Antwort gibt uns die Druckkraft der Luft. Das Flugzeug kann dank seiner Geschwindigkeit (die von leistungsstarken Motoren erzeugt wird) und dank der besonderen Form der Flügel vom Boden starten.

Die glatte **Stromlinienform** des Flugzeugs ermöglicht es der Luft, ohne Verwirbelungen über die Oberfläche zu streichen. Dadurch wird der Luftwiderstand verringert, was wiederum eine höhere Fluggeschwindigkeit ermöglicht.

Wie Flugzeuge fliegen

Alle Flugzeuge brauchen einen Luftdruck unter ihren Flügeln, um sich in der Luft halten zu können. Wenn sie sich vorwärts bewegen, drückt der höhere Luftdruck unter den Flügeln sie nach oben und verleiht ihnen den **Auftrieb.**

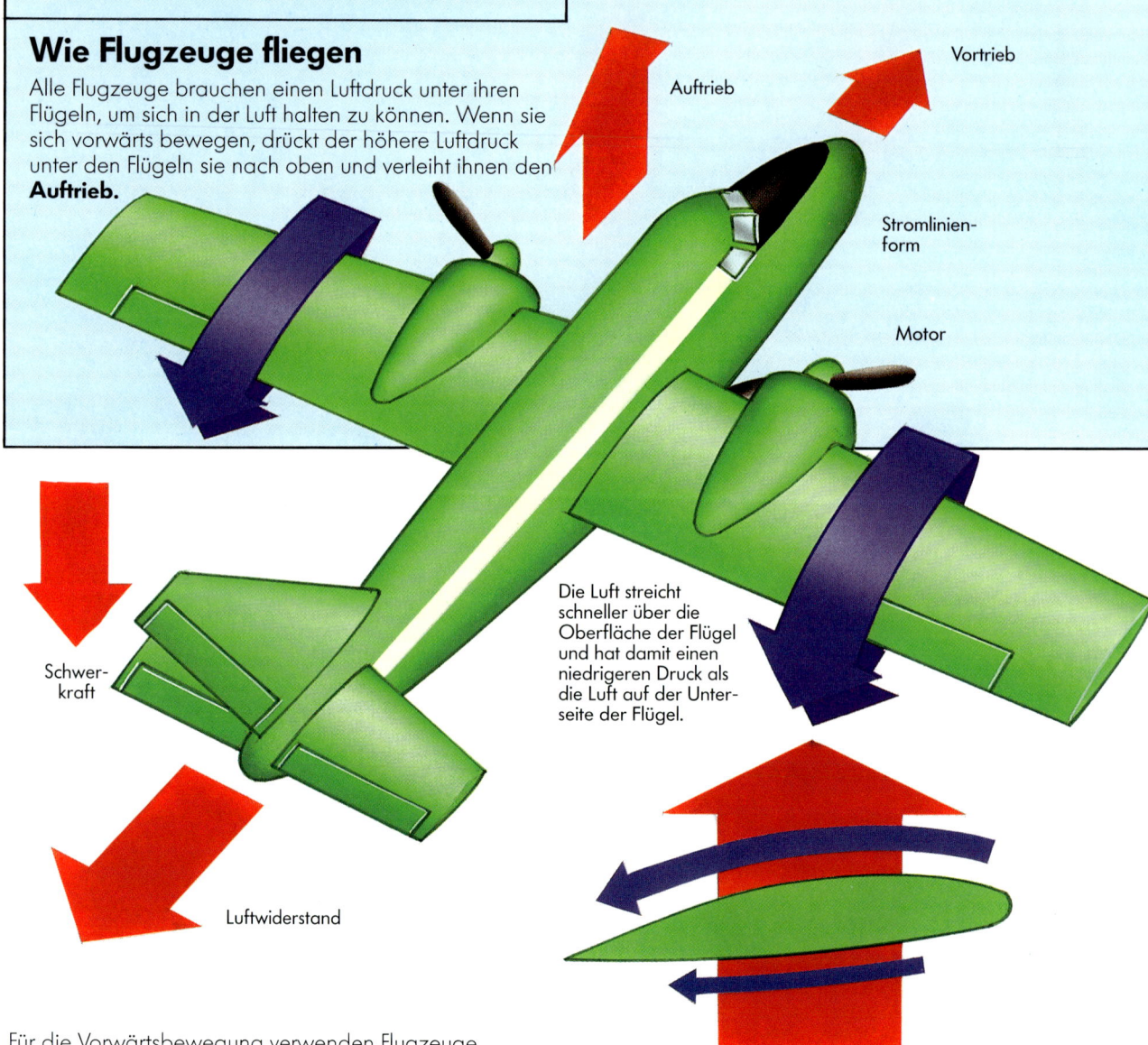

Auftrieb

Vortrieb

Stromlinienform

Motor

Die Luft streicht schneller über die Oberfläche der Flügel und hat damit einen niedrigeren Druck als die Luft auf der Unterseite der Flügel.

Schwerkraft

Luftwiderstand

Für die Vorwärtsbewegung verwenden Flugzeuge Motoren. Die Kraft, die sie erzeugen, nennen wir **Vortrieb.** Wenn sich das Flugzeug vorwärts bewegt, strömt Luft über die Flügel, und dabei wird das Flugzeug in der Luft gehalten. Wenn die Motoren aussetzen, beginnt das Flugzeug mit einem schnellen Abstieg.

Die Luft auf der Unterseite des Flügels bewegt sich langsamer und wird etwas zusammengepreßt. Der Luftdruck ist dort höher als auf der Oberseite der Flügel.

Steuerung

Die schnellere Luftströmung erzeugt mehr Auftrieb.

Wenn die beiden **Höhenruder** nach unten geklappt werden, geht der Schwanz des Flugzeuges nach oben und die Nase nach unten. Um das Flugzeug ansteigen zu lassen, müssen die Höhenruder hochgeklappt werden.

Langsamere Luft – geringerer Auftrieb

Schnellere Luft – mehr Auftrieb

Die Luft drückt den Schwanz nach rechts.

Das Seitenruder wird nach links, das linke Querruder nach oben und das rechte Querruder nach unten bewegt. Dann zieht das Flugzeug in eine Linkskurve.

Antrieb

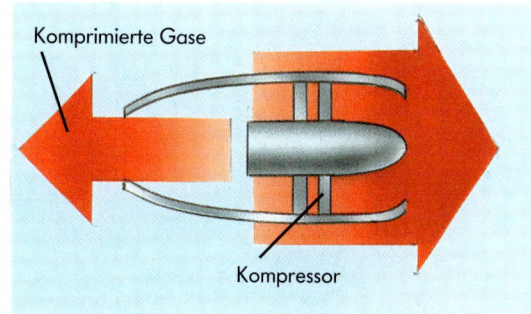

Zusammengedrückte komprimierte Luft

Propeller

Einige Flugzeuge haben Propellerantrieb. Wenn sich die Flügel drehen, drücken sie die Luft hinter sich zusammen, so daß der Druck dieser Luft das Flugzeug vorwärtsbewegt.

Komprimierte Gase

Kompressor

Strahltriebwerke saugen vorne die Luft ein, verbrennen mit ihrer Hilfe das Benzin und stoßen hinten sehr heiße komprimierte Gase aus. Diese stehen unter einem hohen Druck und bewegen das Flugzeug vorwärts.

Wie Vögel fliegen

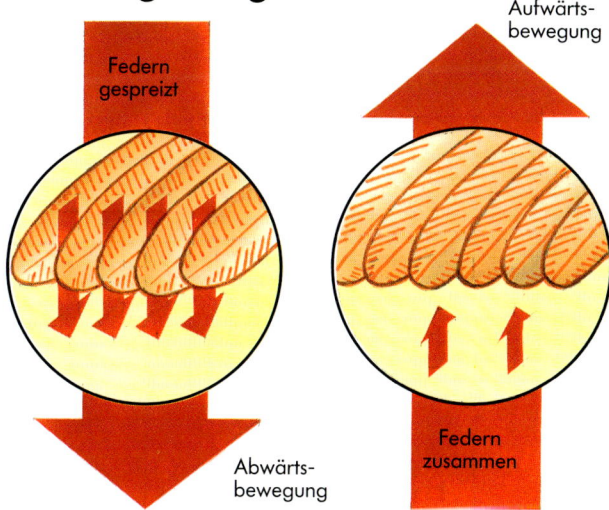

Aufwärtsbewegung

Federn gespreizt

Abwärtsbewegung

Federn zusammen

Die meisten Vögel können fliegen. Mit ihren Flügeln, Federn und Füßen tun sie all die Dinge, wozu das Flugzeug Flügel und Motoren braucht. Beim Starten bewegt der Vogel seine Flügel nach unten und erzeugt gleichzeitig einen **Vortrieb** und einen **Auftrieb**. Die Federn auf dem Vogelflügel sind stets so angeordnet, daß die Oberseite nach oben gekrümmt ist. Diese Form führt zu einem besonders günstigen Auftrieb, weil sich die Luft auf der Oberseite der Flügel schneller bewegt.

Wind und Wetter

Änderungen in der Temperatur und im Druck bewirken, daß sich große Luftmassen bewegen. Wir sprechen dabei von Wind. Die Richtung und die Geschwindigkeit des Windes beeinflussen unser Wetter. Informationen über den Wind bekommen wir von Wetterstationen, von Schiffen und von Satelliten im Weltraum. Mit diesen Daten kann man das Wetter vorhersagen.

▶ Halte Ausschau nach unüblichen Wetterfahnen. Die abgebildete steht auf einem Kirchturm.

Wir bauen eine Windfahne

Material: Modelliermasse, Karton, Bleistift mit Radiergummi am einen Ende, Stecknadel, Trinkhalm, Brett, Klebeband.

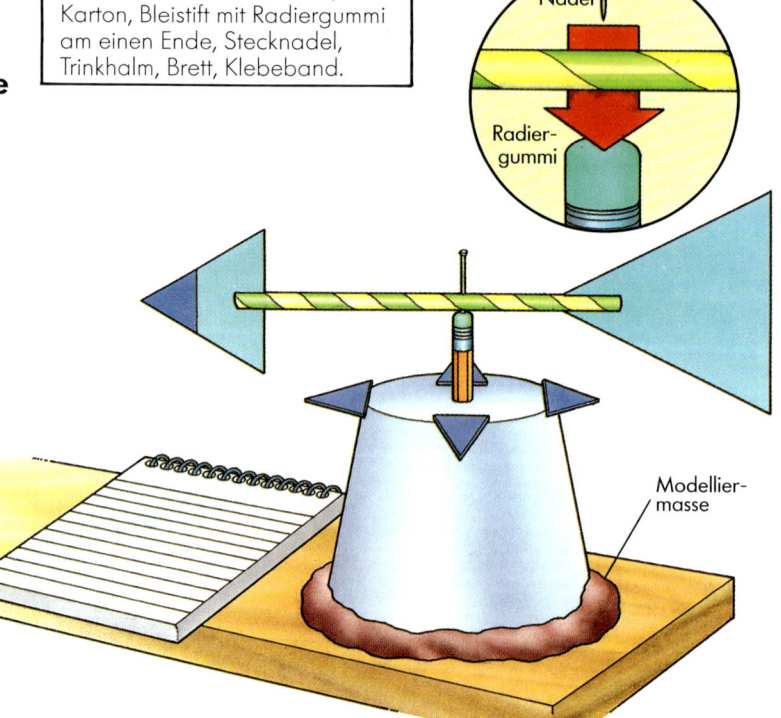

1. Bohre ein Loch in den Boden des Joghurtbechers, ganz in der Mitte, und stecke den Bleistift hindurch.
2. Befestige den Joghurtbecher mit Modelliermasse auf dem Brett.
3. Schneide zwei kleine Dreiecke aus dünnem Karton und befestige je eines an den Enden des Trinkhalmes.
4. Stecke die Nadel mitten durch den Trinkhalm und in den Radiergummi.
5. Stelle deine Wetterfahne auf einer glatten Oberfläche auf. Markiere mit Hilfe eines Kompasses den Norden, den Süden, den Osten und den Westen. (Wenn du keinen Kompaß hast, richte dich nach der Sonne. Sie geht im Osten auf und im Westen unter.)

Nadel

Radier-gummi

Modellier-masse

Stecke den Bleistift durch das Loch im Joghurtbecher

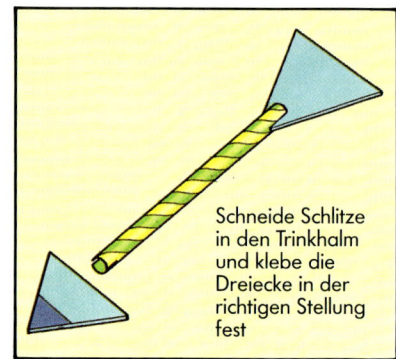

Schneide Schlitze in den Trinkhalm und klebe die Dreiecke in der richtigen Stellung fest

Mit den Informationen, die dir die Windfahne liefert, kannst du eine Übersicht zusammenstellen, woher der Wind jeden Tag bläst. In der Wettervorhersage wird immer die Richtung angegeben, aus der der Wind bläst. Ein Westwind kommt von Westen und strömt ostwärts. Beeinflußt die Windrichtung das Wetter in deinem Wohngebiet?

Wie schnell weht der Wind?

Im Jahre 1806 stellte der englische Admiral Sir Francis Beaufort eine Skala der Windstärken von 0 bis 12 auf. Er beobachtete dabei die Auswirkungen des Windes auf Dinge wie Bäume und Häuser. Die Windgeschwindigkeit in Stundenkilometer wurde später hinzugefügt. Die Beaufort-Skala wird noch heute verwendet, wenn keine Instrumente zur Messung der Windgeschwindigkeit vorhanden sind.

Die stärksten Winde dieser Skala heißen Orkane. Sie wehen mit Geschwindigkeiten von über 150 Stundenkilometer.

Stärke: 0   **Bezeichnung:** still
Geschwindigkeit: unter 4 km/h
Auswirkung: Rauch steigt gerade empor.

Stärke: 1 – 3   **Bezeichnung:** leichte Brise
Geschwindigkeit: 4 – 24 km/h
Auswirkung: Kleine Zweige bewegen sich.

Stärke: 4 – 5   **Bezeichnung:** Brise
Geschwindigkeit: 25 – 46 km/h
Auswirkung: Kleine Laubbäume schwanken.

Stärke: 6 – 7   **Bezeichnung:** starker Wind
Geschwindigkeit: 47 – 74 km/h
Auswirkung: Starke Äste in Bewegung.

Stärke: 8 – 9   **Bezeichnung:** Sturm
Geschwindigkeit: 75 – 110 km/h
Auswirkung: Dachziegel fallen herab.

Stärke: 10 – 11   **Bezeichnung:** schwerer Sturm
Geschwindigkeit: 111 – 150 km/h
Auswirkung: Weitverbreitete Schäden.

Stärke: 12   **Bezeichnung:** Orkan
Geschwindigkeit: über 150 km/h
Auswirkung: Verwüstungen.

▶ Dieses dramatische Bild eines Wirbelsturmes fotografierte ein Satellit vom Weltraum aus. Solche Wirbelstürme treten vor allem in tropischen Gebieten auf. An den asiatischen Küsten heißen sie Taifune, an den australischen Willy-willy, in den tropischen Gebieten zu beiden Seiten des Atlantiks Hurrikane und im Indischen Ozean Zyklone.

Den Wind einfangen

Die Menschen haben verschiedene Wege entwickelt, um den Wind einzufangen und dessen Energie zu nutzen, etwa zum Antrieb von Segelbooten oder von Windmühlen. Du kannst über die Windkraft mehr herausfinden, wenn du dir dein eigenes Windrad und ein Segelboot baust.

▲ Windmühlen in den Niederlanden.

Wir bauen ein Windrad

Material: Dünner Karton oder festes Papier, das Aufsatzstück einer Spülmittelflasche, ein Stab, ein 38 Millimeter langer Nagel.

1. Zeichne dieses Muster auf dünnen Karton. Markiere die Linien und die Kreise.

2. Schneide entlang der gestrichelten Linien ein und bohre in den Kreisen Löcher.

3. Falte die vier Ecken um und klebe sie mit Leim zusammen.

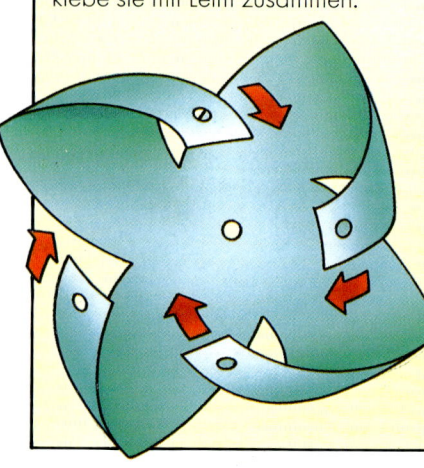

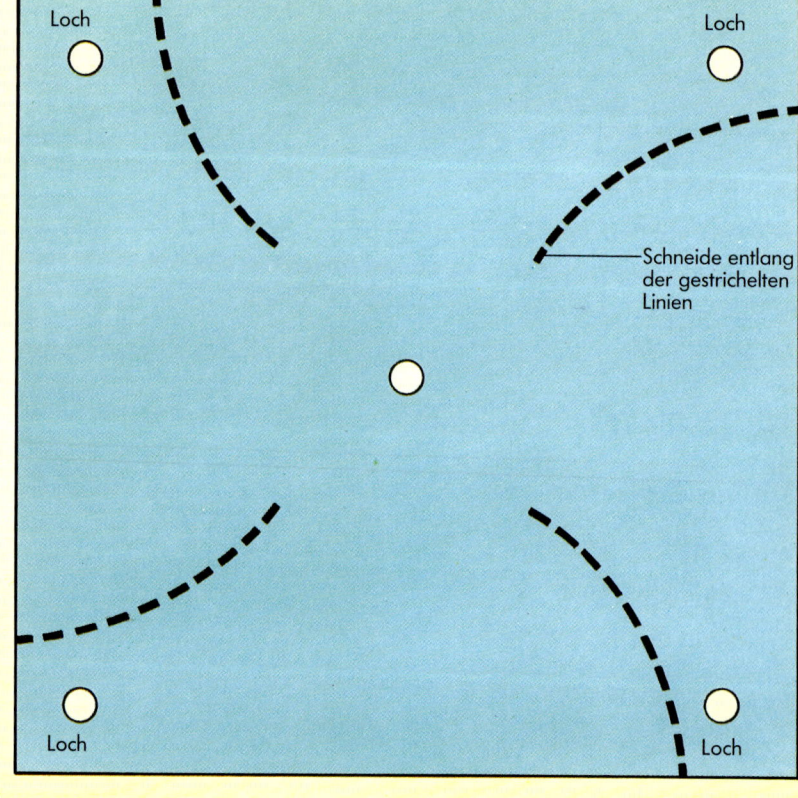

Loch

Loch

Schneide entlang der gestrichelten Linien

Loch

Loch

Wir bauen ein Segelboot

Material: Eine Zündholzschachtel (oder dünner Karton), Cocktailspießchen oder Zahnstocher, Modelliermasse, Papier, Schere, ein Becken mit Wasser.

▼ Moderne Segelboote verfügen über besondere Segel, die Spinnaker, mit deren Hilfe sie auch bei schwachem Wind schnell vorankommen.

Verwende die Zündholzschachtel als Bootsrumpf (oder stelle einen Rumpf aus dünnem Karton her). Schneide das Segel aus Papier und befestige es am Boot mit einem Cocktailspießchen oder einem Zahnstocher und stecke diesen in Modelliermasse. Setze das Boot aufs Wasser und blase in das Segel, damit es sich bewegt.

Weitere Versuche

Blase aus verschiedenen Richtungen und beobachte, wie sich das Boot bewegt. Verwende unterschiedlich geformte Segel. Sind größere Segel wirksamer als kleine? Was geschieht, wenn du zwei Segel aufziehst?

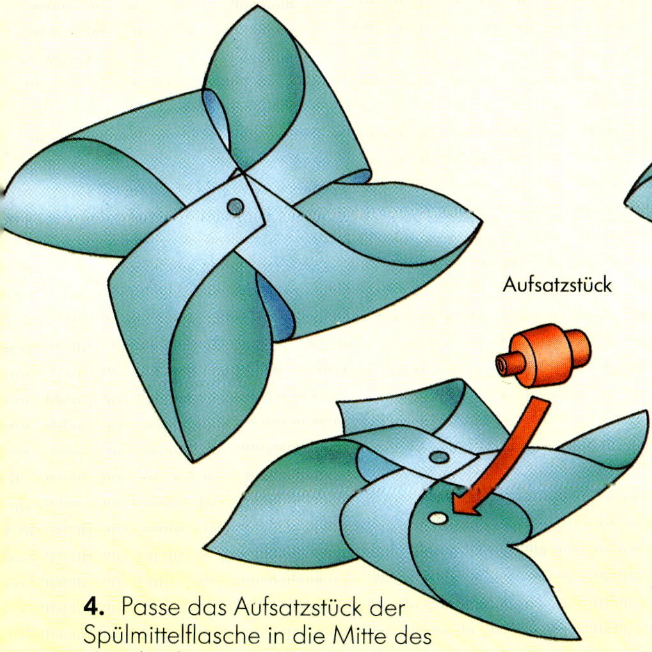

5. Stecke den Nagel durch das Aufsatzstück und bitte einen Erwachsenen, ihn mit einem Hammer in der Stab zu treiben.

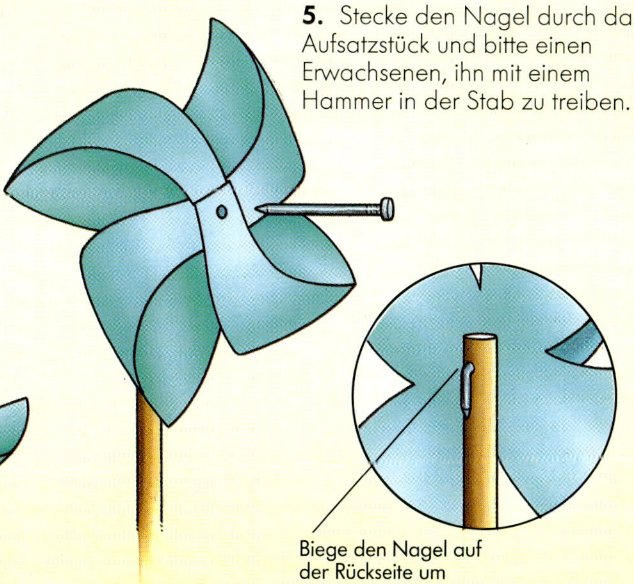

Aufsatzstück

Biege den Nagel auf der Rückseite um

4. Passe das Aufsatzstück der Spülmittelflasche in die Mitte des Windrades ein und stecke das dünnere Ende durch das rückwärtige Loch.

Was geschieht, wenn du gegen das Windrad bläst? Funktioniert es besser, wenn du von vorne oder von der Seite bläst? Stelle das Windrad nach draußen, um zu sehen, wie schnell der Wind wehen kann.

Luft und Verbrennung

Feuer brennt nicht ohne Luft. Wenn ein Feuer nicht richtig brennt, bläst man mit einem Blasebalg darauf oder fächelt den Flammen mehr Luft zu. Feuer ist eine gefährliche Sache. Sei also besonders vorsichtig bei Experimenten mit Feuer oder Flammen. Bitte immer einen Erwachsenen, dabei zu sein.

Das Drei-Kerzen-Rennen

Achtung: Vergiß nicht die Kerze auszulöschen, die das Rennen gewinnt.

Befestige drei Kerzen mit Modelliermasse an drei Untertassen oder Dosendeckeln. Stelle sie an einem sicheren Ort auf den Tisch auf und zünde sie an. Laß eine Kerze an der offenen Luft, stülpe über die zweite ein kleines Glas und über die dritte ein großes Glas. Welche Kerze brennt am längsten?

Wie es funktioniert
Die Kerze, die am meisten Luft um sich hat, brennt immer weiter, auch nachdem die beiden Kerzen in den Gläsern ausgegangen sind. Die Kerze im großen Glas hat mehr Luft zur Verfügung und brennt deswegen länger als die im kleinen Glas.

Verbrennt alle Luft?

Wenn Dinge verbrennen, wird Luft verbraucht. Aber nur ein Teil der Luft wird bei der Verbrennung gebraucht. Mache diesen Versuch, um es zu beweisen.

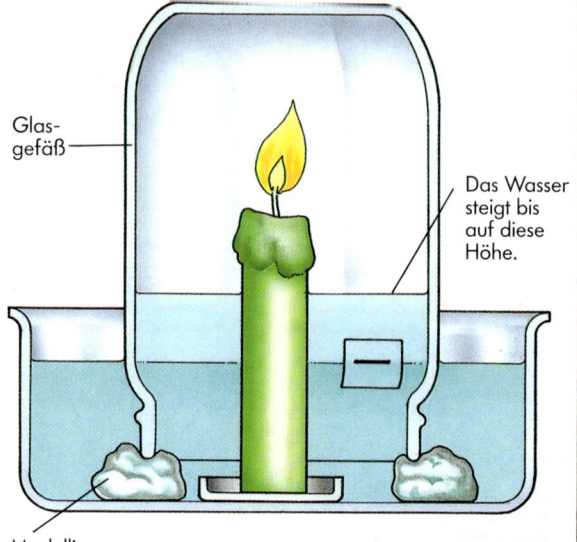

Glasgefäß

Das Wasser steigt bis auf diese Höhe.

Modelliermasse

Material: Kerze, Untertasse oder Dosendeckel, Modelliermasse, eine Schüssel mit Wasser, ein großes Glasgefäß, Zündhölzer.

Stelle die Kerze mit ihrer Untertasse oder ihrem Dosendeckel in eine Schüssel mit Wasser. Sie sollte so groß sein, daß sie weit über die Wasseroberfläche hinausragt. Zünde die Kerze an und stülpe das Glasgefäß darüber. Lege es so auf Stützen aus Modelliermasse, daß Wasser freien Zutritt hat. Die Kerze wird einige Zeit brennen, aber am Ende ausgehen. Du wirst sehen, daß das Wasser im Innern des Glasgefäßes gestiegen ist, in der Höhe um ungefähr ein Fünftel.

Wie es funktioniert
Beim Verbrennen verwendet die Kerzenflamme nur einen Teil der Luft im Gefäß. Tatsächlich wird nur das Gas Sauerstoff verwendet, das ungefähr ein Fünftel der Luft ausmacht. Wenn aller Sauerstoff verbraucht ist, geht die Flamme aus, und das Wasser wird durch den äußeren Luftdruck hochgedrückt. Der Sauerstoff ist jener Teil der Luft, den auch wir Menschen zum Atmen aufnehmen und brauchen (siehe Seite 84 – 85). Die übrige Luft besteht größtenteils aus Stickstoff.

Wir bauen einen Feuerlöscher

Material: Ein Glas, eine Kerze, eine Untertasse, Zündhölzer, ein Teelöffel, Essig, Natriumbikarbonat, eine Kartonrolle.

Essig

Natriumbikarbonat

Kohlendioxid fließt durch die Kartonröhre auf die Kerzenflamme zu.

1. Befestige die Kerze an einer Untertasse oder einem Dosendeckel, stelle sie auf den Tisch und zünde sie an.

2. Gib einen Teelöffel voll Natriumbikarbonat in das Glas und gieße ungefähr drei Zentimeter Essig darüber. Sofort entwickeln sich Blasen im Glas. Sie bestehen aus dem Gas Kohlendioxid. Es entsteht, wenn Essig und Natriumbikarbonat zusammengemischt werden.

▼ Schaum aus Feuerlöschern hält den Sauerstoff von Flammen fern und deckt den Brandherd mit einem Teppich aus Kohlendioxidblasen ab. Kohlendioxid kann nicht brennen.

3. Um die Kerze auszulöschen, läßt du das Kohlendioxidgas durch die Kartonrolle auf die Kerzenflamme fließen. Du wirst dieses Gas nicht sehen. Stell dir dabei vor, du würdest Wasser durch die Röhre gießen. Halte die Kartonröhre in einigem Abstand von der Kerzenflamme.

4. Wenn das Kohlendioxid die Flamme bedeckt, wird sie bald ausgehen.

Wie es funktioniert

Kohlendioxid ist schwerer als Luft, und das ist der Grund, warum man es durch die Kartonrolle gießen kann. Es verdrängt den Sauerstoff von der Kerzenflamme und löscht sie aus.

Luft zum Leben

Alle Lebewesen benötigen für das Überleben den Sauerstoff in der Luft. Wenn Menschen an Orte reisen, wo es nicht genug Luft gibt (wie im Weltraum), so müssen sie einen Luftvorrat mitnehmen. Das gilt auch für die Taucher, wenn sie unter Wasser atmen wollen.

Die Luft, die du atmest

Die Menschen gewinnen den benötigten Sauerstoff beim Atmen. Wenn du einatmest, nimmst du Luft in die Lungen in deiner Brust auf. Im Innern der Lungen geht der Sauerstoff auf das Blut über und wird im ganzen Körper verteilt. Der Sauerstoff wird bei den chemischen Reaktionen benötigt, die Energie aus der Nahrung freisetzen. Bei dieser Reaktion entsteht als Abfallprodukt das Gas Kohlendioxid. Es verläßt deinen Körper beim Ausatmen. Zähle, wie oft du in der Minute atmest. Wie verändert sich diese Zahl nach sportlicher Tätigkeit, zum Beispiel nach einem schnellen Lauf oder nach dem Fahrradfahren?

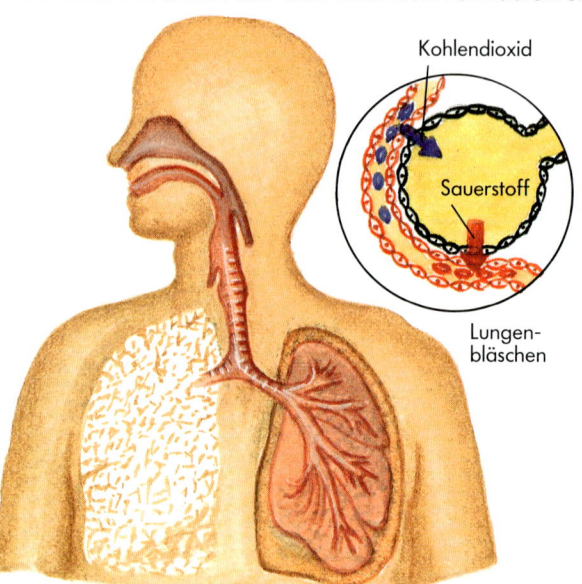

Kohlendioxid

Sauerstoff

Lungen-bläschen

◄ Im Weltraum gibt es keine Luft. Die Astronauten müssen deswegen Luft mit sich herumtragen. Wenn sie das Raumfahrzeug verlassen, atmen sie die Luft aus besonderen Flaschen auf dem Rücken.

Wieviel Luft können deine Lungen aufnehmen?

1. Stelle die Schüssel in das Spülbecken oder ins Bad und fülle es zu ungefähr einem Drittel mit Wasser. Fülle die Flasche ganz mit Wasser.
2. Verschließe die Flasche mit der Handfläche oder einem Deckel. Drehe sie schnell um und stelle die Spitze der Flasche unter die Wasseroberfläche in die Schüssel. Bitte jemanden, die Flasche zu halten, und nimm deine Hand oder den Deckel weg.
3. Befestige einen Maßstab mit Gummiringen an der Seite der Flasche oder klebe einen selbstgefertigten Skalenstreifen auf.
4. Stecke den Kunststoffschlauch in den Flaschenhals. Hole tief Luft, halte die Nase zu und blase stark in den Schlauch. Wieviel Wasser kannst du bei einem einzigen Mal wegblasen? Dies gibt dir eine Vorstellung, wieviel Luft die Lungen aufnehmen können.

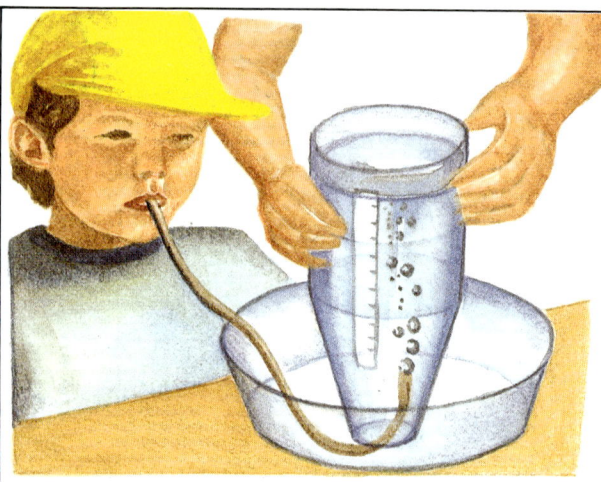

Material: Eine große Plastikflasche mit 4 bis 5 Liter Inhalt, ein 60 Zentimeter langer Kunststoffschlauch, Maßstab, Gummiringe, Schüssel.

Woher kommt der Sauerstoff?

Grüne Pflanzen sind sehr wichtig für das Leben auf der Erde, denn sie produzieren Sauerstoff. (Das ist mit ein Grund für uns, Sorge zu tragen für unsere Umwelt und keine großen Waldgebiete abzuholzen.) Die grünen Pflanzen produzieren den Sauerstoff, während sie aus Kohlendioxid (einem weiteren Gas in der Luft) und Wasser ihre eigene Nahrung herstellen. Als Energiequelle verwenden die Pflanzen das Sonnenlicht.
Den gesamten Vorgang nennen wir **Photosynthese** – das bedeutet wörtlich „Dinge herstellen mit Hilfe von Licht".
Die Photosynthese findet hauptsächlich in den Blättern grüner Pflanzen statt. Mit einem Versuch kannst du beweisen, daß Sauerstoff abgegeben wird. Du brauchst dazu nur eine Schüssel mit Wasser, ein Glasgefäß und einige Wasserpflanzen, zum Beispiel Laichkraut.
Bringe die Pflanzen in die wassergefüllte Schüssel, fülle das Glasgefäß mit Wasser, indem du es seitlich in der Schüssel gegen die Pflanzen schiebst. Drehe das Glas um und bedecke damit die Pflanzen. Laß die Versuchsanordnung an einer sonnigen Stelle stehen und schaue von Zeit zu Zeit danach.

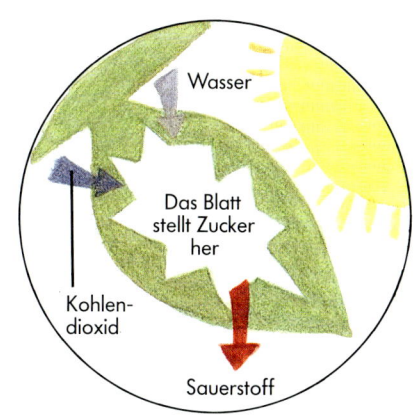

Wasser

Kohlendioxid

Das Blatt stellt Zucker her

Sauerstoff

Wie es funktioniert

Du wirst bald zahlreiche Sauerstoffblasen erkennen, die an die Oberfläche steigen. Am Ende hat sich oben im Glasgefäß eine kleine Tasche aus Sauerstoffgas gebildet. Wasserpflanzen geben Sauerstoff an das Wasser, Landpflanzen hingegen an die Luft ab.

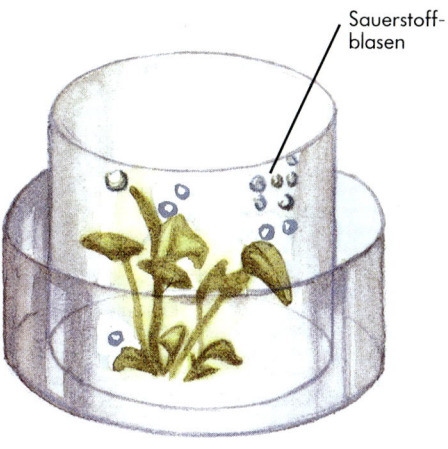

Sauerstoffblasen

Wie verschmutzt ist die Luft?

Autos, Fabriken und Kraftwerke geben Rauch, Gase und Dämpfe ab, welche die Luft verschmutzen. Kleine Pflanzen, die **Flechten,** können uns zeigen, wie verschmutzt die Luft ist. Einige Arten wachsen nämlich in verschmutzter Luft, während andere ganz saubere Luft verlangen. Am saubersten ist die Luft, wenn viele verschiedene Flechtenarten vorkommen. Halte bewußt Ausschau nach Flechten auf Baumrinden und Mauern.

Verschmutzte Luft → Saubere Luft

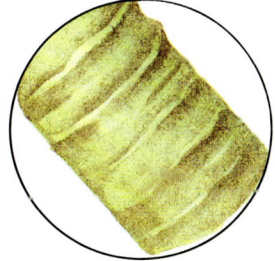

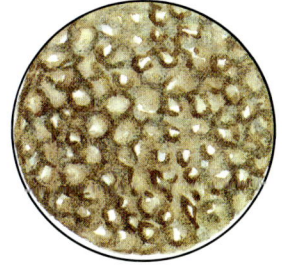

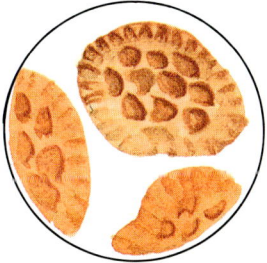

Keine Flechten
Eine Alge mit dem Namen *Pleurococcus* bildet eine staubige grüne Schicht auf Bäumen und Mauern. Das ist ein Zeichen für verschmutzte Luft.

Graue oder grüne Krustenflechten
Diese Flechten wachsen in Stadtzentren und können in verschmutzter Luft überleben.

Runde Blattflechten
Diese Flechten können grün, gelb, schwarz oder orange sein. Eine leichte Verschmutzung der Luft überleben sie.

Strauchflechten
Im allgemeinen grün oder grau. Sie sind sehr empfindlich gegen Luftverschmutzung und wachsen nur in ganz sauberer Luft.

Luft und Schall

Die Luft trägt nicht nur Flugzeuge und Vögel, sondern verbreitet auch den Schall. Es mag überraschend für dich klingen, aber draußen im Weltall, wo es keine Luft gibt, gibt es auch keinen Schall, keine Töne und keine Geräusche. Schallwellen wandern durch die Luft wie Wasserwellen im Teich. Wenn du einen Stein in einen ruhigen Teich wirfst, bewegt sich das Wasser ganz nahe am Stein auf und ab, doch dann entfernen sich die Wellen vom Zentrum. Wenn die Wellen auf einen kleinen Gegenstand treffen, zum Beispiel ein kleines Stück Holz, wird auch dieses sich auf und ab bewegen.
In ähnlicher Weise bestehen Schallwellen aus Auf- und Abbewegungen. Wir nennen sie **Schwingungen.** Wenn die Schwingungen der Luft an dein Ohr gelangen, vibriert auch dein Trommelfell mit, und du kannst den Schall hören.

Wir bauen eine Harfe

Du brauchst nur eine Schachtel aus Karton oder Plastik und acht dicke elastische Gummibänder. Spanne sie über die Schachtel und zupfe für das »Harfenspiel« mit den Fingern daran. Ziehe dann eines der Gummibänder stärker an. Je stärker es gespannt ist, um so höher wird der Ton sein.

Schallwellen

Hoher Ton

Niedriger Ton

Hohe Töne bestehen aus Schallwellen, deren Ausschläge nahe beieinander liegen. Niedrige Töne hingegen sind weit auseinandergezogene Schallwellen. Die Schallwellen verhalten sich wie die Wasserwellen in einem Teich: Mit zunehmender Entfernung werden sie immer schwächer. Das ist der Grund, warum man in der Nähe der Schallquelle am besten hört.

Wir machen Musik

Musikinstrumente erzeugen Töne auf ganz unterschiedliche Weise. In jedem Fall wird jedoch die Luft in Schwingungen versetzt.
Die Schwingungen einer Trommel nehmen ihren Anfang, wenn die aufgespannte Haut mit einem Trommelschlegel angeschlagen wird. Die Haut bewegt sich auf und ab und versetzt damit die Luft in Schwingungen. Saiteninstrumente wie Gitarren oder Geigen werden mit einem Bogen angestrichen oder von Hand gezupft und gelangen dadurch in Schwingungen. Holzblasinstrumente haben ein Mundstück. Der Musiker bläst in das Instrument und bringt dadurch ein Rohrblatt (zum Beispiel bei der Oboe oder Klarinette) oder eine Luftsäule im Inneren des Instruments zum Schwingen (wie bei der Flöte).

Stecke einen Korken auf eine Stricknadel und stecke ihn in eine Kartonrolle. Blase quer über die eine Öffnung der Rolle und bewege dabei die Nadel auf und ab. Was geschieht? Auf ähnliche Weise werden die Schallwellen in einer Flöte erzeugt.

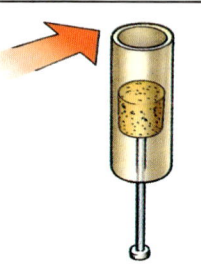

Singende Flaschen

Bilde eine Reihe aus mehreren Flaschen.
Laß die erste ganz leer und gieße in die zweite
etwas Wasser. Gieße etwas mehr Wasser in die
dritte, auch in die folgenden Flaschen immer etwas
mehr, bis du am Ende der Reihe angelangt bist.
Die letzte Flasche solltest du ganz füllen. Schlage
die Flaschen mit einem Löffel an oder blase quer
über ihre Öffnung. In beiden Fällen beginnt die Luft
im Innern zu schwingen. Da aber in jeder Flasche
eine andere Luftmenge vorhanden ist, entstehen
auch unterschiedliche Töne.

Wie weit entfernt ist das Gewitter?

Ist dir während eines Gewitters jemals aufgefallen,
daß du den Blitz immer siehst, bevor du den Donner
hörst? Wenn ein Blitz durch die Luft zuckt, werden
große Wärmemengen frei. Sie gehen auf die Luft über.
Diese dehnt sich in einer kleinen Explosion aus, die wir
Donner nennen. Den Blitz sehen wir sofort, weil sich
das Licht sehr schnell bewegt. Die Schallwellen aber
brauchen viel länger, um an unser Ohr zu gelangen.

Wenn du einen Blitz siehst, zählst du die Sekunden, die
verstreichen, bis du den Donner hörst. Teile die Zahl
der Sekunden durch drei. Das Ergebnis sagt dir,
wieviele Kilometer das Zentrum des Gewitters von dir
entfernt ist.

Luft-Quiz

Richtig oder falsch?

Hubschrauber **Luftkissenboot**

1. Beide Fahrzeuge brauchen für das Vorwärtskommen zusammengedrückte Luft.

2. Diese Pflanze produziert Sauerstoff.

3. Mehrere Kleidungsschichten halten dich wärmer als ein dickes Kleidungsstück.

Richtig oder falsch?

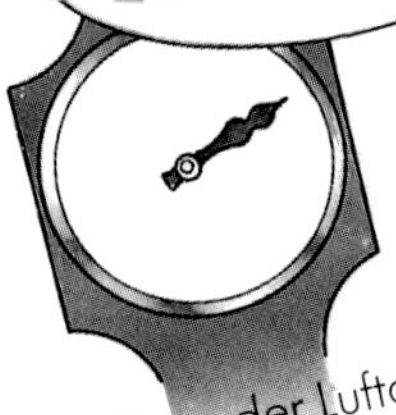

4. Wenn der Luftdruck steigt, ist das üblicherweise ein Anzeichen für schlechtes Wetter.

Finde die Fehler

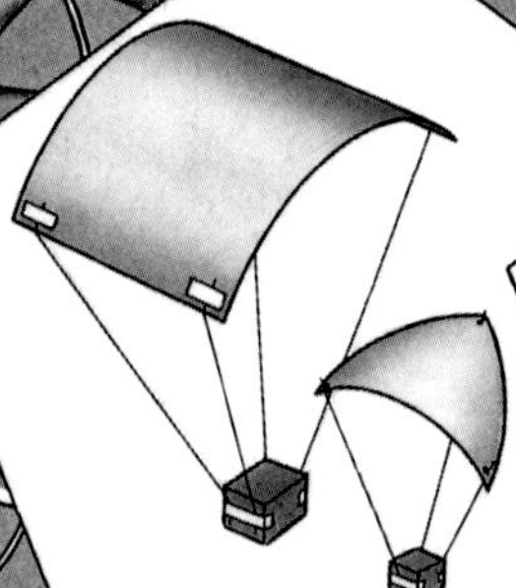

5. Welcher dieser Fallschirme fällt schneller?

6. Welche dieser Flaschen ergibt beim Anschlagen mit einem Löffel einen höheren Ton?

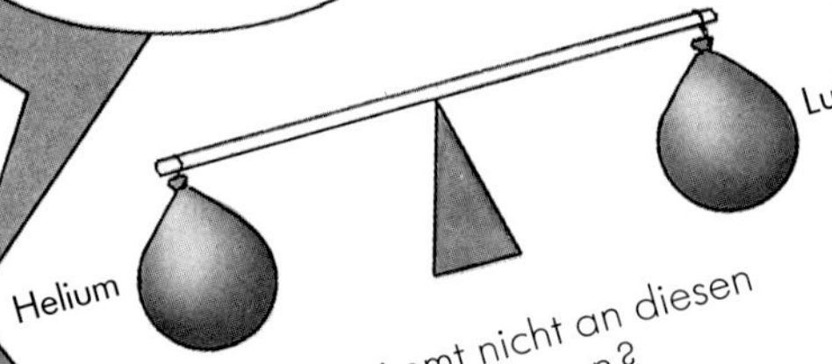

Helium **Luft**

7. Was stimmt nicht an diesen Zeichnungen?

Antworten

1. Richtig. Zusammengedrückte Luft treibt den Hubschrauber in die Höhe (Seite 72 und 75), und das Luftkissenboot bewegt sich auf einem Kissen zusammengedrückter Luft fort.

2. Falsch. Die Pflanzen geben während der Photosynthese Sauerstoff ab, doch diese findet nur tagsüber statt (Seite 85).

3. Richtig. Jedes Kleidungsstück hält eine Schicht warme, isolierende Luft fest (Seite 60).

4. Falsch. Steigender Luftdruck ist im allgemeinen ein Anzeichen für eine Wetterbesserung (Seite 62).

5. Der kleinere Fallschirm fällt schneller, weil er weniger zusammengedrückte Luft unter dem Schirm hat, die den Fall bremst (Seite 74).

6. Die Flasche mit weniger Luft im Innern (Seite 87).

7. Oben: Helium ist leichter als Luft. Deswegen befindet sich die Waage nicht im Gleichgewicht (Seite 54).
Unten: Das Papier wird nicht wegfliegen. Strömende Luft hat einen geringeren Druck als unbewegte Luft. Das Papier wird vom höheren Druck der Luft darüber nach unten gedrückt (Seite 66).

BEWEGUNG

In diesem Kapitel stellen wir Forschungen darüber an,
wie sich Gegenstände bewegen. Denk über die verschiedenen
Arten der Bewegung nach, wenn du eine Schaukel oder einen Schlitten
benutzt oder Maschinen bei der Arbeit zusiehst, zum Beispiel Kränen,
Waschmaschinen oder Kraftmaschinen.

Dieses Kapitel umfaßt sieben Hauptthemen:

- Schwerkraft und Gewicht
- Gleichgewicht
- Trägheit
- Reibung
- Schiefe Ebene, Rad, Rolle und Hebel
- Verschiedene Arten der Bewegung
- Maschinen und Bewegung

Mit diesen drei Symbolen kannst
du auf den ersten Blick erkennen,
worum es sich jeweils handelt.

VERSUCHE

TRICKS

TIPS ZUM
SELBERMACHEN

Einführung

Stoßen, Ziehen, Heben, Drehen, Verdrehen und Sichdrehen sind nur einige der unterschiedlichen Bewegungsarten, die wir in diesem Buch erforschen. Gegenstände oder Dinge können sich nicht selber bewegen; es muß eine Kraft auf sie einwirken, bevor sie mit der Bewegung beginnen. Man braucht mehr Kraft, um sie in Bewegung zu versetzen oder zu stoppen, als um sie in Bewegung zu halten.

Die überall vorhandene natürliche Schwerkraft zieht Gegenstände nach unten, doch die Menschen haben eine Reihe von Maschinen entwickelt, mit denen Gegenstände in unterschiedliche Richtungen und mit unterschiedlichen Geschwindigkeiten bewegt werden können. Rollen, Räder, Hebel, Flaschenzüge und Zahnräder helfen bei der Bewegung schwerer Lasten. Selbst die kompliziertesten Maschinen haben im Innern irgendwo Hebel und Räder.

Die Fragen auf diesen beiden Seiten beziehen sich auf wissenschaftliche Ideen, die in diesem Buch erklärt werden. Wenn du die Versuche und Tricks selber durchgeführt hast, kannst du auch diese Fragen beantworten und weißt mehr darüber, wie sich die Gegenstände in der Welt um dich herum bewegen.

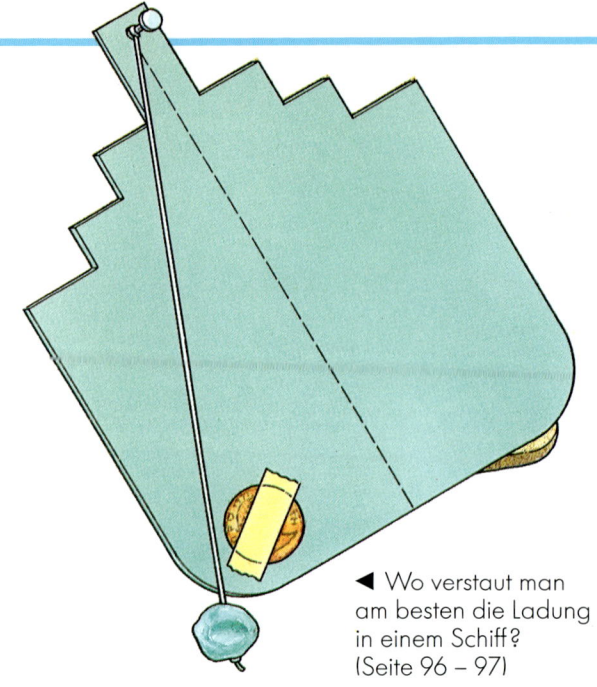

◀ Wo verstaut man am besten die Ladung in einem Schiff?
(Seite 96 – 97)

▼ Warum kommt man auf Rädern schneller vorwärts?
(Seite 96 – 97)

▶ Warum kann man mit Rollen eine schwere Last besser heben?
(Seite 112 – 113)

▼ Warum haben Kegelbahnen eine glatte, polierte Oberfläche?
(Seite 104 – 107)

▲ Wie erzeugt ein Wasserrad genügend Energie, um Weizenkörner zu Mehl zu zerreiben? (Seite 124 – 125)

▲ Warum fallen Äpfel vom Baum nach **unten**? (Seite 92 – 93)

▼ Was hält eine Schaukel im Gleichgewicht? (Seite 98 – 99)

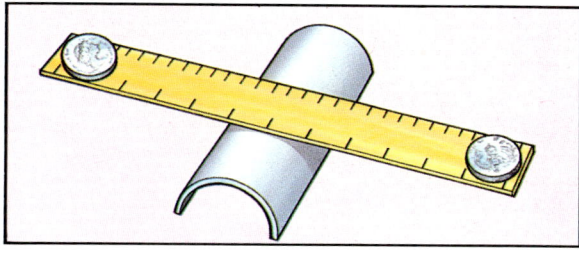

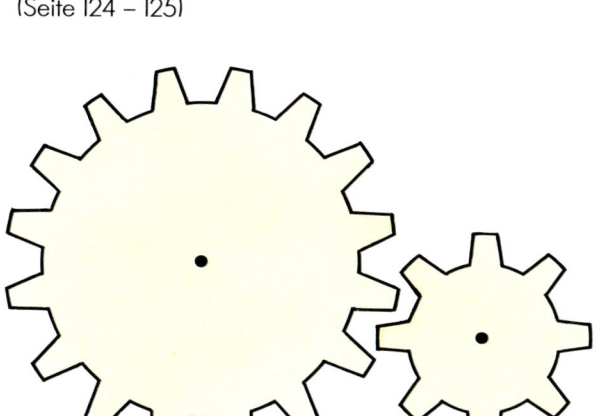

◄ Warum bewegen Zahnräder Maschinen schnell und leicht? (Seite 111)

◄ Warum fährt ein Fahrrad schneller, wenn man es ölt? (Seite 106 – 107)

▼ Warum erleichtern es Handschuhe dem Torhüter, den Ball zu packen? (Seite 105)

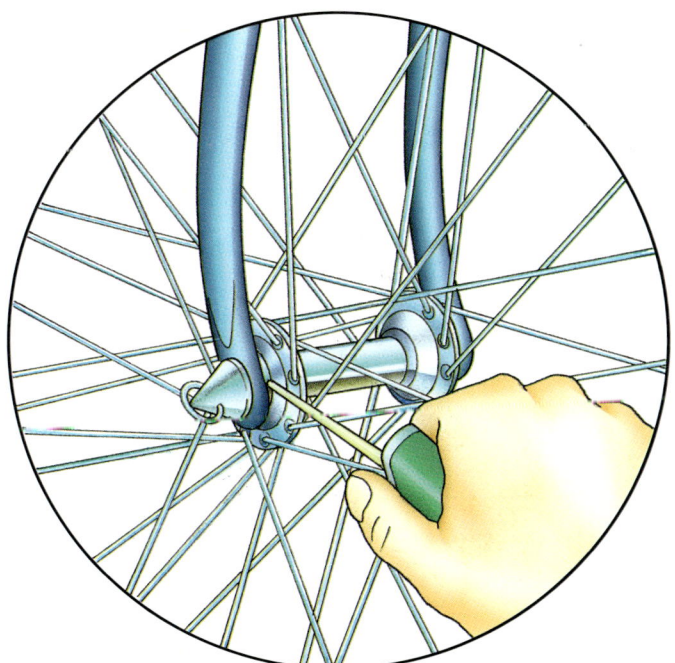

91

Runter auf den Boden!

Ein Apfel löst sich vom Baum. Warum fällt er **senkrecht** auf den Boden? Ein berühmter Wissenschaftler namens Isaac Newton dachte vor vielen Jahren in einem Apfelgarten darüber nach. Er meinte, zwischen dem Apfel und der Erde wirke eine unsichtbare Kraft, so daß sie sich gegenseitig anziehen. Die Erde sei aber so groß und übe eine derartige Kraft auf den Apfel aus, daß sie den Apfel zu sich reiße. Diese Kraft nennen wir heute Schwerkraft oder **Gravitation.**

Wir untersuchen den freien Fall

Um 1590 stellte der italienische Wissenschaftler Galileo Galilei die Theorie auf, alle Gegenstände würden mit gleicher Geschwindigkeit auf die Erde fallen, egal, wie viel sie wiegen.

Wir versuchen Galileis Theorie zu überprüfen. Dazu brauchen wir nur eine Kugel aus einem Kugellager, eine Murmel, ein Metalltablett und einen Stuhl. Lege das Tablett auf den Boden und steige auf den Stuhl. Halte die metallene Kugel in der einen und die Murmel in der anderen Hand. Hebe die Arme so hoch wie möglich und laß beide Gegenstände auf das Tablett fallen. Natürlich solltest du sie zur selben Zeit loslassen. Achte auf das Geräusch des Aufschlags. Welche Kugel landet zuerst?

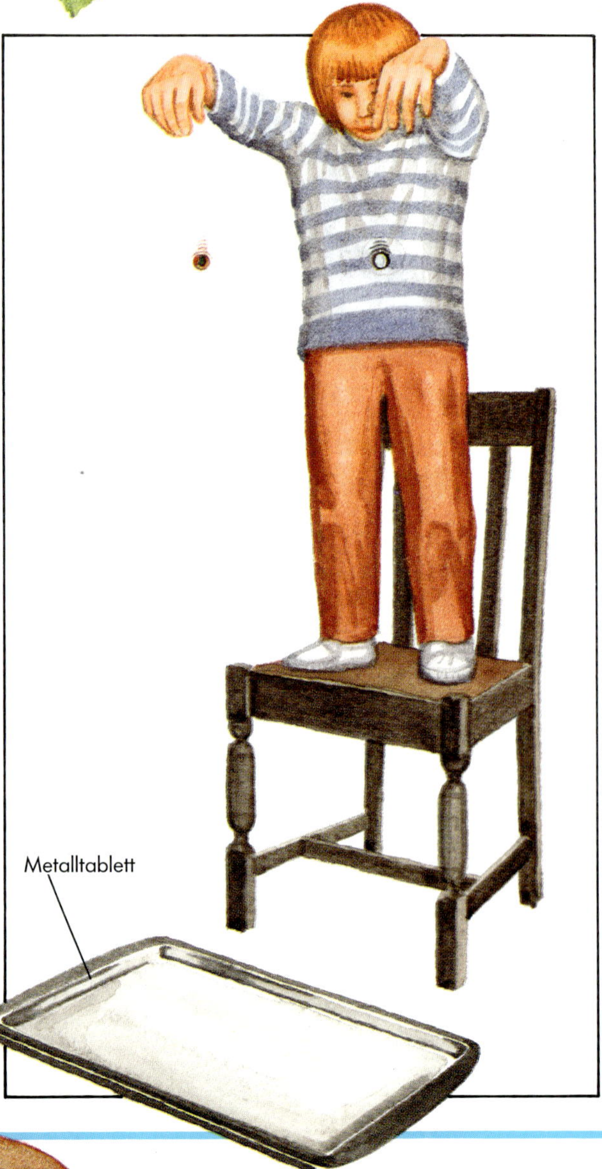

Wie es funktioniert
Die beiden Kugeln müssen gleichzeitig unten ankommen. Die Schwerkraft zieht sie mit derselben Geschwindigkeit nach unten, obwohl die eine viel schwerer ist als die andere.

Weitere Versuche
Führe den Versuch mit weiteren Gegenständen durch, zum Beispiel einem leichten Schaumgummiball und einem Tennisball, einem Zuckerwürfel und einem Spielwürfel. Wähle Gegenstände, die gleich groß und gleich geformt sind, aber unterschiedlich viel wiegen.

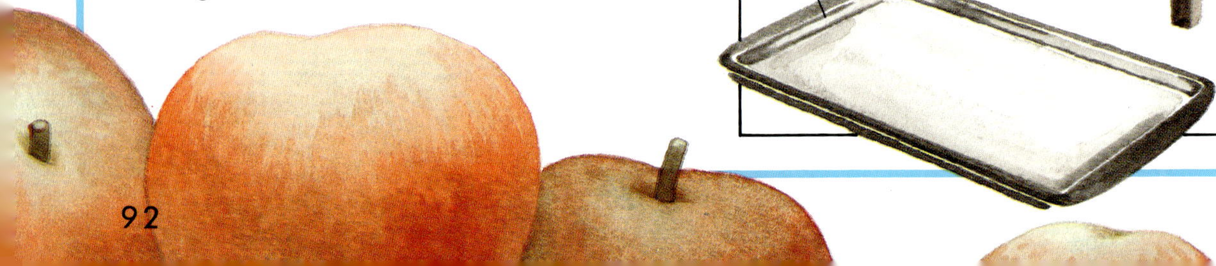

Metalltablett

Der Aufprall auf dem Boden

Material: Weiche Modelliermasse oder Ton, Murmel oder Metallkugel, Maßstab, Metalltablett.

Wenn Gegenstände auf den Boden fallen, gibt es einen dumpfen Ton. Je länger sie fallen, um so stärker ist auch der Aufprall. Mache dazu einen Versuch.

1. Gib der Modelliermasse die Form eines flachen Kuchens und lege ihn auf das Metalltablett.

2. Laß die Murmel oder die Metallkugel von verschiedenen Höhen in die Modelliermasse fallen. Versuche es mit Abständen von 30 cm, 60 cm usw.

3. Miß jedesmal die Tiefe der Beule in der Modelliermasse.

4. Zeichne die Ergebnisse in einer Tabelle auf. Was geschieht, wenn du die Gegenstände aus größerer Höhe fallen läßt?

Wie es funktioniert

Gegenstände, die aus größerer Höhe herunterfallen, haben beim Aufprall eine höhere Geschwindigkeit. Damit schlagen sie auch in die Modelliermasse die tiefste Beule. Gegenstände dringen in die Unterlage ein, wenn diese weicher ist als sie selber. Deswegen können weiche Gegenstände kaputtgehen, wenn sie auf eine harte Oberfläche treffen. Denke darüber nach: Was geschieht, wenn ein weicher Pfirsich aus der Einkaufstüte fällt?

Fallende Münzen

Lege einen Maßstab so an die Tischkante, daß das eine Ende gerade darüber hinausragt und das andere sich etwa 3 cm von der Kante entfernt befindet. Lege zwei Münzen so hin wie in der Zeichnung rechts. Mit einem zweiten Maßstab schlägst du auf den ersten. Beobachte genau, welche Münze zuerst auf dem Boden auftrifft. (Vielleicht mußt du den Versuch auch mehrere Male durchführen.)

Wie es funktioniert

Beide Münzen treffen zur selben Zeit auf dem Boden auf, obwohl die eine Münze am Ende des Maßstabes gerade nach unten fällt und die andere eine längere gekrümmte Strecke zurücklegen muß. Diese wird nämlich stärker beschleunigt und hält trotz der längeren Strecke mit der anderen Schritt.

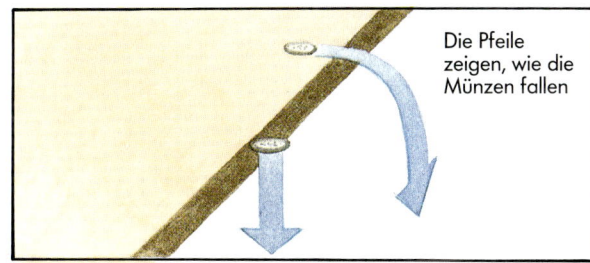

Die Pfeile zeigen, wie die Münzen fallen

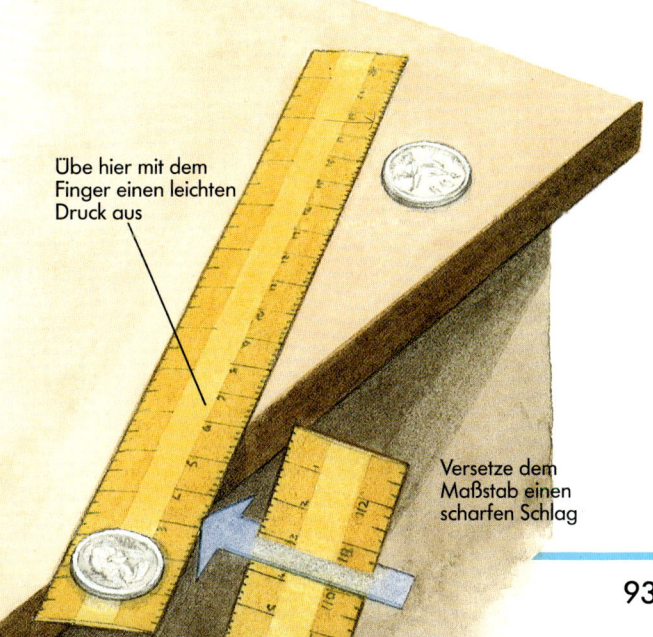

Übe hier mit dem Finger einen leichten Druck aus

Versetze dem Maßstab einen scharfen Schlag

Schwerkraft und Gewicht

Gegenstände haben ein Gewicht, weil die Schwerkraft auf sie einwirkt. Je größer die Schwerkraft, um so größer ist auch das Gewicht.

Wir bauen eine Federwaage

Mit dieser Federwaage kannst du das Gewicht kleiner Gegenstände miteinander vergleichen.

Material: Joghurtbecher, dünner Faden, Büroklammern, kleiner Nagel oder Reißzwecke, Papier, Maßstab, Stifte, Gummiband.

1. Schlage den Nagel oder die Reißzwecke in eine senkrechte Oberfläche, von der die Federwaage frei herabhängen kann.

2. Fädle das Gummiband in die Büroklammer ein und befestige diese am Nagel oder an der Reißzwecke.

3. Bohre drei Löcher in den Rand des Joghurtbechers, ziehe Bindfäden hindurch, knüpfe sie fest und verknote dann die Enden am Gummiband.

4. Zeichne für deine Federwaage auf einem Stück Papier oder Karton eine Skala auf und befestige sie hinter dem Gummiband. Markiere das untere Ende des Gummibandes, wenn du noch nichts gewogen hast. Beobachte, wie die Gewichte das Gummiband nach unten ziehen und lies die Werte auf deiner Skala ab.

Vergleiche das Gewicht kleiner Gegenstände wie von Bleistiften, Murmeln, Steinen, Münzen oder Beeren.

Schwerelosigkeit im Raum

Die Menschen fühlen ihr Gewicht nicht, wenn keine Schwerkraft vorhanden ist oder wenn sie frei schweben. Wenn du von einem Trampolin hochspringst, fühlst du dich hoch oben in der Luft gewichtslos. Doch dauert dieses Gefühl nur so lange, bis du wieder auf dem Sprungtuch landest.

Die Anziehungskraft der Erde ist im Weltraum viel geringer. Deswegen wiegen Gegenstände dort auch viel weniger. Die Astronauten schweben in ihren Raumschiffen, weil dort fast keine Schwerkraft mehr wirkt.

▶ Der Astronaut J. Irwin auf dem Mond während der Mission von Apollo 15. Die Schwerkraft auf dem Mond beträgt ungefähr ein Sechstel der Schwerkraft auf der Erde. Ein Raumanzug, der auf der Erde 83 Kilogramm wiegt, bringt auf dem Mond nur 14 Kilogramm auf die Waage. Deswegen können sich die Astronauten auf dem Mond viel leichter bewegen; sie hüpfen sogar in richtigen Känguruhsprüngen umher!

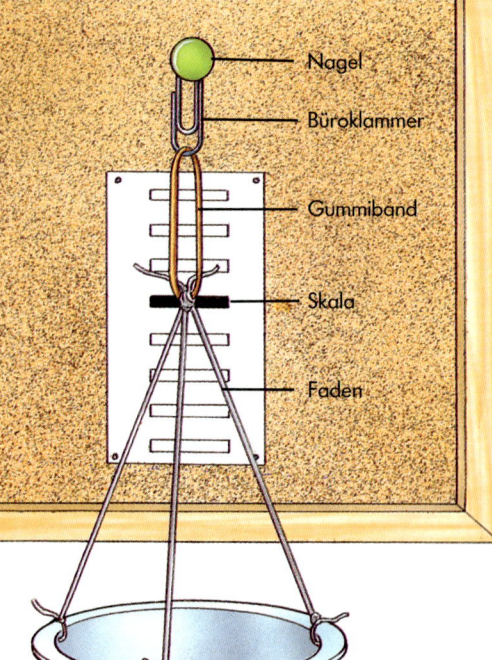

Nagel

Büroklammer

Gummiband

Skala

Faden

Gezeiten: Bewegte Meere

Die Gezeiten in den Meeren der Welt werden von der Anziehungskraft des Mondes und der Sonne bewirkt. Da der Mond der Erde näher steht als die Sonne, ist seine Auswirkung auf die Ozeane auch viel größer. In den meisten Gebieten der Erde herrscht zweimal am Tag Flut und dazwischen Ebbe.

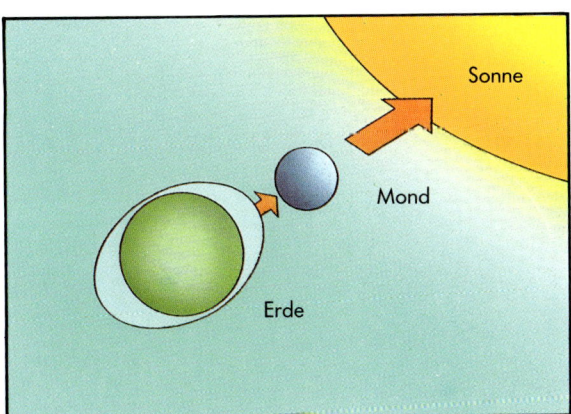

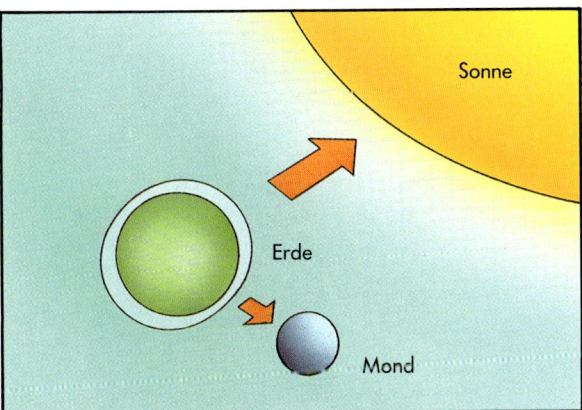

Wenn Sonne und Mond und Erde in einer Linie stehen, summieren sich die Anziehungskräfte. Das führt dazu, daß in den mondnächsten Teilen der Erde hohe Fluten entstehen. Wir nennen sie auch Springfluten oder **Springtiden.** Sie treten normalerweise alle zwei Wochen auf, bei Vollmond und bei Neumond.

Wenn Sonne und Mond im Verhältnis zur Erde in einem rechten Winkel zueinander stehen, heben sich ihre Anziehungskräfte weitgehend auf, und die Flut ist viel geringer. Man spricht auch von **Nipptiden.** Wenn du nahe am Meer wohnst, kannst du herausfinden, wann die nächsten Springtiden und Nipptiden zu erwarten sind.

Gleichgewicht

Lege ein Buch auf den Tisch und schiebe es immer mehr über die Tischkante hinaus. Auch wenn ein Teil des Buches schon darüber hinausragt, wird es sich doch noch im Gleichgewicht befinden. Wenn du es aber zu weit hinausschiebst, wird das Gleichgewicht auf den Kopf gestellt. Alle Gegenstände haben einen Punkt, an dem sie von der Schwerkraft ergriffen werden und der beim Gleichgewicht eine Rolle spielt. Wir nennen ihn den **Schwerpunkt.** Dort scheint sich das gesamte Gewicht des Gegenstandes zu konzentrieren.

Wir bestimmen den Schwerpunkt

Der Schwerpunkt eines Gegenstandes mit regelmäßiger Oberfläche, etwa eines Quadrats oder eines Kreises, liegt im Zentrum. Mit dem folgenden Versuch kannst du den Schwerpunkt unregelmäßig geformter Gegenstände herausfinden. Du brauchst dazu nur Karton, Faden, ein Gewicht und einen Nagel. Schneide drei unregelmäßige Formen aus dem Karton aus und bringe an den Ecken drei Löcher an. Binde das Gewicht an den Faden. Wenn du ihn am anderen Ende irgendwo befestigst, wird er durch das Gewicht senkrecht nach unten hängen. Er dient uns als Lot oder als **Senkschnur.**

Hänge eine unregelmäßige Kartonform und die Senkschnur durch das erste Loch am Nagel auf und fahre mit einem Bleistift der senkrechten Linie nach. Dann mach dasselbe mit den beiden anderen Löchern. Der Schwerpunkt liegt dort, wo sich die drei Geraden kreuzen.

Weitere Versuche

Zeichne die Form eines Bootes im Querschnitt auf Karton und schneide sie aus. Finde den Schwerpunkt. Wie verändert zusätzliches Gewicht den Schwerpunkt? Wo liegt deiner Meinung nach der beste Stauraum in einem richtigen Schiff?

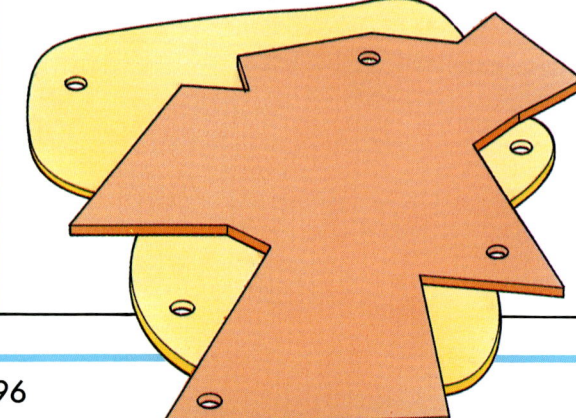

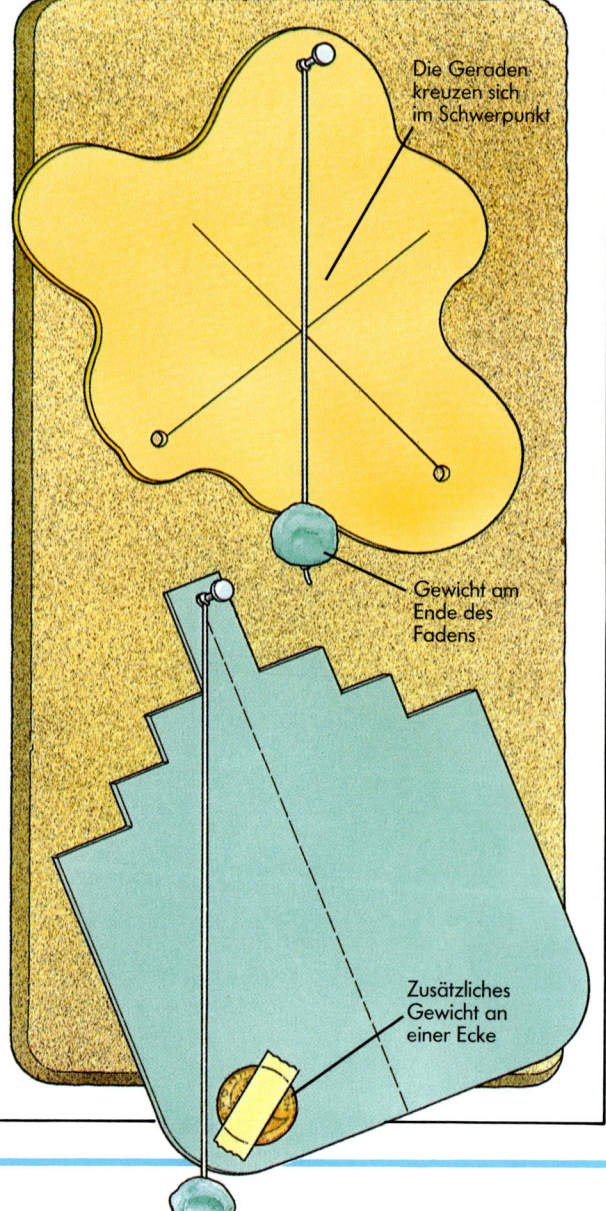

Die Geraden kreuzen sich im Schwerpunkt

Gewicht am Ende des Fadens

Zusätzliches Gewicht an einer Ecke

Die magische Schachtel

Die Schachtel hat eine regelmäßige Form, so daß man ihren Schwerpunkt im Zentrum erwartet. Mit diesem Trick kannst du den Gesetzen des Gleichgewichts scheinbar ein Schnippchen schlagen und deine Freunde überraschen. Du brauchst eine kleine Schachtel und ein Gewicht. Klebe das Gewicht in einem Eck der Schachtel fest. Dann klebst du einen zweiten Boden in die Schachtel, der das Gewicht verbirgt. Lege den Deckel auf und zeige die Schachtel deinen Freunden. Laß sie auch hineinschauen. Sie sollen sich selber davon überzeugen, daß die Schachtel leer ist. Sag ihnen, daß es sich um eine magische Schachtel handelt und daß sie in der Luft das Gleichgewicht behält. Lege die Schachtel dann auf einen Tisch und schiebe sie langsam über die Tischkante. Du mußt nur darauf achten, daß das beschwerte Eck auf dem Tisch bleibt. Die Schachtel ragt dann weit über die Kante hinaus und fällt, wie durch eine magische Hand gehalten, doch nicht auf den Boden!

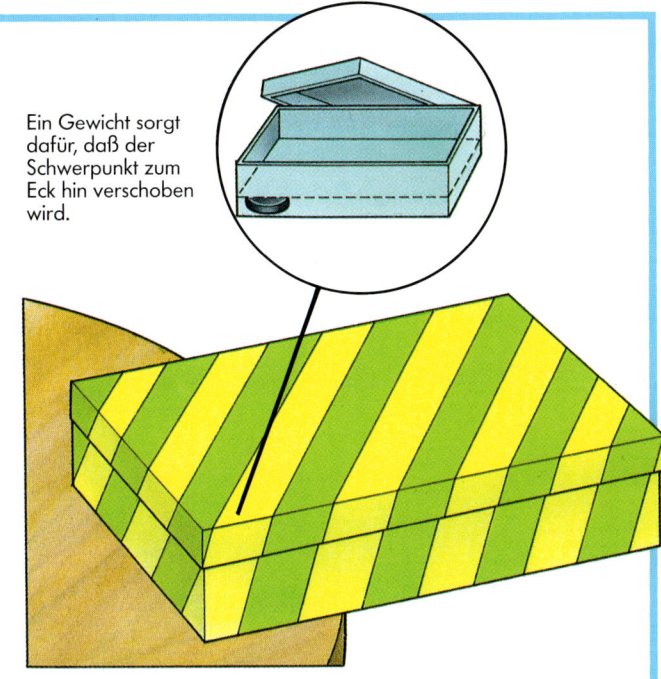

Ein Gewicht sorgt dafür, daß der Schwerpunkt zum Eck hin verschoben wird.

Wir bauen eine Kerzenschaukel

1. Schneide vom flachen Ende einer Kerze etwas Wachs weg, so daß der Docht herausschaut und du die Kerze an beiden Enden anzünden kannst.
2. Bestimme die Mitte der Kerze und stecke von beiden Seiten je einen Nagel hinein.
3. Lege die Nägel mit der Kerze auf zwei Konservendosen, so daß eine Schaukel entsteht.
4. Lege alles auf ein Metalltablett und überprüfe noch einmal das Gleichgewicht. Dann zünde die Kerze an beiden Seiten an.

Material: Ein Metalltablett, zwei gleiche Konservendosen, zwei dünne Nägel, eine lange Kerze.

Wie es funktioniert

Vor dem Anzünden der Kerze liegt der Schwerpunkt in der Mitte. Fällt jedoch ein Tropfen Wachs auf das Tablett, so verschiebt sich der Schwerpunkt auf die andere Seite, und die Schaukel bewegt sich. Wenn dann ein Wachstropfen vom anderen Ende der Kerze fällt, verschiebt sich der Schwerpunkt wieder. Die Kerzenschaukel wird sich dauernd hin und her bewegen.

Achtung: Vergiß nicht, die Kerze nach dem Ende des Versuches auszulöschen.

Gegenstände können nur dann balancieren, wenn ihr Schwerpunkt es ihnen erlaubt. Auf dieser Seite findest du zwei Spielsachen, welche die Balance halten. Bei beiden liegt der Schwerpunkt so tief, daß man sie kaum aus dem Gleichgewicht bringen kann.

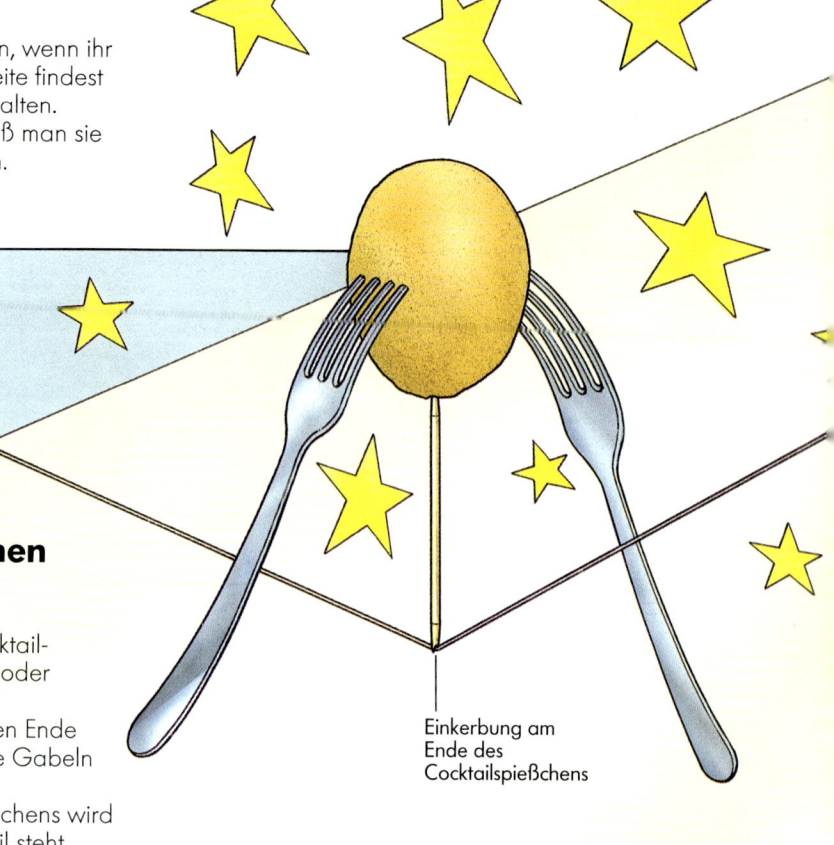

Wir bauen einen Seiltänzer

Material: Eine kleine Kartoffel, ein Cocktailspießchen, zwei Gabeln, dünner Draht oder starker Faden.

1. Wir befestigen die Kartoffel am einen Ende des Cocktailspießchens und stecken die Gabeln wie im Bild rechts hinein.

2. Das andere Ende des Cocktailspießchens wird eingekerbt, damit es besser auf dem Seil steht.

Einkerbung am Ende des Cocktailspießchens

Der Turner

1. Zeichne die Umrisse des Turners sorgfältig auf Papier oder leichten Karton.

2. Schneide zwei Umrisse des Turners aus. Sie sollten genau aufeinanderpassen, denn sie bilden die Vorder- und die Rückseite. Male ihnen ein buntes Kostüm.

3. Klebe jeweils eine Münze mit Tesafilm an die beiden Handinnenflächen einer Figur. Klebe dann die Vorder- und Rückseite einer Figur zusammen.

4. Wenn der Turner trocken ist, wird er fast überall im Gleichgewicht bleiben. Balanciere ihn auf dem Finger, auf dem Rand eines Glases oder auf einem straff gespannten Faden.

Wie es funktioniert

Obwohl die Figur oben schwerer aussieht, bewirken doch die beiden Münzen, daß der Schwerpunkt unterhalb der Nase liegt. Deswegen behält die Figur überall ihr Gleichgewicht.

Material: Dünner Karton oder dickes Papier, Schere, zwei kleine gleich schwere Münzen, Leim, Klebeband.

Befestige die Münzen an der Hand

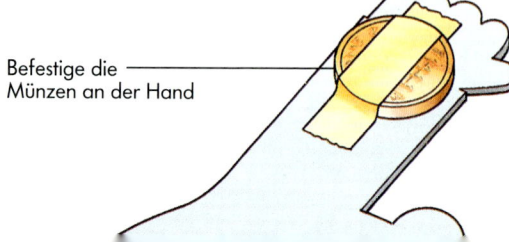

3. Spanne den Draht oder Faden **straff.**

4. Balanciere das Cocktailstäbchen auf dem Seil. Die beiden Gabeln bewirken, daß der Schwerpunkt des Seiltänzers unter dem Seil liegt. Deswegen hält das Spielzeug das Gleichgewicht.

5. Wenn der Seiltänzer ruhig steht, blase dagegen und bring ihn in Bewegung. Wenn er sich nicht sehr glatt hin und her bewegt, dann fette den Faden oder Draht etwas ein oder ziehe ihn an einem Ende an.

Schaukeln

Zwei ungefähr gleich schwere Menschen können gut schaukeln, wenn sie sich ans Ende der Spielschaukel setzen. Was geschieht aber, wenn eine Person viel schwerer ist als die andere? Versuche herauszufinden, wie man in einem solchen Fall dennoch schaukeln kann.

1. Schneide die Kartonrolle in zwei Hälften, lege die flache Seite auf den Tisch und lege den Maßstab auf, so daß er ins Gleichgewicht kommt.

2. Lege je eine gleich schwere Münze auf die beiden Enden. Der Maßstab bleibt im Gleichgewicht, weil der Schwerpunkt immer noch in der Mitte liegt.

3. Lege auf das eine Ende eine zweite Münze. Dadurch neigt sich das nun schwerere Ende nach unten. Doch findet die Schaukel ohne Zugabe weiterer Münzen ein neues Gleichgewicht.

4. Schiebe die beiden Münzen näher zur Mitte des Maßstabes hin, bis dieser wieder völlig waagrecht steht. Du siehst: Das ist der Fall, wenn sich die beiden Münzen auf halbem Wege zwischen der Maßstabmitte und dem Ende befinden. Sie sind nämlich doppelt so schwer wie die eine Münze am anderen Ende. Gibt es noch weitere Wege, um das Gleichgewicht wieder herzustellen?

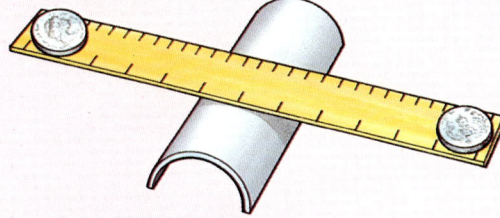

Material: Ein 30 cm langer Maßstab, mehrere gleich große Münzen, eine Kartonrolle.

▲ Eine schwerere Person muß sich näher zur Mitte einer Schaukel setzen, damit sie mit einer leichteren Person am anderen Ende das Gleichgewicht halten kann.

Start und Stop

Gegenstände, die sich in Ruhestellung befinden, wollen nicht bewegt werden. Gegenstände, die sich bewegen, wollen nicht zur Ruhe kommen. Diese Neigung, den eigenen Ruhe- oder Bewegungszustand beizubehalten, nennen wir **Trägheit.** Um einen Gegenstand in Bewegung zu versetzen oder um ihn anzuhalten, muß man dessen Trägheit überwinden. Das kann man zum Beispiel durch Stoßen oder Ziehen bewerkstelligen. Es wirken dabei **Kräfte** auf die Gegenstände ein. Je schwerer sie sind, um so stärker muß auch die einwirkende Kraft sein, um sie in Bewegung zu versetzen oder zu stoppen.

In Bewegung versetzen

Was ist leichter: Mit langsamem oder schnellem Zug etwas in Bewegung zu versetzen? Mit diesem Versuch kannst du es herausfinden.

1. Binde einen Baumwollfaden um zwei schwere Bücher.
2. Lege ein Brett auf zwei leere Getränkedosen und stelle die Bücher darauf.
3. Zieh langsam am Faden. Die Bücher werden sich recht leicht in Bewegung setzen.
4. Halte nun den Baumwollfaden ziemlich locker und zieh dann plötzlich hart daran. Wahrscheinlich wird er reißen, denn die Bücher haben eine zu

hohe Trägheit, als daß sie sich schnell in Bewegung versetzen ließen.
Wann muß man die stärkere Zugkraft aufwenden: beim Start . . . oder wenn es darum geht, die Bewegung beizubehalten? Du brauchst dazu nur ein Spielzeugauto und ein elastisches Band. Zieh zuerst das Gummiband auseinander. Je mehr du ziehst, um so länger wird es. Befestige es dann vorne am Auto und ziehe daran. Du mußt ziemlich viel Kraft aufwenden, um es in Bewegung zu versetzen. Um es in Bewegung zu halten, brauchst du weniger Kraft. Das kannst du an der Länge des ausgezogenen Gummibandes ablesen.

Zieh langsam

Zieh ruckartig an

Je mehr du ziehen mußt, um so länger wird auch das Gummiband.

Das Rätsel mit den sich drehenden Eiern

Wie kannst du herausfinden, welches von zwei Eiern das gekochte und welches das rohe ist, ohne sie zu zerbrechen? Die Trägheit hilft dir bei der Lösung dieses Rätsels.
Versetze jedes Ei auf einem Teller in schnelle Drehung. Das Ei, das länger dreht, ist das gekochte. Versetze die Eier erneut in Drehung, halte sie dabei aber plötzlich an und laß sie sofort wieder gehen. Das gekochte Ei wird ruhig daliegen, während das rohe Ei sich wieder zu drehen beginnt.

Wie es funktioniert

Wenn der Inhalt des Eies flüssig ist (rohes Ei), dann weist er eine höhere Trägheit als in festem Zustand (gekochtes Ei) auf. Dies führt dazu, daß das rohe Ei früher mit der Drehung aufhört als das gekochte. Aber wenn du die Drehbewegung der beiden Eier stoppst und die Eier wieder losläßt, so bewegt sich der flüssige Inhalt des rohen Eies immer noch weiter. Er bewirkt, daß sich das Ei wieder zu drehen beginnt.

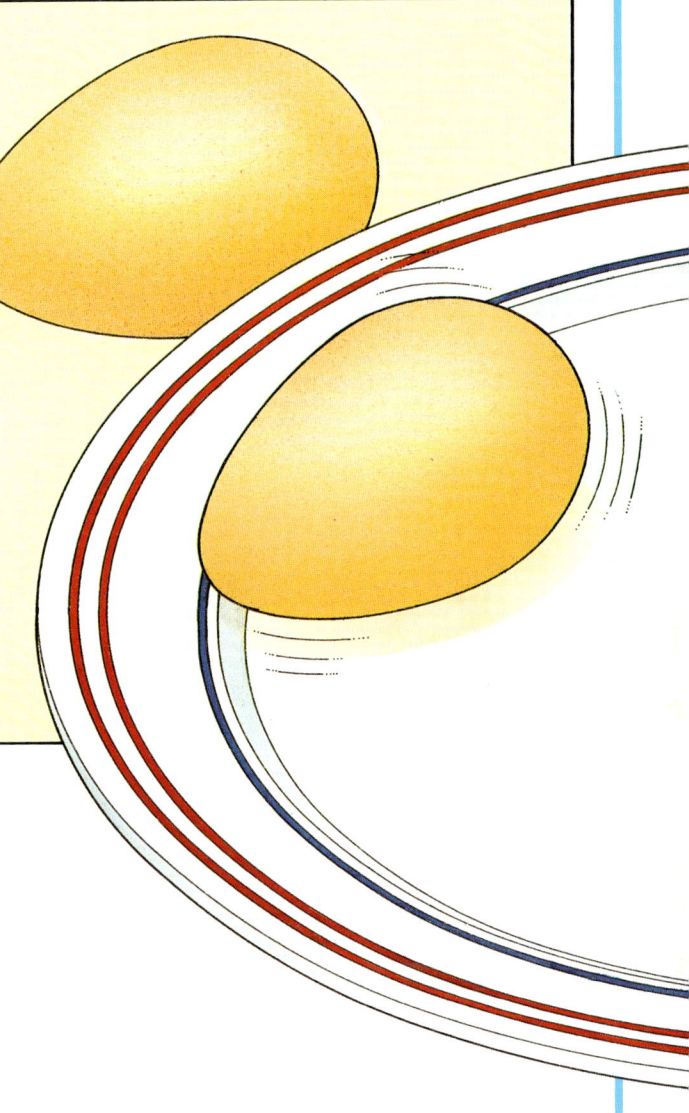

Wenn du das nächste Mal in einem Auto sitzt, dann beobachte genau, was geschieht, wenn der Fahrer plötzlich beschleunigt. Deine eigene Trägheit drückt dich in den Sitz, denn dein Körper bewegt sich nicht und möchte diesen Ruhezustand beibehalten.
Wenn das Auto plötzlich bremst, fliegst du nach vorne, denn infolge der Trägheit geht die Bewegung weiter. Sicherheitsgurte helfen dir bei der Überwindung der Trägheit und halten dich am Sitz fest. Die Bilder links zeigen Puppen (Dummys) bei einem solchen Test in einem Forschungszentrum für Kraftfahrzeuge.
Das Dummy im Bild oben trägt einen Sicherheitsgurt, das im Bild unten ist nicht angeschnallt.

Die träge Münze

Material: Ein Glas, ein Stück Karton, eine Münze.

Lege den Karton quer über die Öffnung des Glases und darauf, in die Mitte, die Münze. Wie schaffst du es, daß die Münze direkt ins Glas fällt, ohne sie jedoch anzufassen?

Wie es funktioniert

Auch bei diesem Trick nutzt du die Trägheit. Wenn du das Kartonstück vorwärtsschnippst, kann die Münze wegen ihrer Trägheit dieser Bewegung nicht folgen und fällt direkt ins Glas.

Weitere Versuche

● Lege die Münze über den Glasrand auf das Kartonstück.
● Nimm eine Murmel anstelle einer Münze. Bring eine Schicht Zucker oder einen Schwamm in das Glas, um zu verhindern, daß es durch den Aufschlag der Murmel zerbricht.
● Lege ein hartgekochtes Ei auf die Stirnseite einer Streichholzschachtel und stelle diese auf den Karton. (Auch hier brauchst du Zucker oder einen Schwamm im Glas.) Nur das Ei hat soviel Trägheit, daß es an Ort und Stelle verharrt und dann ins Glas fällt.

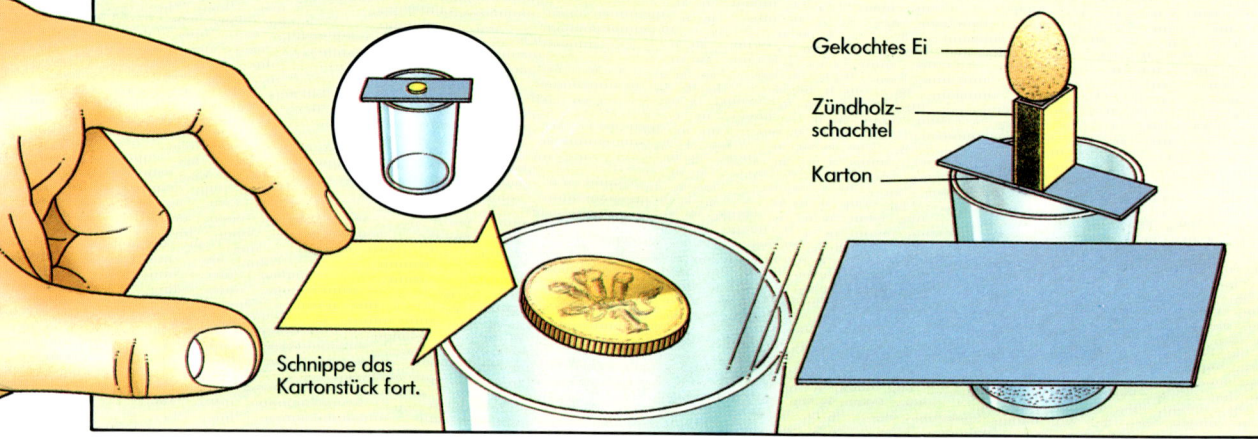

Schnippe das Kartonstück fort.

Gekochtes Ei

Zündholzschachtel

Karton

Der Trick mit dem Tischtuch

Du hast vielleicht schon gesehen, wie ein Zauberer ein Tischtuch wegzog und die Tassen und Teller fest an Ort und Stelle auf dem Tisch blieben. Diesen Trick zu Hause auszuprobieren, ist vielleicht keine so gute Idee. Besser versuchen wir es mit einem anderen, der nicht soviel Schaden anrichtet, wenn er einmal nicht funktionieren sollte! Du brauchst nur ein Blatt Papier und eine Plastikkanne mit Wasser. (Wenn du den Trick schon gut kennst, kannst du es mit einem Glas oder einer **alten** Tasse und Untertasse versuchen.)
Stelle die Wasserkanne auf das Stück Papier auf einen Tisch. Achte darauf, daß die Außenseite der Kanne völlig trocken ist, denn der Trick funktioniert nicht bei Feuchtigkeit. Gelingt es dir, das Stück Papier wegzuziehen, ohne das Wasser in der Kanne zu verschütten?

Wie es funktioniert

Wenn du das Papier mit einem scharfen Ruck wegziehst, bleibt die Kanne, wo sie ist. Du darfst das Papier dabei nicht anheben; es muß flach auf dem Tisch liegen bleiben. Die Kanne hat eine zu hohe Trägheit, als daß sie sich bei diesem plötzlichen Ruck bewegen würde.

Ein Turm wird abgebaut

Staple auf einem Tisch Spielsteine zu einem Turm.
Kannst du diesen Turm Schicht um Schicht abbauen,
ohne ihn selbst zu berühren?

Lege einen Maßstab auf den Tisch. Das eine Ende
sollte über die Tischkante hinausragen. Führe mit
einer seitlichen Bewegung einen scharfen Schlag
gegen den untersten Spielstein des Turmes. Du wirst
ihn dabei wegstoßen, doch der restliche Turm wird
an Ort und Stelle verbleiben. Mit etwas Übung
kannst du so die Spielsteine einen nach dem anderen entfernen.

Wie es funktioniert
Der Turm hat eine hohe Trägheit. Der scharfe Schlag
auf den untersten Stein reicht nicht aus, dessen Trägheit zu überwinden und den ganzen Turm vorwärts-
zubewegen.

Gleiten

Eine Art der Bewegung besteht darin, daß Gegenstände über eine Oberfläche gleiten. Denk einmal darüber nach, wie das ist, einen Schlitten zu ziehen. Gleitet er besser auf Eis oder auf Beton? Wenn zwei rauhe oder unebene Oberflächen sich aufeinander bewegen, so tritt eine Kraft, die **Reibung**, auf und erschwert die Bewegung. Die Bewegung erfolgt leichter, wenn zwischen zwei Oberflächen nur geringe Reibung herrscht.

▶ Glatte und gleichmäßige Oberflächen haben eine geringere Reibung. Deswegen kommt man auf einer Rutschbahn im Park so schnell vorwärts.

Wir untersuchen die Reibung

Reihe mehrere Gegenstände an der Kante eines glatten Brettes auf. Hebe dann das Brett langsam an, bis sich die Gegenstände zu bewegen beginnen. Achte darauf, welcher sich zuerst bewegt. Wiederhole das Experiment mit einem Metalltablett. Bewegen sich die Gegenstände leichter oder schwerer? Mußt du das Metalltablett höher anheben als das Brett, bis sich die Gegenstände in Bewegung setzen? Welche Oberfläche hat die geringste Reibung?

Wie es funktioniert
Einige Gegenstände bewegen sich leichter als andere, denn zwischen ihrer Oberfläche und der Oberfläche des Brettes oder des Metalltabletts herrscht eine geringe Reibung. Fasse die Gegenstände an, die sich leichter bewegen. Sie werden sich glatt anfühlen.

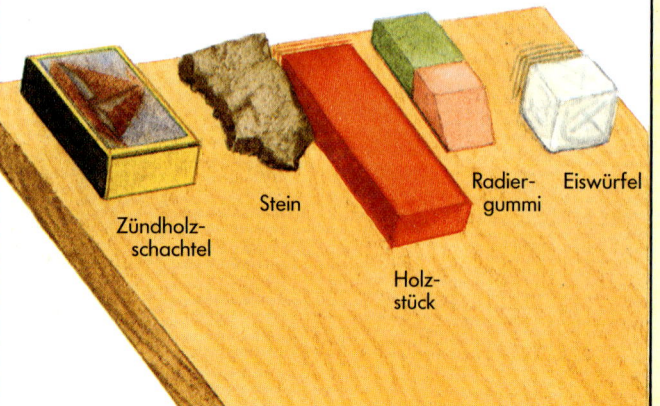

Zündholz-
schachtel

Stein

Holz-
stück

Radier-
gummi

Eiswürfel

Reibung im Wasser

Die Reibung wird nicht nur zwischen den Oberflächen von Festkörpern wirksam. Sie hat auch zur Folge, daß man Gegenstände nur schwer durchs Wasser ziehen kann.

Nimm einen glatten Gummiball und einen Tennisball. Gieße etwas Wasser in eine flache Schüssel. Versuche jeden Ball in Drehung zu versetzen. Welcher bewegt sich am leichtesten?

Wie es funktioniert
Auch in diesem Fall hat eine glatte Oberfläche eine geringere Reibung: Der Gummiball dreht sich viel leichter als der Tennisball. Das ist auch der Grund, warum Schnellboote einen glatten Rumpf besitzen.

Reibung macht Bewegung erst möglich

Die Reibung erschwert zwar die Bewegung von Gegenständen, doch ist sie gleichzeitig auch sehr nützlich. Die Reibung zwischen deinen Schuhsohlen und dem Untergrund verhindert beispielsweise, daß du beim Gehen einfach weggleitest. Auch Autoräder würden nicht auf der Straße haften, wenn es keine Reibung gäbe. Im Bild unten siehst du einige Beispiele, die zeigen, wie nützlich Reibung ist.

Die Stollen an den Fußballerschuhen erhöhen die Reibung und bewirken, daß die Spieler weniger leicht ausgleiten.

Erst durch Reibung kann ein Spieler den Ball treten. Ohne Reibung würde er von ihren Füßen wegflutschen.

Nur durch Reibung halten die Schrauben im Holz der Torpfosten. Die Reibung verhindert auch, daß sich die Knoten im Tornetz auflösen.

Leben ohne Reibung

Die beiden Tricks wollen dir zeigen, wie schwierig das Leben ohne Reibung wäre.

● Schraube den Deckel eines Konservenglases so fest an, wie du nur kannst. Befeuchte dann deine Hände mit Seife und Wasser und versuche den Deckel wieder abzuschrauben. Es wird unmöglich sein! Seife und Wasser reduzieren die Reibung so sehr, daß du den Deckel nicht einmal mehr richtig fassen kannst.

● Schmiere etwas Vaseline oder Margarine auf den Drehgriff einer Tür (vergiß nicht, ihn nach dem Versuch wieder sauberzumachen). Versuche dann den Griff zu drehen. Wiederum merkst du, daß du nur mit Hilfe der Reibung die Tür öffnen kannst.

Handschuhe erhöhen die Reibung, und mit ihnen kann der Torhüter den Ball besser fassen.

Die Reibung erhöhen

Bisweilen ist es von großem Nutzen, die Reibung zu erhöhen, um überhaupt noch vorwärtszukommen. Bei Eisglätte bringt man Splitt auf die Straßen. Damit wird die Oberfläche rauher, und die Reibung zwischen den Reifen und der Straßenoberfläche erhöht sich. Damit können die Räder besser greifen. Traktoren und Räumfahrzeuge haben Reifen mit einem tiefen Profil, das ebenfalls die Reibung und den Griff auf rutschigen Fahrbahnen erhöht.

Die Reibung verringern...

Wenn man Oberflächen glättet, wird die Reibung verringert und Gegenstände bewegen sich darauf leichter. Durch Polieren kann man sie ganz glatt machen. Aus diesem Grund haben Kegelbahnen eine glatte polierte Oberfläche. Auch mit Wasser oder Öl kann man die Reibung erniedrigen. Die beiden Flüssigkeiten füllen Unregelmäßigkeiten auf der Oberfläche aus und bilden eine Schicht, welche die Reibung zwischen zwei Gegenständen verringert.

...mit Wasser

Material: Ein glattes Metalltablett, Bücher, eine kleine viereckige Flasche, Wasser, Seife.

1. Stell das Tablett mit Hilfe der Bücher schräg.
2. Befeuchte die eine Hälfte des Tabletts und versuche die Flasche auf jeder Seite herunterrutschen zu lassen.
3. Seife nun das Tablett auf der feuchten Hälfte ein und laß die Flasche erneut herunterrutschen. Auf welcher Oberfläche gleitet sie am leichtesten?

Wie es funktioniert

Die größte Reibung herrscht zwischen dem Glas und dem trockenen Metalltablett. Selbst wenn sich beide Oberflächen glatt anfühlen, weisen sie doch rauhe Stellen auf. Das Wasser füllt sie auch und bewirkt, daß die Reibung geringer wird. Die Seife glättet die Oberfläche in noch stärkerem Maße, so daß die Flasche sehr leicht heruntergleitet. In Wirklichkeit ist es so, daß die Flasche auf Seifenwasser und nicht mehr auf einer Metalloberfläche gleitet. Feuchte Gegenstände sind glitschig, weil das Wasser die Rauhigkeiten der Oberfläche überdeckt. Das kann auch gefährlich werden, zum Beispiel auf regennasser Fahrbahn.

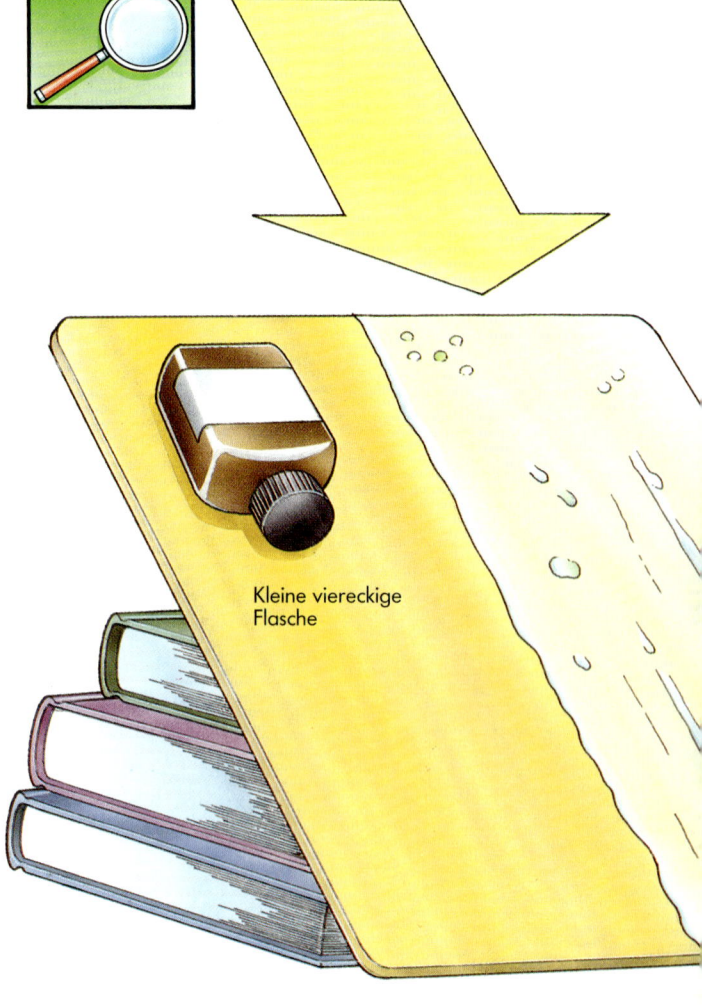

Kleine viereckige Flasche

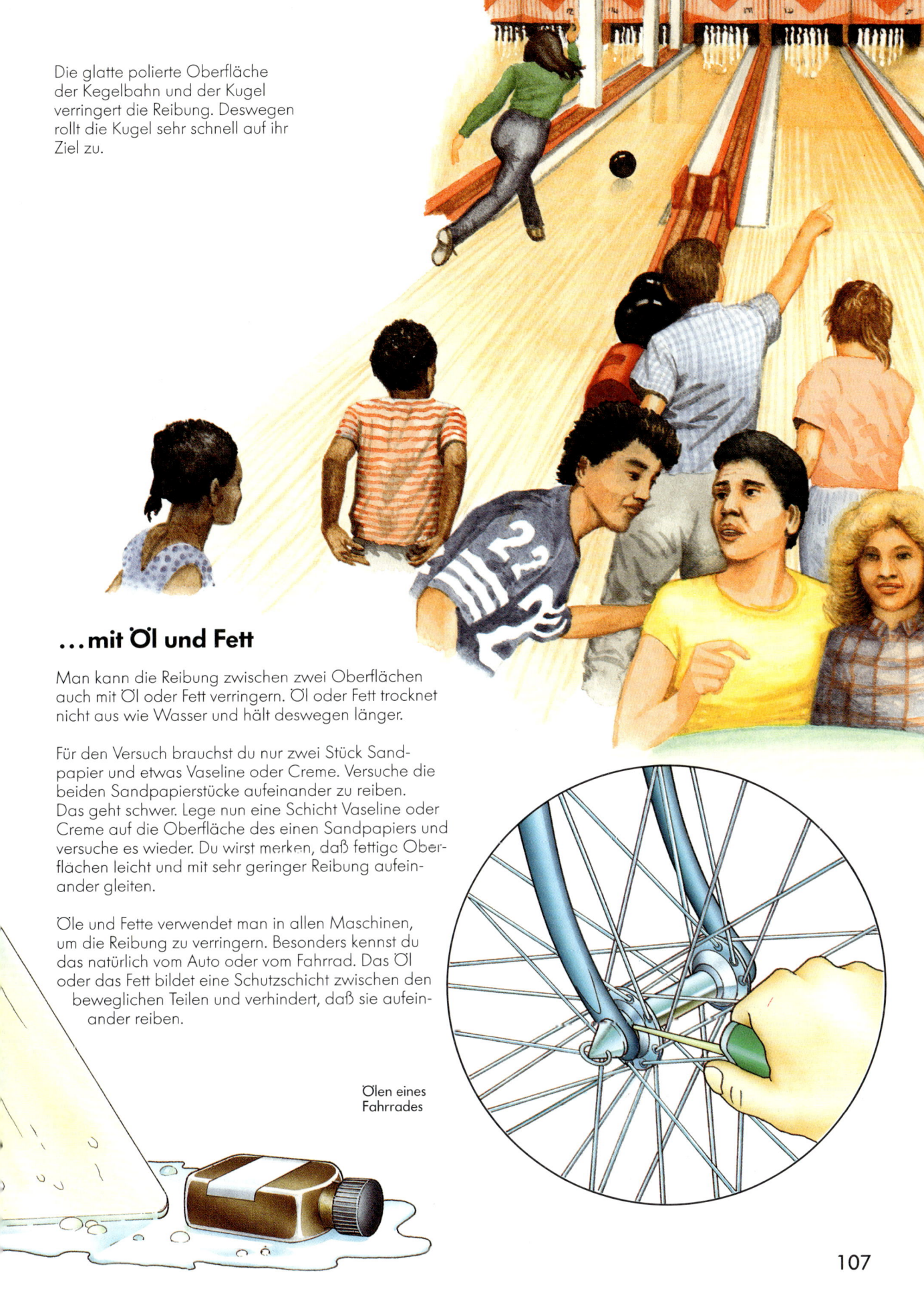

Die glatte polierte Oberfläche der Kegelbahn und der Kugel verringert die Reibung. Deswegen rollt die Kugel sehr schnell auf ihr Ziel zu.

...mit Öl und Fett

Man kann die Reibung zwischen zwei Oberflächen auch mit Öl oder Fett verringern. Öl oder Fett trocknet nicht aus wie Wasser und hält deswegen länger.

Für den Versuch brauchst du nur zwei Stück Sandpapier und etwas Vaseline oder Creme. Versuche die beiden Sandpapierstücke aufeinander zu reiben. Das geht schwer. Lege nun eine Schicht Vaseline oder Creme auf die Oberfläche des einen Sandpapiers und versuche es wieder. Du wirst merken, daß fettige Oberflächen leicht und mit sehr geringer Reibung aufeinander gleiten.

Öle und Fette verwendet man in allen Maschinen, um die Reibung zu verringern. Besonders kennst du das natürlich vom Auto oder vom Fahrrad. Das Öl oder das Fett bildet eine Schutzschicht zwischen den beweglichen Teilen und verhindert, daß sie aufeinander reiben.

Ölen eines Fahrrades

107

Schiefe Ebenen und Rollschuhe

Dinge, die viel wiegen, sind sehr schwer zu bewegen. Es gibt allerdings einige Wege, um sich die Arbeit zu erleichtern. Du findest mehr darüber auf den nächsten acht Seiten.

▶ Die Ausfahrt aus diesem vielstöckigen Parkhaus ist spiralförmig gewunden. Das erlaubt es den Autos, in geringem Raum von großer Höhe wieder auf den Boden zu gelangen.

Die schiefe Ebene

Binde die Schnur an das Spielzeug und knüpfe dann eine Schlaufe. Stecke deinen Finger durch die Schlaufe und versuche dann das Spielzeug ungefähr 60 cm hochzuheben. Das verlangt eine ziemliche Anstrengung!

Baue dann mit dem Brett und dem Stuhl eine schiefe Ebene. Stecke den Finger durch die Schlaufe und zieh das Spielzeug auf dem Brett nach oben. Du wirst merken, daß es einfacher ist, einen Gegenstand auf einer sanften statt auf einer steilen Ebene nach oben zu ziehen.

Wie viele Beispiele für schiefe Ebenen oder Rampen findest du, die es uns erleichtern, Gegenstände nach oben zu hieven? Schau dich in Garagen und Bahnhöfen um.

Material: Ein schweres Spielzeug mit Rädern (zum Beispiel ein Rollschuh), Schnur, Brett, Stuhl.

Auf einer sanften Steigung kommt man leichter vorwärts als auf einer steilen – selbst wenn man einen längeren Weg zurücklegen muß. Das ist der Grund, warum Straßen in den Bergen serpentinenförmig angelegt sind. Würde die Straße gerade den Berg hinaufziehen, so wäre sie zu steil für Personen- und Lastkraftwagen.

▶ Die alten Ägypter verwendeten schiefe Ebenen beim Bau ihrer Pyramiden. Sie benutzten auch Rollen aus Baumstämmen, auf denen sie die schweren Steinblöcke für ihre Baudenkmäler leichter fortbewegen konnten.

Die Rollreibung

Es fällt viel leichter, eine schwere Last auf Rollen zu bewegen, als sie zu tragen oder auf dem Boden entlangzuschleifen. Mit diesem Experiment kannst du herausfinden, warum das so ist.

Material:

Ein Metalltablett, Salz oder Mehl, eine Konservendose.

1. Schütte das Salz oder das Mehl auf das Metalltablett.

2. Stelle die Konservendose aufrecht hin und versuche sie entlangzuziehen.

3. Lege die Konservendose dann auf die Seite und rolle sie.

Wie es funktioniert

Wenn du die Konservendose auf dem Metalltablett entlangziehst, bilden sich kleine Haufen aus Salz oder Mehl und erschweren die weitere Bewegung. Die Rollbewegung ist hingegen viel einfacher, weil sie den Untergrund glättet und damit die Reibung viel geringer ist.

Man kann auch eckige Gegenstände rollen, indem man Rollen darunterlegt.

Nimm ein schweres Buch und drei oder vier **runde** Farbstifte. Versuche das Buch über den Tisch zu schieben. Lege es dann auf die Farbstifte und schiebe wiederum. Es ist nun viel leichter, das Buch zu bewegen, denn die Rollen haben eine viel geringere Reibung. Natürlich mußt du während der Bewegung den hintersten, frei gewordenen Bleistift vorne wieder unter das Buch legen.

Räder

Mit Rädern kann man Gegenstände besser
bewegen. Sie eignen sich noch mehr als Rollen,
da sie mit dem Gegenstand, den sie bewegen
sollen, fest verbunden sind. Damit kann man
schwere Lasten einfach transportieren.
Das Rad wurde vor ungefähr 6000 Jahren erfun-
den. Man weiß aber nicht, wer der Erfinder war.
Vielleicht war es jemand, der lange Zeit Rollen
für den Transport schwerer Lasten verwendet
hatte. Räder können aus den unterschiedlichsten
Materialien bestehen, zum Beispiel Holz, Kunststoff oder Metall.

Dem Buch »wird schwindlig«

Viele Räder, die sich schnell drehen (zum Beispiel in
Autos oder Fahrrädern), haben im Innern Kugellager.
Dieser Versuch erklärt dir warum. Lege eine Reihe von
Murmeln auf den Rand der Dose und dann das Buch
obenauf. Wenn du vorsichtig zu Werke gehst, kannst
du es leicht in Drehung versetzen. Führe den Versuch
ohne Murmeln durch. Das geht nicht!

Material: Eine Dose mit einem doppelten Rand
(etwa für Sirup, Honig oder Kakao), Murmeln, ein
Buch.

Wie es funktioniert

Die Murmeln verringern die Reibung zwischen dem
Buch und der Dose, so daß sich das Buch um die
eigene Achse drehen kann. Die Kugellager zwischen
einem Rad und einer Achse funktionieren auf ähnliche Weise. Bei einem Rad ohne Kugellager reiben
die Achse und die Räder stark aneinander, so daß
das Rad schnell an Geschwindigkeit verliert.

Zahnräder

Mit besonders gezähnten, unterschiedlich großen Rädern, die wir **Zahnräder** nennen, kann man Drehgeschwindigkeiten verändern. Wenn sich ein großes Zahnrad einmal ganz dreht, kann es ein kleineres verbundenes Zahnrad zu mehreren Umdrehungen zwingen. Die Drehgeschwindigkeit des kleineren Rades hängt von der Anzahl der Zähne ab, über die jedes Rad verfügt.

Wo findest du Zahnräder, zum Beispiel am Fahrrad, in Uhren oder Teigrührmaschinen? Bewirken die Zahnräder dort, daß die Teile, die sich drehen, schneller oder langsamer laufen? Das große Zahnrad einer Teigrührmaschine beispielsweise paßt in ein kleineres Zahnrad. Zähle, wievielmal sich das kleinere Rad bei einer Umdrehung des großen Rades dreht. (Bringe eine farbige Marke auf den Rädern an, dann kannst du die Drehungen leichter zählen. Wasche sie dann aber nachher wieder ab.)

Wir testen Zahnräder

Zeichne die Umrisse der unten abgebildeten Zahnräder auf dünnen Karton und schneide sie dann aus. Befestige sie dann durch die Mitte mit einem Nagel oder einer Nadel auf einem weiteren Karton oder einem Brett, so daß sie sich leicht drehen. Befestige das größte und das kleinste Zahnrad so, daß die Zähne ineinandergreifen.

● Wie oft dreht sich das kleine Rad bei einer einzigen Umdrehung des großen Rades?
● Drehen sich beide Räder in dieselbe Richtung?
● Wiederhole den Versuch mit drei Zahnrädern in einer Reihe. Bevor du den Versuch durchführst, sollst du erraten, in welche Richtung sich das dritte Rad dreht.

Die Drehrichtung ändert sich

Mit Zahnrädern kann man auch die Drehrichtung verändern.

Material: Zwei runde Kartoffelscheiben, Zahnstocher, zwei lange dünne Nägel.

1. Wir stecken sechs Zahnstocher in die Seiten jeder Kartoffelscheibe.
2. Stecke einen Nagel durch die Mitte der Kartoffelscheibe. Er dient uns als Achse.
3. Befestige eine Scheibe mit dem Nagel auf einer Korkplatte oder einem ähnlichen Material.
4. Stelle das zweite Zahnrad auf, so daß dessen Achse waagrecht liegt, und versuche mit ihm das waagrechte Rad in Drehung zu versetzen.

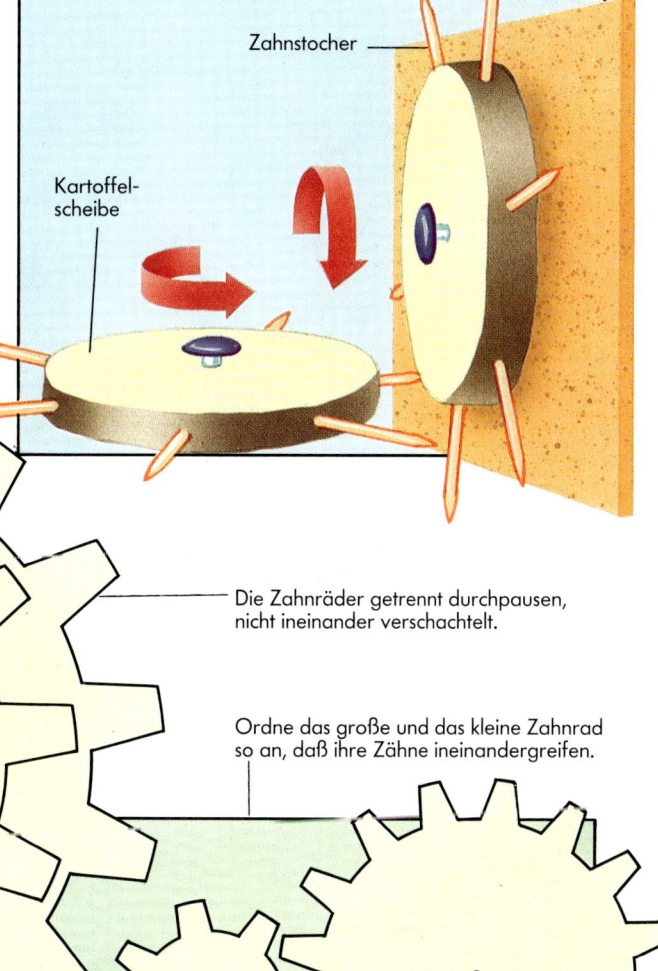

Zahnstocher

Kartoffelscheibe

Die Zahnräder getrennt durchpausen, nicht ineinander verschachtelt.

Ordne das große und das kleine Zahnrad so an, daß ihre Zähne ineinandergreifen.

Rollen

Rollen sind eine besondere Art von Rädern. Sie haben auf der ganzen Lauffläche eine Einkerbung, damit ein Seil hineinpaßt. Wenn du ein Ende des Seils an einer schweren Last befestigst, kannst du diese leichter heben.

Kräne verwenden Rollen, Flaschenzüge und Hebelarme (siehe Seite 114 – 115), um schwere Lasten hochzuheben. Versuche herauszufinden, wie viele Rollen du auf dem Bild siehst. Große Kräne haben deren drei oder vier. Ein Motor erzeugt die Kraft, mit der die Seile über die Rollen der Flaschenzüge gezogen werden.

Der Trick mit dem Besen und dem Seil

Mit diesem einfachen Trick versetzt du deine Freunde in Erstaunen über deine »übermenschlichen« Kräfte. Bitte zwei oder vier Freunde, sie sollten zwei Besen festhalten wie im Bild rechts. Knote ein Seil an einem Besen fest und winde es dann in mehreren Schlingen um die beiden Besenstiele. Nimm das freie Ende in die Hand. Deine Freunde sollten nun die Besenstiele zu sich ziehen, während du sie mit dem Seil versuchst zusammenzuziehen. Du merkst bald, daß du die Kraft deiner Freunde übertriffst.

Hinweis:
Bestäube die Besenstiele vorher mit Talkpuder. Dadurch verringert sich die Reibung, und du kannst mit dem Seil die Stiele leichter zusammenziehen.

Wir bauen einen Flaschenzug

1. Biege ein ungefähr 20 cm langes Drahtstück zu einem Dreieck und stecke die Enden in eine Garnspule. (Bitte dabei einen Erwachsenen um Hilfe.)

2. Suche einen geeigneten Platz, wo du die Rolle aufhängen kannst. Vielleicht findest du einen Haken in der Garage oder nimmst für einen Augenblick eine aufgehängte Zimmerpflanze herunter.

3. Binde das eine Ende des Fadens an die Last.

4. Wickle den Faden um die Garnspule.

● Fällt es leichter, die Last über die Rolle zu heben?

● Wieviel Faden brauchst du, um die Last 30 cm hoch zu heben?

Und nun ein Flaschenzug...

1. Biege zwei Drahtdreiecke zurecht und verwende für jeden ungefähr 35 cm Draht.

2. Fädle in jedes Dreieck zwei Garnspulen ein.

3. Wickle den Faden um die Rollen wie in der Abbildung rechts außen und nimm dazu ungefähr 2 m Schnur.

4. Befestige die Last an der unteren Rolle.

Material: Draht, Garnspulen, Faden, ein Haken, Spielzeugeimer mit schweren Gegenständen.

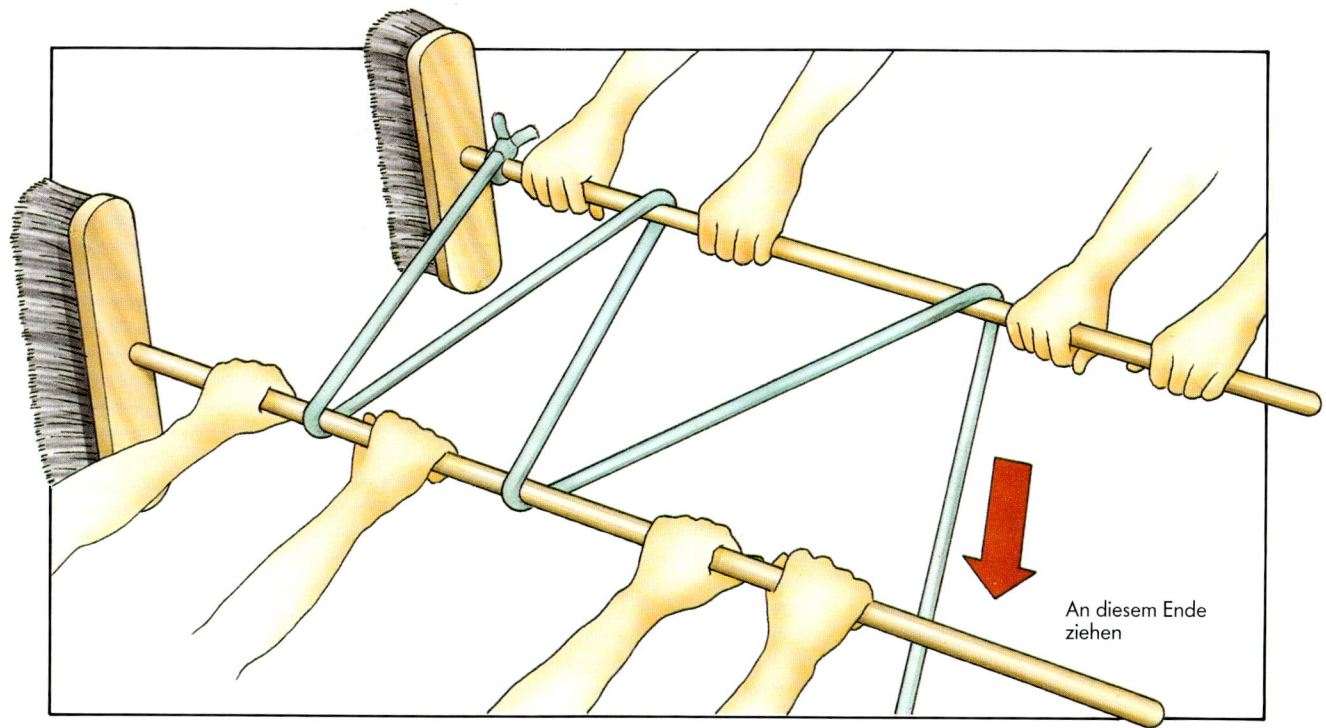

An diesem Ende
ziehen

Doppelter Flaschenzug

● Fällt es leichter, die Last mit dem Flaschenzug zu heben?
● Wieviel Faden brauchst du, um die Last 30 cm hoch zu heben?

Wie es funktioniert

Eine Rolle erlaubt es dir, die Richtung der Kraft zu verändern. Der doppelte Flaschenzug bewirkt, daß du nur ein Viertel der Kraft aufwenden mußt. Dafür brauchst du viermal soviel Faden.

113

Hebel und Heben

Eines der einfachsten Verfahren, um schwere Dinge zu heben, nimmt einen Hebel zu Hilfe. Hebel verstärken die Kraft, die am Gegenstand angreift, so daß man mit geringer Anstrengung schwere Lasten bewegen kann. Je näher der Drehpunkt an der Last und je weiter entfernt er von der angreifenden Kraft liegt, um so leichter fällt einem das Hochheben.

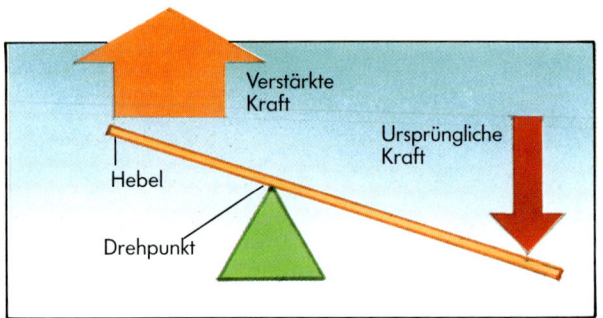

Wir heben ein Buch mit einem Lineal

Such dir ein schweres Buch. Hebe es hoch und merke dir, wie schwer es ist. Lege ein Lineal über eine Zündholzschachtel. Damit bekommst du einen Hebel. Achte darauf, daß der Drehpunkt (die Stelle, wo das Lineal über der Schachtel liegt) nahe am einen Ende des Lineals liegt. Lege das Buch auf den kürzeren Hebelarm. Wenn du langsam auf den längeren Hebelarm drückst, läßt sich das Buch leicht hochheben. Merk dir, wie weit nach unten du den Hebelarm bewegen mußt und wie hoch das Buch dabei gehoben wird.

Der Trick mit den springenden Münzen

Material: Ein Lineal, ein Bleistift, zwei große Münzen.

Finde mit diesem Versuch heraus, wo du auf den Hebelarm drücken mußt, um die beste Wirkung zu erzielen.

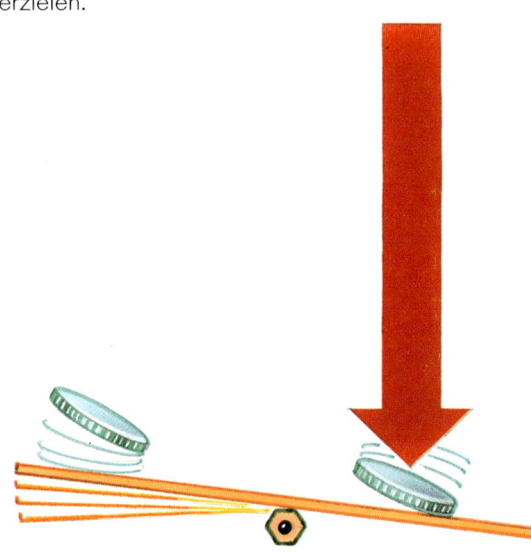

1. Lege den Bleistift in der Mitte unter das Lineal und eine Münze auf ein Ende davon. Laß die zweite Münze aus einer Höhe von 30 cm ungefähr auf die Höhe der 8 cm-Marke fallen. Merk dir, wie hoch die erste Münze in die Luft springt.

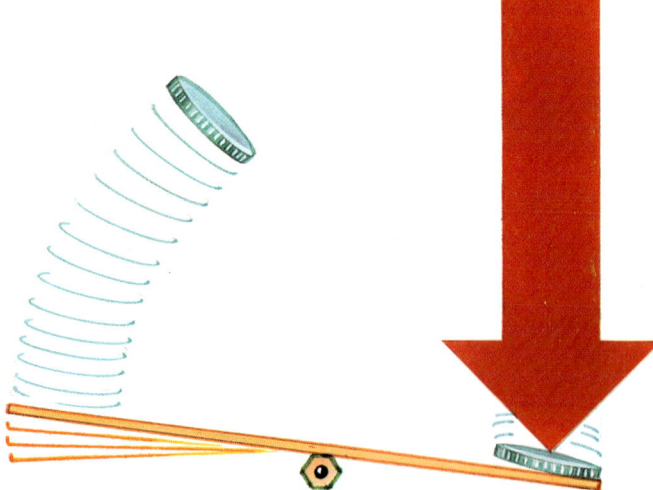

2. Wiederhole den Versuch, wobei du aber die zweite Münze auf das Ende des Lineals fallen läßt. (Die Höhe muß natürlich dieselbe sein). Du wirst, sofort sehen, daß die erste Münze diesmal viel weiter in die Luft gewirbelt wird.

Der Arm als Hebel

Es mag dich überraschen, daß dein Arm auch einen Hebel darstellt. Wirf einen Ball in die Luft und schlag ihn mit der Hand weg. Dann verwende dazu einen Schläger oder eine Keule. Du merkst sofort, daß du den Ball mit viel größerer Kraft schlagen kannst. Der Schläger verlängert deinen Arm, der seinen Drehpunkt ganz nah am Ellbogen hat. Besonders deutlich wird diese Verlängerung des Hebelarms beim Tennis und beim englischen Cricket (siehe Bild).

Akrobaten verwenden dasselbe Prinzip bei ihren Tricks. Der Akrobat, der hoch in die Luft springen will, befindet sich nahe am Drehpunkt der Schaukel. Der Partner springt auf das andere Ende der Schaukel, weit vom Drehpunkt entfernt, um den anderen so hoch wie möglich in die Luft zu schleudern.

Wie es funktioniert

Die Münze trifft mit derselben Kraft auf das Lineal auf, weil sie von derselben Höhe fällt. Beim zweiten Mal fliegt die andere Münze jedoch höher in die Luft, weil der Angriffspunkt der Kraft weiter vom Drehpunkt entfernt ist.

Weitere Versuche

● Versuche den Deckel eines Konservenglases abzuschrauben. Gelingt es leichter mit einem kurzen oder mit einem langen Hebelarm?
● An welcher Stelle der Schaukel kann eine leichte Person eine schwere hochheben?

Wir erforschen das Pendel

Material: Schnur und einige Gewichte, ein Haken, eine Uhr mit einem Sekundenzeiger.

Schneide zwei gleich lange Stücke Schnur ab jedes sollte etwa 1 m messen. Befestige ein leichteres Gewicht an einem Faden und ein schwereres am anderen. Befestige jedes Pendel am Haken oder an einer anderen Stelle, wo es frei schwingen kann. Versetze das Pendel in leichte Schwingung und miß, wie lange es braucht, um zehnmal hin- und herzuschwingen. Du wirst herausfinden, daß beide Pendel für die zehn Schwingungen gleich lang brauchen, obwohl sie ein unterschiedliches Gewicht aufweisen.

Führe dann einige Versuche mit einem einzigen Gewicht durch. Binde es zuerst an einen langen Faden. Wie lange dauern zehn Schwingungen? Versuche es dann mit einem kürzeren Faden. Du wirst herausfinden, daß das Pendel an der kürzeren Schnur viel schneller schwingt als das an der langen Schnur.

Schweres Gewicht | Leichtes Gewicht | Kurze Schnur | Lange Schnur

▶ Pendel werden in Uhren verwendet. Sie schwingen mit gleichbleibender Geschwindigkeit hin und her und verleihen dem Uhrmechanismus damit jene regelmäßige Bewegung, die dessen Funktionieren ermöglicht.

Schwingungen

Auf den nächsten acht Seiten erforschen wir verschiedene Arten der Bewegung, z. B. Schwingungen, Drehung, Verdrehung und Drehen um die eigene Achse. Auf diesen beiden Seiten erfährst du etwas über schwingende Pendel. Als Pendel bezeichnet man einen Stab oder eine Schnur mit einem Gewicht am einen Ende. Im 16. Jahrhundert beobachtete Galilei, daß der Kronleuchter im Dom von Pisa für eine weite Schwingung genauso lang brauchte wie für eine sehr kurze. Er fand auch heraus, daß die Schwingungsdauer von der Länge des Pendels abhing, während die Größe des Gewichts keinen Einfluß ausübte. Das alles kannst du auch selber überprüfen.

Ein Pendel bewegt sich mit

Ein Pendel kann ein zweites in Schwingung versetzen. Hier siehst du, wie das geht.

Material: Modelliermasse, Schnur, zwei Stühle mit Rückenlehne, einige schwere Bücher.

Schneide zwei Stücke Schnur mit einer Länge von 45 cm ab und befestige je an einem Ende ein Stück Modelliermasse. Verbinde die Rückenlehnen zwei Stühle und lege einige Bücher auf die Sitzflächen (oder bitte jemanden, die Stühle festzuhalten). Knote die Pendel an der gespannten Schnur fest, halte ein Pendel mit der Hand fest und versetze das andere in Schwingung. Was geschieht, wenn du auch das zweite Pendel losläßt?

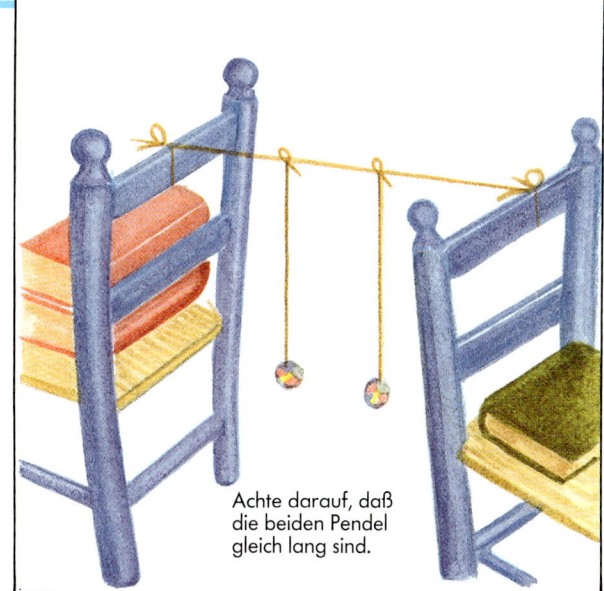

Achte darauf, daß die beiden Pendel gleich lang sind.

Kegeln mit einem Pendel

Das ist ein amüsantes Geschicklichkeitsspiel für draußen.

Material: Ein Ball ungefähr von der Größe eines Tennisballs, Schnur, ein flaches Brett oder eine andere glatte Oberfläche, Bleistifte oder Garnspulen (oder leere Kunststofflaschen, z. B. für Limonade).

1. Befestige den Ball an der etwa 1,5 m langen Schnur.

2. Binde den Ball an einem geeigneten Baumast oder an einen vorragenden Balken. Der Ball sollte ungefähr 15 cm über dem Boden stehen.

3. Für die Kegel steckst du die Stifte in das Loch der Garnspulen.

4. Stelle die Kegel auf dem Brett oder einer anderen glatten Oberfläche auf.

Regeln
Versetze das Pendel so in Bewegung, daß es die Kegel beim Rückwärtsschwung umwirft. Das braucht etwas Übung! Du kannst das Spiel auch noch interessanter gestalten, indem du jedem Kegel eine unterschiedliche Punktzahl gibst und nach jedem Spiel die Punkte zusammenzählst.

Dehnen und Verdrehen

Was bewirkt, daß ein Ball zurückspringt oder daß eine Schleuder losgeht? Einige Stoffe, wie Gummi, dehnen sich unter Zug aus, kehren aber wieder zur ursprünglichen Form und Größe zurück, wenn man sie losläßt. Du kannst diese Elastizität für einige lustige Tricks nutzen.

Spring-Monster

Material: Dünner Karton, Farbstifte, ein langes Gummiband, Schere.

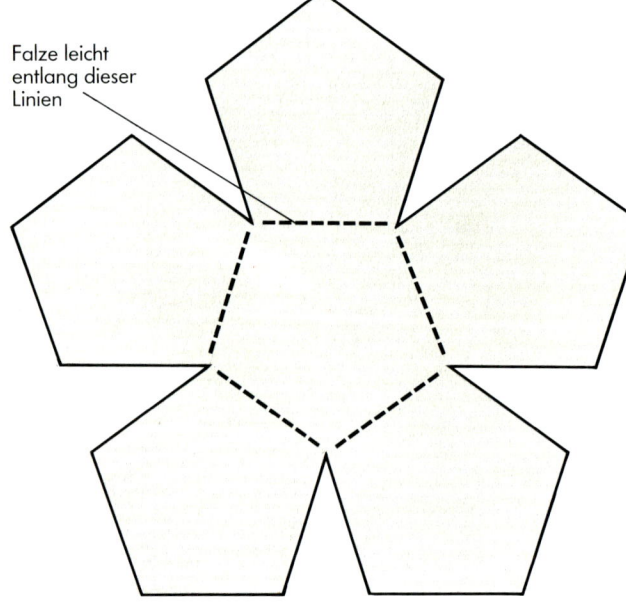

Falze leicht entlang dieser Linien

Ordne das Gummiband auf diese Weise um die Figur herum

1. Übertrage diese Zeichnung mit den fünf Lappen auf dünnen Karton. Falze leicht entlang der gestrichelten Linien.

2. Schneide die Figur aus und stelle dann eine zweite her, die genauso aussieht.

3. Male auf die Seiten Muster oder Fratzen.

4. Lege die beiden Teile aufeinander und lege das Gummiband so auf jede Ecke, daß die beiden Hälften des Monsters zusammengehalten werden. Achte darauf, daß das Gummiband gut, aber nicht zu scharf angezogen ist.

5. Wenn du das Monster losläßt, nimmt es augenblicklich die Form rechts im Bild an.

Wie es funktioniert

Die Energie, die im Gummiband steckt, zieht den flachen Karton zu einem räumlichen Monster zusammen.

118

Die rollende Zauberdose

Material: Eine große Dose mit Deckel, Hammer und Nägel für die Löcher, elastisches Band, irgendein Gewicht, Faden.

Bitte einen Erwachsenen, er solle dir helfen, mit dem Hammer und dem Nagel zwei Löcher in den Deckel und in den Boden der Dose zu schlagen.

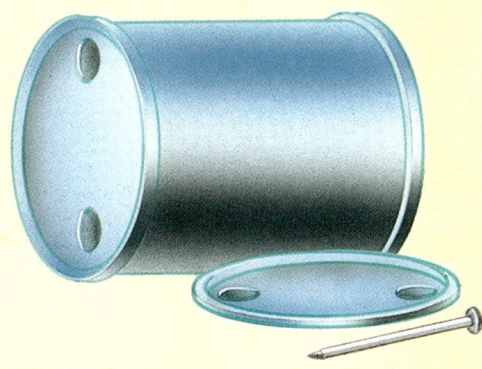

1. Schneide das elastische Band in der ungefähren Länge zu.

2. Fädele das Band durch die Löcher, so daß es sich in der Mitte der Dose überkreuzt. Verknüpfe die beiden Enden über dem Deckel.

3. Befestige das Gewicht im Innern der Dose.

4. Lege den Deckel auf und rolle die Dose den Boden entlang.

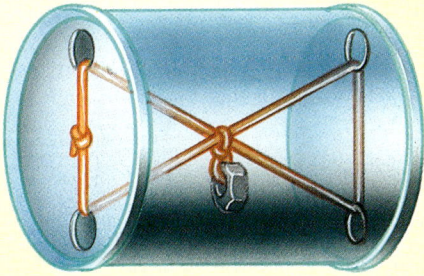

Wie es funktioniert
Du wirst bald herausfinden, daß du eine sehr »gehorsame« Dose gebaut hast; denn sie kommt immer wieder zu dir zurück! Das schwere Gewicht hängt nämlich unter dem elastischen Band und verdreht dieses. (Bewege die Dose nicht zu heftig, damit sich das Gewicht nicht mitdrehen kann.) Die Dose rollt von selbst zurück, denn sie wird von der Energie angetrieben, die im verdrehten Gummiband steckt.

Gummi schrumpft

Mit Gewichten kann man gut die Eigenschaften eines elastischen Bandes erforschen. Die meisten Stoffe dehnen sich aus, wenn sie erwärmt werden. Gummi hingegen verhält sich gerade umgekehrt.

1. Schneide ein längeres Stück Gummiband ab und knote das eine Ende an einem Spielzeugauto oder an einem ähnlichen Gewicht fest.

2. Hänge das elastische Band an einem Haken auf, so daß das Gewicht gerade auf einem Tisch oder einer anderen Oberfläche ruht.

3. Heize das Gummiband mit einem Fön oder einer offenen Kerzenflamme auf. Du mußt die Flamme einige Male in der Nähe des Bandes auf und ab bewegen. Du merkst sofort, daß das Gewicht ein bißchen von der Tischfläche abgehoben wird.

Achtung:
Sei vorsichtig mit der Kerzenflamme. Bewege sie ziemlich schnell, damit das Gummiband nicht schmilzt.

Wie es funktioniert
Die Hitze bewirkt, daß sich das Gummiband zusammenzieht und damit kürzer wird. Dabei hebt es das Spielzeug von der Tischfläche an. Schau das Gummiband aber nachher wieder an. Kehrt es zu seiner ursprünglichen Länge zurück?

Wir bauen ein »Kriechtier«

Material: Eine Garnspule, ein kurzes Gummiband, Zündhölzer, Klebeband, Bleistift, Schere oder Federmesser.

1. Schneide von einer Kerze eine ungefähr 10 mm dicke Scheibe herunter. Bohre mit einem scharfen Stift ein Loch in die Mitte (wo der Docht war).

2. Mit der Bleistiftspitze oder einem Federmesser gräbst du eine Rille auf der einen Seite der Kerzenscheibe.

3. Ziehe das Gummiband durch das Loch in der Scheibe und stecke ein Zündholz hindurch. Ziehe das Gummiband gut an, so daß das Zündholz in der Rinne Platz findet.

4. Ziehe das andere Ende des Gummibandes durch das Loch in der Garnspule.

5. Stecke ein halbes Zündholz durch die Schlaufe des Gummibandes, das du eben durch die Garnspule gezogen hast. Befestige dann mit einem Stück Klebeband das halbe Zündholz und die Gummischlaufe fest an der Garnspule, so daß sie sich nicht drehen können.

6. Ziehe nun das Spielzeug auf, indem du das lange Zündholz (am Kerzenende) immer weiter drehst. Wenn du das Spielzeug auf der Tischplatte losläßt, wird es sich selbst kriechend fortbewegen. Du kannst Freunde damit überraschen, indem du das Spielzeug unter das Tischtuch oder eine Serviette legst und es wie durch Zauberei tanzen läßt.

Wie es funktioniert

Wenn du das Zündholz drehst, verdrehst und straffst du auch das Gummiband. Wenn es sich wieder abrollt, gibt es die zuvor gespeicherte Energie ab und bewegt damit das Spielzeug.

Kerzenscheibe

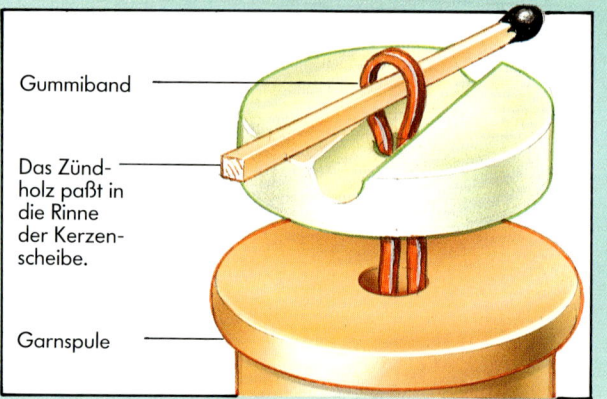

Gummiband

Das Zündholz paßt in die Rinne der Kerzenscheibe.

Garnspule

Ein Pfeil mit Propeller

Material: Ein Stück Balsa-Holz oder ein dickes Stück Styropor, zwei große Haken, zwei kleine Haken, ein Gummiband, Holzperlen, ein kurzes Drahtstück, ein Propeller (von einem alten Spielzeug oder aus einem Geschäft für Modellflugzeuge).

1. Schneide das Balsa-Holz oder das Styroporstück in Pfeilform zu.

2. Stecke die beiden großen Haken in die Oberseite des Pfeiles und die beiden kleineren in die Unterseite.

3. Bringe am einen Ende des Drahtstücks einen Haken an. Fädele die Holzperlen und den Propeller am anderen Ende auf.

4. Verbinde ein Ende des Gummibandes am vorderen unteren Haken und das andere Ende am Haken im Draht. Lege das Drahtstück auf den unteren hinteren Haken, der am Pfeil befestigt ist.

5. Hänge den ganzen Pfeil an einem straff gespannten Stück Schnur auf. Verdrehe das Gummiband durch Drehen des Propellers und laß den Pfeil fliegen!

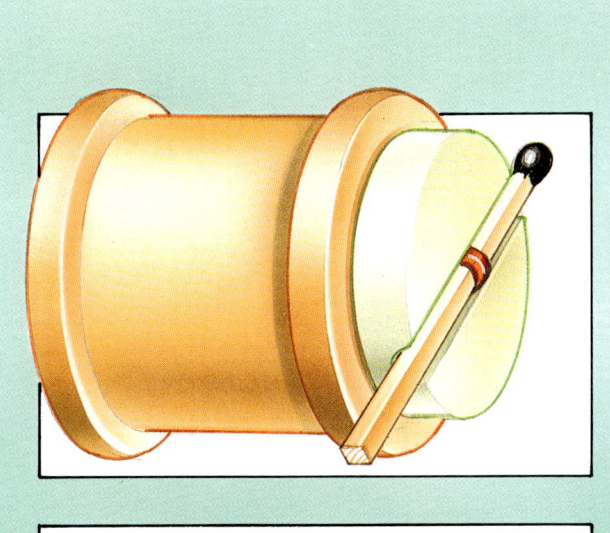

Wir bauen ein Karussell

Material: Dasselbe Material wie für das »Kriechtier«, dazu noch: langer, dünner Stab, leichter Karton und ein Stück Bindfaden.

Baue das »Kriechtier« wie zuvor, nimm aber statt des langen Zündholzes in der Kerzenscheibe ein längeres Holzstäbchen. Schneide ein kleines Pferd oder ein Flugzeug aus Karton aus und befestige es mit Bindfaden am Ende des Holzstäbchens. Ziehe das Spielzeug durch mehrfaches Drehen auf und stelle dann die Garnspule aufrecht hin. Am besten ist es, wenn du sie in ein Stück Modelliermasse steckst. Damit kann sie sich nicht in der entgegengesetzten Richtung drehen.

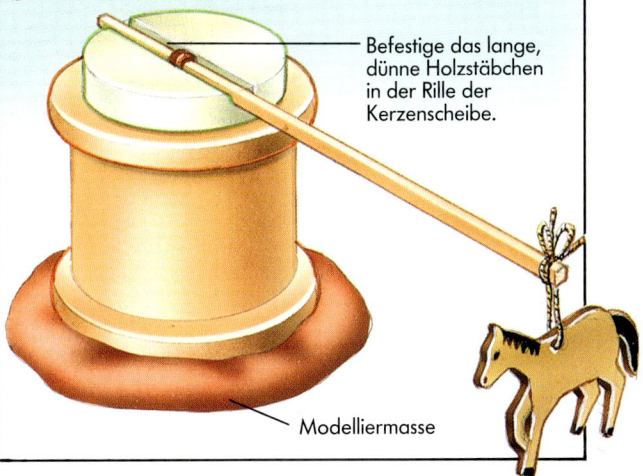

Befestige das lange, dünne Holzstäbchen in der Rille der Kerzenscheibe.

Modelliermasse

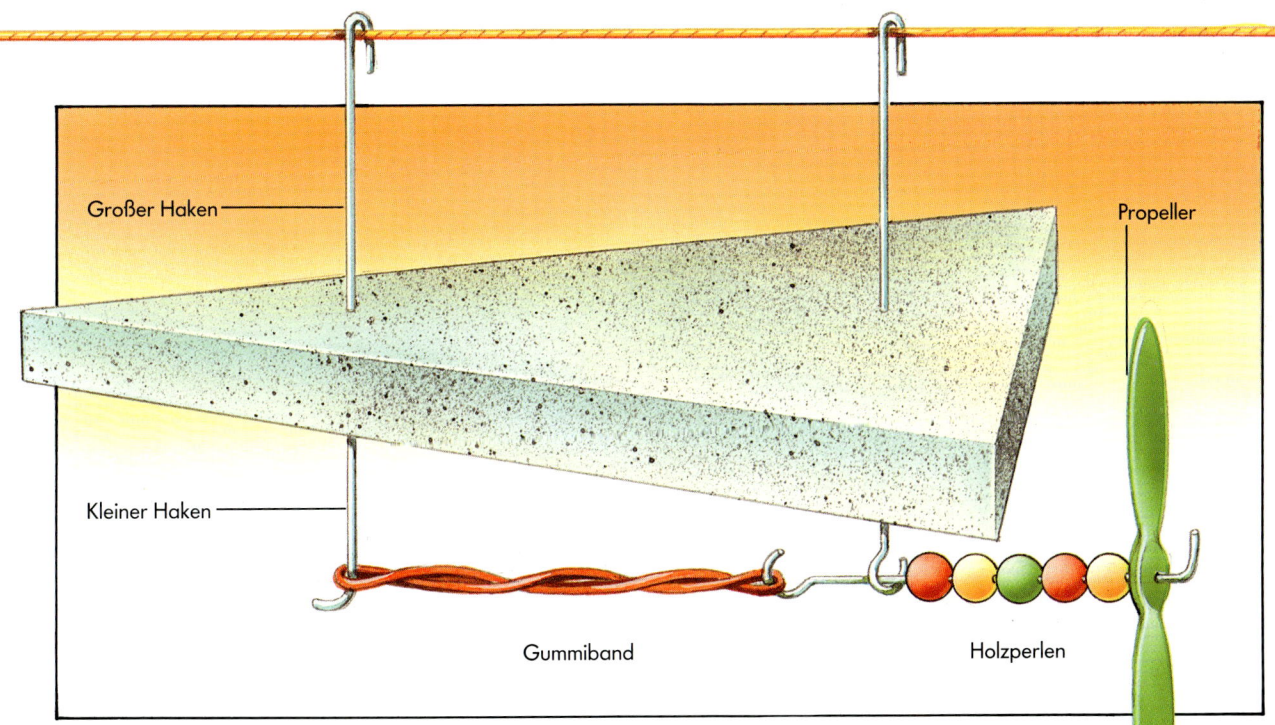

Großer Haken

Propeller

Kleiner Haken

Gummiband

Holzperlen

Ein schneller Dreh

Wenn sich Gegenstände drehen, entsteht eine nach außen gerichtete Kraft, die **Zentrifugalkraft.** Du kannst sie spüren, wenn du einen Ball an einem Stück Schnur festbindest und ihn möglichst schnell herumwirbelst. Manche Bahnen auf Vergnügungsparks und die Zentrifuge im Wäschetrockner machen von dieser Kraft Gebrauch. Sie bewirkt auch, daß Satelliten im Weltraum bleiben und nicht auf die Erde stürzen.

Die Murmel aufnehmen

Lege eine Murmel auf den Tisch und stülpe ein Glasgefäß darüber. Mit dem folgenden Trick kannst du die Murmel aufnehmen, ohne sie anzufassen.

 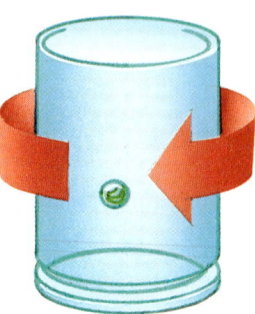

▼ Die Rotationswand (Rotor) auf Vergnügungsparks nutzt die Zentrifugalkraft. Die Käfige, in denen die Menschen stehen, drehen sich um einen gemeinsamen Mittelpunkt, und die Zentrifugalkraft drückt die Menschen gegen die Wände. Der Boden der Scheibe kann dabei schräg angehoben werden, und die Menschen fallen wegen der Zentrifugalkraft doch nicht herunter.

Wenn du das Glas in drehende Bewegungen versetzt, wird sich bald auch die Murmel mitdrehen. Am Ende drückt die Zentrifugalkraft sie gegen die Glaswände. Der Hals des Glases ist etwas enger als die Seitenwände, so daß die Murmel nicht davonfliegen kann, wenn du das Glas hochhebst und umdrehst.

Wasser und die Zentrifugalkraft

Die Kräfte, die bei einer Drehbewegung auftreten, wirken auch auf Wasser ein. Nimm einen kleinen Eimer voll Wasser und versuche ihn schnell im Kreis zu drehen. Die Zentrifugalkraft sorgt dafür, daß das Wasser während der Bewegung an den Boden und die Seiten des Eimers gedrückt wird. Das bedeutet, daß das Wasser nicht herausschwappt, selbst wenn der Eimer senkrecht über dir steht!

Wir bauen eine Zentrifuge

Versuche mit diesem Experiment herauszufinden, was mit Wasser in einem Behälter geschieht, wenn es in waagrechter Lage gedreht wird. Wie kann man daraus Nutzen ziehen?

1. Bohre drei kleine Löcher in den Rand des Joghurtbechers, ziehe eine dünne Schnur hindurch und verbinde damit den Becher mit dem sich drehenden Teil des Bohrers oder Schneebesens.
2. Gieße ungefähr 3 cm hoch Wasser in den Becher. Du kannst das Wasser leicht anfärben, was die Beobachtung erleichtert.
3. Drehe die Kurbel des Bohrers oder Schlägers, so daß sich der Becher gleichmäßig mitdreht. Beobachte das Wasser: Es wird durch die Zentrifugalkraft an die Becherseiten gedrückt.

Material: Ein Handbohrer oder ein Schneebesen, dünne Schnur, Joghurtbecher, Wasser, Lebensmittelfarbstoff.

Bohrkopf

Das Wasser wird gegen die Seiten des Joghurtbechers gedrückt.

Weitere Versuche

Bohre Löcher in die Seiten des Joghurtbechers und verwende statt des Wassers ein klatschnasses Stück Stoff. Versetze den Becher im Freien oder in einem sehr großen Eimer oder einer Schüssel in Drehbewegung. Das Wasser wird nämlich durch die Zentrifugalkraft aus dem Stoffstück und den Löchern herausgeschleudert. Auf genau dieselbe Weise arbeitet die Zentrifuge in eurer Waschmaschine. Die Trommel ist voller Löcher, und das Wasser, das noch in den Kleiderstücken enthalten ist, wird herausgedrückt. Ein Motor versetzt die Trommel dazu in sehr schnelle Drehung.

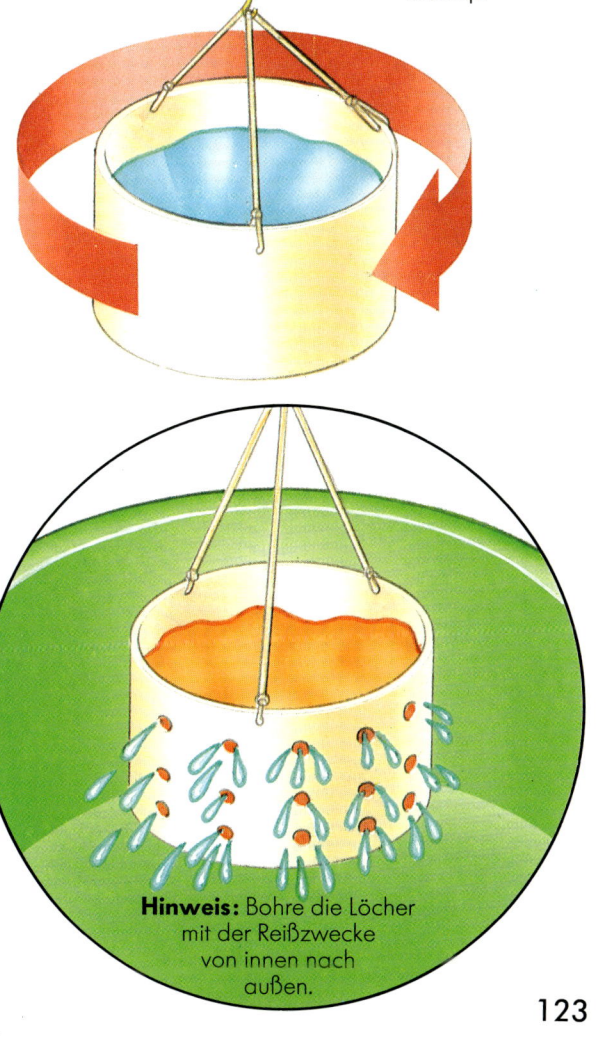

Hinweis: Bohre die Löcher mit der Reißzwecke von innen nach außen.

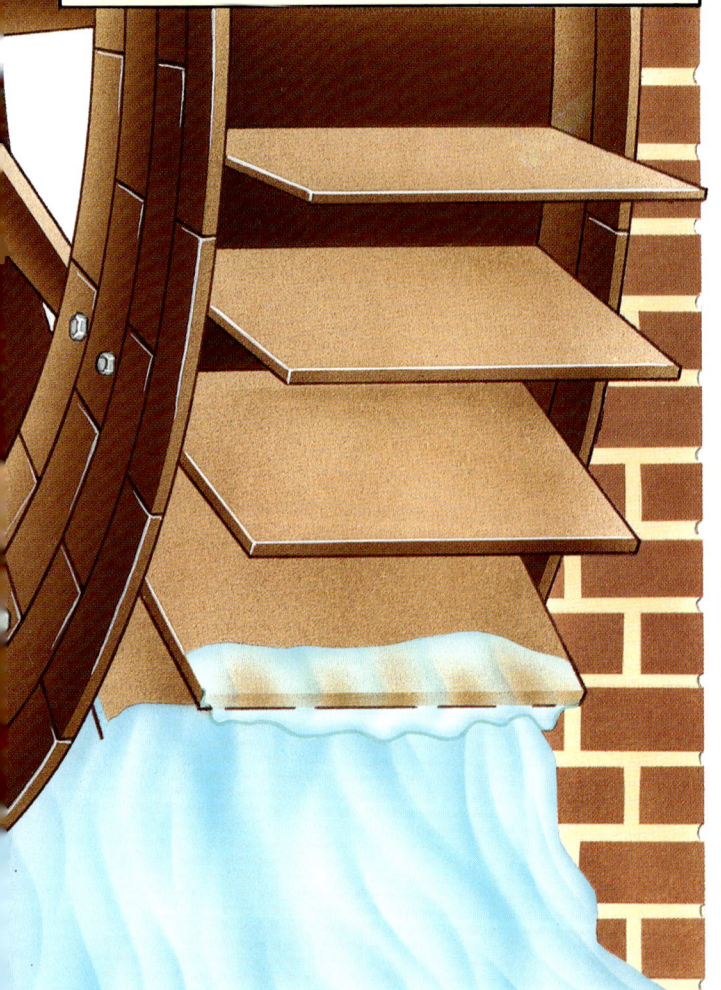

Maschinen und Bewegung

Die Menschen verwenden viele Maschinen, um bestimmte Bewegungsabläufe zu erleichtern. Die Antriebskraft für diese Maschinen stammt von Tieren, wenn sie etwa Wagen, Pflüge und Schlitten ziehen, aber auch von natürlichen Energiequellen wie dem Wind und dem fließenden Wasser. Wind- und Wassermühlen sind seit Jahrtausenden in Gebrauch. Heute werden die meisten Maschinen allerdings durch Elektrizität angetrieben.

Windmühlen

Die Menschen verwenden die Kraft des Windes, um Maschinen damit anzutreiben. Windmühlen sind seit Jahrhunderten in Gebrauch und in manchen Ländern noch oder wieder ein vertrauter Anblick, z. B. in Holland, Griechenland und Dänemark. Die Blätter einer heutigen Windenergieanlage sind so geformt, daß sie die Kraft des Windes möglichst gut ausnützen. Wenn sie sich drehen, treiben sie Mühlsteine oder Generatoren an, die Elektrizität erzeugen. Dänemark und Kalifornien decken schon einen recht beträchtlichen Teil ihres Energiebedarfs mit Windenergieanlagen.

▶ Die Blätter dieses modernen Darrieus-Windrades drehen sich immer, woher der Wind auch wehen mag.

Wasserräder

Es gibt zwei Hauttypen von Wasserrädern. **Unterschlächtige Wasserräder** haben Paddel, die in den Bach eintauchen.

Unterschlächtiges Wasserrad

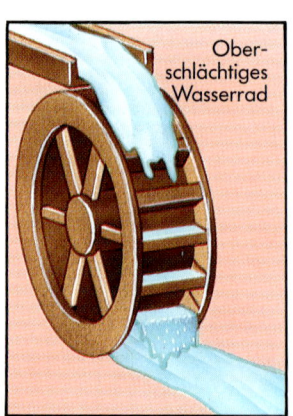

Oberschlächtiges Wasserrad

Oberschlächtige Wasserräder werden von oben her bedient. Sie haben statt einfacher Paddel eine Art Eimer. Das Gewicht des Wassers führt zu einer schnelleren Drehung als beim unterschlächtigen Wasserrad. Allerdings braucht der oberschlächtige Typ einen Höhenunterschied und eine Zuleitung des Wassers.

Wir bauen ein Wasserrad

Du kannst dir mit diesem Modell eine gute Vorstellung davon verschaffen, wie ein Wasserrad funktioniert. Für den Antrieb verwenden wir Wasser aus dem Hahn.

1. Schneide aus leichtem Karton vier Rechtecke mit den ungefähren Maßen 3,5 cm x 2 cm aus.

2. Falte jedes Rechteck in zwei Hälften und klebe die eine Hälfte davon auf die Garnspule.

3. Stecke den Bleistift oder die Stricknadel in das Loch der Garnspule, halte das Wasserrad unter fließendes Wasser. Seine Kraft wird das Rad in Drehung versetzen.

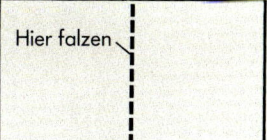

Hier falzen

Material:
Eine Garnspule, ein langer, **runder** Bleistift oder eine Stricknadel, Karton, Schere, Leim.

Klebe jedes Blatt auf die Garnspule

Runder Stift

125

Dampfmaschinen

Auch mit der Energie des Dampfes kann man Maschinen antreiben. Vor über hundert Jahren trieben die ersten Dampfmaschinen Eisenbahnzüge, Mühlsteine und andere Apparate in Fabriken an. In einigen Teilen der Welt werden heute noch Dampfmaschinen vewendet. Die weitaus meisten hat man aber durch Diesel- oder Elektromotoren ersetzt, die deutlich sparsamer arbeiten.

▲ Eine Dampflokomotive auf der Insel Java in Indonesien. Solche Lokomotiven müssen immer viel Wasser mit sich führen. Sie ziehen auch einen Tender hinter sich her, in dem sich der Brennstoff befindet, entweder Kohle oder Holz.

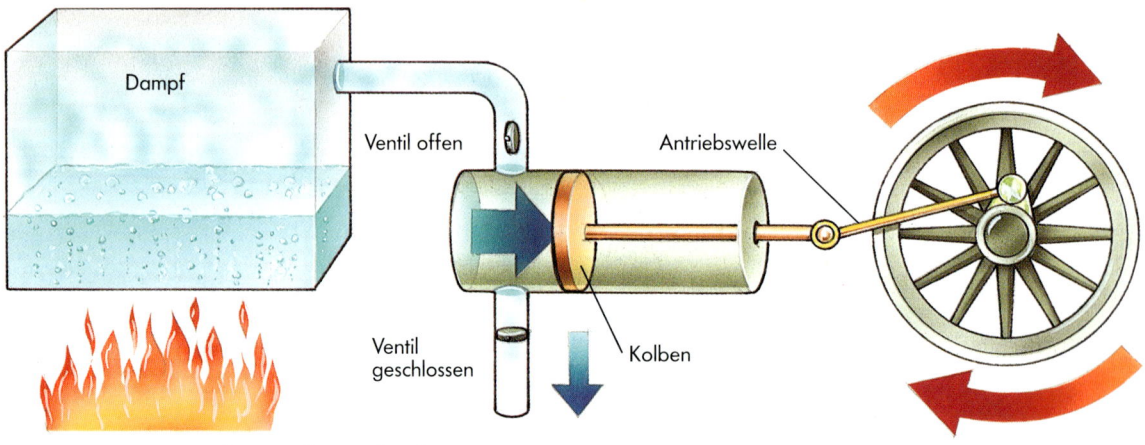

Wie eine Dampfmaschine funktioniert

Die Dampfmaschine verwandelt Wärme in mechanische Energie und bewegt dabei irgendwelche Dinge. Die Maschine verbrennt Kohle, Öl oder Holz und heizt damit Wasser auf, bis es zu Dampf wird. Dieser Dampf nimmt viel mehr Platz ein als das Wasser, und so entsteht ein hoher Druck. Dieser bewegt einen Kolben im Inneren eines Metallzylinders. Die Kolben wiederum sind mit einer Antriebswelle verbunden, die ein Rad in Bewegung versetzt. Dieses Rad bewirkt entweder eine Fortbewegung wie beim Zug oder sie versetzt wiederum andere Teile in Drehung, etwa bei Fabrikmaschinen.

Wir bauen ein Dampfboot

1. Stelle drei Kerzen in die Dose.
2. Fülle die Metallröhre ungefähr 2 cm hoch mit Wasser. Bohre ein kleines Loch in den Deckel der Röhre und setze ihn dann wieder auf. Vielleicht brauchst du dazu die Hilfe eines Erwachsenen.
3. Befestige die Metallröhre an der Sardinendose mit Modelliermasse, am besten über den Kerzen.
4. Lege dein Dampfboot in die gefüllte Badewanne oder in ein Schwimmbecken, wo viel Platz ist.
5. Zünde die Kerzen an und beobachte das Boot, wie es mit der Zeit vorwärtsgetrieben wird.

Achtung: Vergiß nicht, das Zündholz und die Kerzen nach dem Versuch zu löschen.

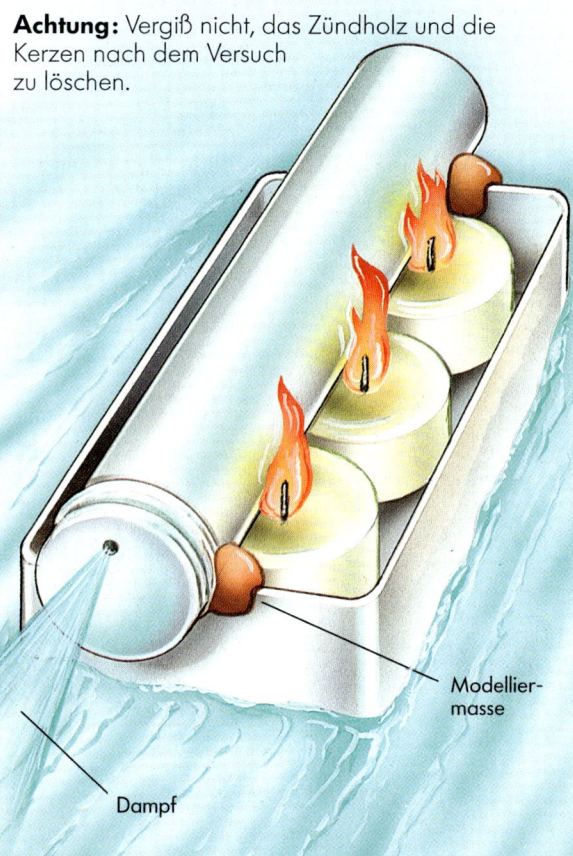

Modelliermasse

Dampf

Material: Eine saubere Sardinendose, drei flache Kerzenscheiben mit Docht, Wasser, eine leere Metallröhre (z. B. Tablettenverpackung), Modelliermasse.

Wie es funktioniert

Wenn die Kerzen das Wasser in der Röhre erhitzen, kommt dieses zum Sieden und wird damit zu Dampf. Dieser schießt aus dem Loch im Deckel heraus und treibt dabei das Boot vorwärts.

Turbinen

Eine Turbine ist ein Rad, das von Wasser, Dampf oder anderen heißen Gasen angetrieben wird. Gasturbinen haben an einer langen Achse viele hundert Metallblätter. In Kraftwerken verwendet man Turbinen, denn sie treiben die Generatoren an, welche die Elektrizität erzeugen. Es gibt auch Turbinen für den Antrieb von Schiffen und Unterseebooten. In ungefähr zwei Drittel aller Kraftwerke treibt ein Strahl aus heißem Dampf die Turbinenräder an. Die anderen Kraftwerke machen von der Energie des fließenden Wassers Gebrauch und verwenden dazu allerdings anders geformte Turbinen mit viel weniger Blättern.

▼ Ingenieure testen eine Reihe von Turbinen, bevor sie in ein Kraftwerk eingebaut werden. Es stehen mehrere Turbinenräder hintereinander, um soviel Energie wie möglich aus dem Dampf gewinnen zu können.

Bewegungs-Quiz

Richtig oder falsch?

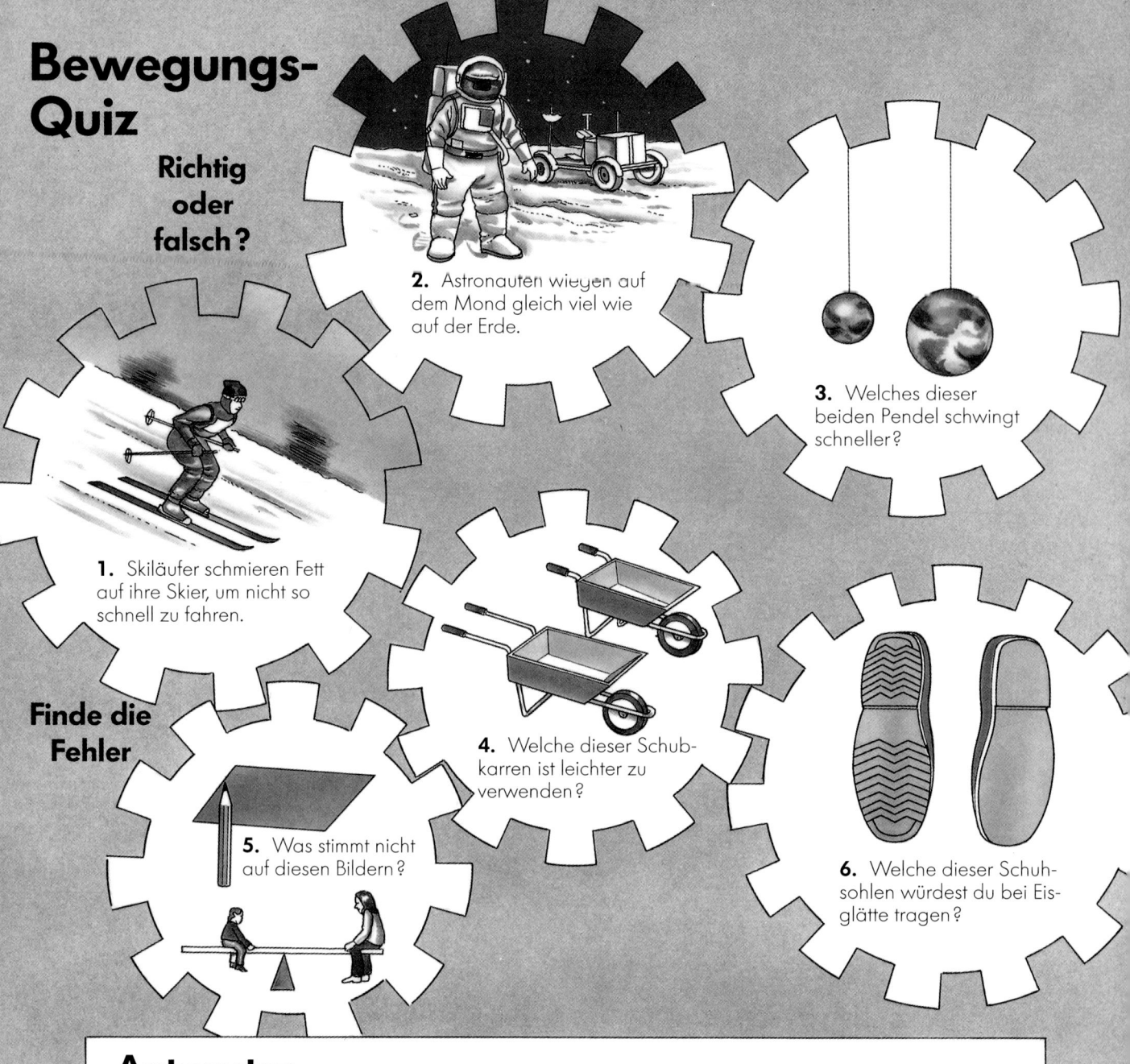

2. Astronauten wiegen auf dem Mond gleich viel wie auf der Erde.

3. Welches dieser beiden Pendel schwingt schneller?

1. Skiläufer schmieren Fett auf ihre Skier, um nicht so schnell zu fahren.

4. Welche dieser Schubkarren ist leichter zu verwenden?

Finde die Fehler

5. Was stimmt nicht auf diesen Bildern?

6. Welche dieser Schuhsohlen würdest du bei Eisglätte tragen?

Antworten

1. Falsch. Fett verringert die Reibung und würde dafür sorgen, daß die Skier noch schneller gleiten (Seite 106/107).

2. Falsch. Astronauten wiegen auf dem Mond nur ungefähr 1/6 soviel wie auf der Erde (Seite 94/95).

3. Beide Pendel haben dieselbe Schwingungsdauer. In einer Minute schwingen sie gleich oft hin und her (Seite 116).

4. Die Schubkarre mit den längeren Griffen ist leichter zu bewegen, weil der Hebelarm länger und der Abstand zum Drehpunkt in der Mitte des Rades größer ist (Seite 114).

5. Oben: Gegenstände mit regelmäßiger Form haben ihren Schwerpunkt in der Mitte (Seite 96). Unten: Eine schwere Person muß näher am Drehpunkt der Schaukel sitzen, um das Gleichgewicht mit einer leichteren Person zu wahren (Seite 99).

6. Die gerillte Schuhsohle erhöht die Reibung, greift deswegen besser auf Eis und macht das Gehen leichter (Seite 106).

LICHT

In diesem Kapitel stellen wir Forschungen über das Licht an.
Denke über das Licht nach, wenn du dich im Spiegel betrachtest oder
wenn du einen Regenbogen am Himmel siehst oder wenn du mit
Schatten spielst, welche die Sonne wirft.

Dieses Kapitel umfaßt sechs Hauptthemen:

- Licht und Schatten
- Reflexion
- Lichtbrechung
- Licht und Sehen
- Licht und Farbe
- Licht für das Leben; Laser

Mit diesen drei Symbolen kannst
du auf den ersten Blick erkennen,
worum es sich jeweils handelt.

VERSUCHE

TRICKS

TIPS ZUM
SELBERMACHEN

Einführung

Ohne das Sonnenlicht würde alles Leben auf der Erde zum Stillstand kommen. Grüne Pflanzen brauchen es als Energiequelle, um damit ihre Nahrung herzustellen. Die Tiere und auch wir Menschen sind wiederum aus Ernährungsgründen direkt von den grünen Pflanzen abhängig. In diesem Kapitel wollen wir mehr über das Sonnenlicht und das Kunstlicht erfahren, das wir mit Hilfe der Elektrizität erzeugen. Du wirst herausfinden, warum Schatten entstehen, wie sich ein Regenbogen am Himmel bildet, wie ein Spiegel das Licht zurückwirft und warum Linsen das Abbild von Dingen vergrößern oder verkleinern.

Du wirst auch vieles über Licht und Farbe lernen. Das Sonnenlicht besteht aus mehreren verschiedenen Farben – es sind genau jene, die du im Regenbogen wiederfindest. Die Farbe der Gegenstände um dich herum hängt davon ab, welche Farbe sie selbst in Form von Licht in dein Auge zurückwerfen. Eine besondere Schicht in deinem Augenhintergrund ermöglicht dir das Farbsehen. Als die Forscher immer mehr darüber erfuhren, wie das Auge arbeitet, konnten sie nachher auch Mikroskope, Fernrohre, Fotoapparate und Lasergeräte entwickeln. Wenn du die Versuche in diesem Kapitel durchführst, kannst du auch die Fragen auf diesen beiden Seiten beantworten. Du hast dann verstanden, wie Licht und Farbe die Welt um uns herum beeinflussen.

▲ Wie kannst du ein Muster wie dieses auf einem Stoffstück herstellen? (Seite 161)

▼ Wenn du diese Kreisel in Drehung versetzt, welche Farbe siehst du dann? (Seite 155)

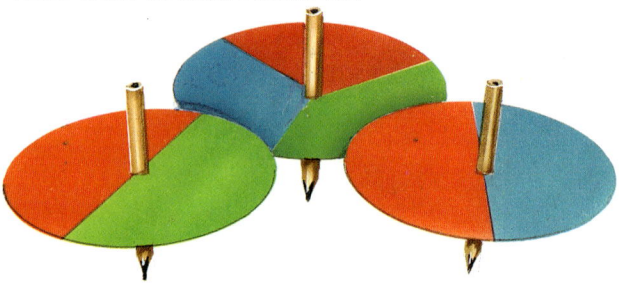

▼ Warum zeigt sich ein Schatten hinter Gegenständen, wenn sie von Licht beschienen werden? (Seite 132 – 133)

▲ Warum erscheinen die roten Linien gekrümmt, selbst wenn sie völlig gerade sind? (Seite 151)

► Woher kommen die Farben in einem Regenbogen? (Seite 154 – 155)

▼ Warum bewirkt ein gekrümmtes Stück Glas, daß die Lichtstrahlen sich einander nähern? (Seite 144)

▲ Warum vergrößert eine Lupe die betrachteten Gegenstände? (Seite 145)

▼ Warum kannst du reflektierte Bilder in Spiegeln und anderen polierten Oberflächen sehen? (Seite 136 – 137)

▼ Warum färbt sich Gras gelb, wenn kein Sonnenlicht es erreicht? (Seite 162)

Licht und Schatten

Das Licht kann durch gewisse Stoffe hindurchtreten, etwa durch Glas oder Wasser.
Wir nennen sie **durchsichtig.** Andere Stoffe, z. B.
Papier und Metall, lassen das Licht nicht durch.
Wir nennen sie deshalb undurchsichtig oder
opak. Wenn Licht auf solche Gegenstände fällt,
zeigen sich dahinter Schatten. Schatten kommen
deswegen zustande, weil das Licht sich geradlinig fortsetzt und nicht um Ecken biegen kann.
Die geraden Linien des Lichts kannst du zum
Beispiel in einem nebligen Herbstwald deutlich
erkennen (Bild rechts).

Schattentricks

Beleuchte in einem abgedunkelten Raum eine
Wand mit einer Taschenlampe. Teste eine Vielzahl
von Gegenständen und beobachte, was für
Schatten sie werfen. Wie viele verschiedene Tier-
silhouetten kannst du allein mit deinen Händen an
die Wand werfen? Du kannst auch Scheren-
schnitte von deinen Freunden herstellen und sie ins

Licht halten. Oder du versuchst dich gar an einem
Schattentheater mit ausgeschnittenen Figuren.
Schneide irgendeine interessante Figur aus einem Stück
Karton aus und befestige sie an der Spitze eines
Stabes. Halte die Figur erst nahe an die Lichtquelle und
dann weiter von ihr entfernt. Wie verändert sich die
Größe des Schattens?

Schattenspiele

Gehe an einem sonnigen Tag hinaus ins Freie und untersuche den Schattenwurf mit deinen Freunden. Zeichne die Umrisse deines Schattens auf ein Stück Papier und schneide die Figur aus. Bewegt sich dein Schatten, wenn du dich bewegst? Kannst du über deinen Schatten springen? Kannst du mit einem Freund Hände schütteln, ohne daß sich eure Schatten berühren? Was ist der größte und der kleinste Schatten, den du mit deinem Körper werfen kannst? Stelle dich zu verschiedenen Tageszeiten an genau dieselbe Stelle und bitte einen Freund, die Umrisse deines Schattens mit Kreide auf dem Boden aufzuzeichnen. Du wirst dabei merken, daß Form und Richtung deines Schattens von der Stellung der Sonne abhängen. Mit Hilfe der Schatten, welche die Sonne wirft, kann man die Zeit messen (s. Seite 134 – 135).

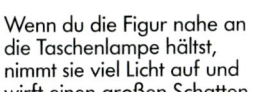

Wenn du die Figur nahe an die Taschenlampe hältst, nimmt sie viel Licht auf und wirft einen großen Schatten.

Befindet sich die Figur weiter weg, nimmt sie weniger Licht auf, und der Schatten wird kleiner.

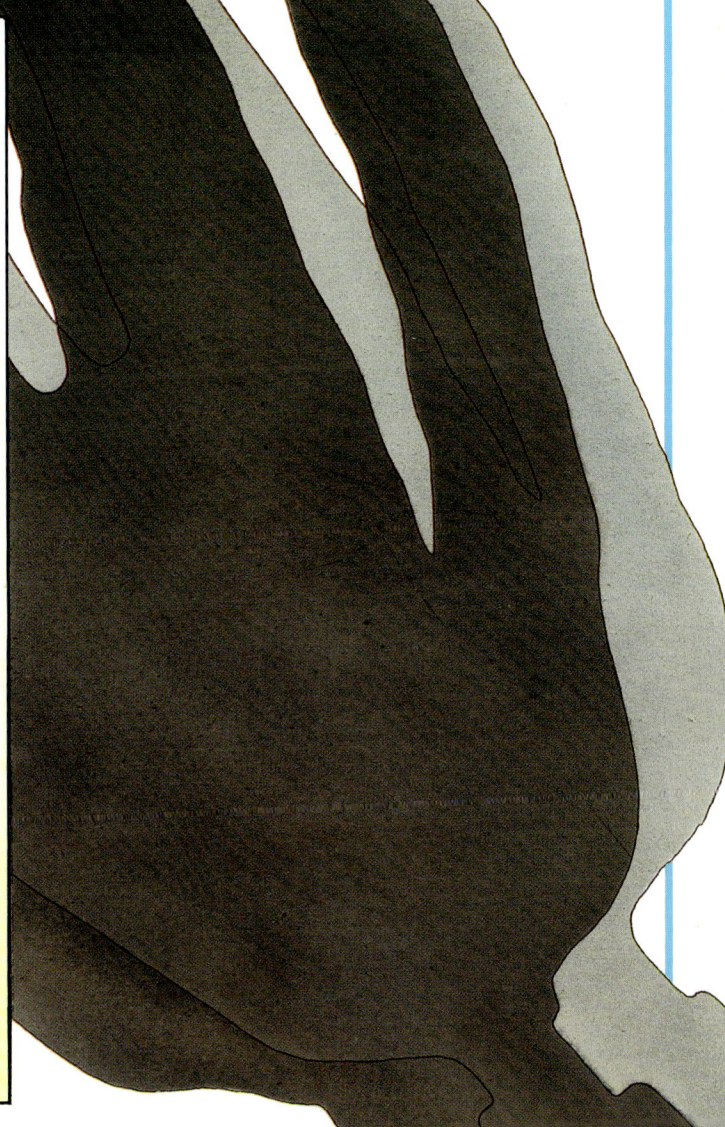

Wir bauen eine Schattenuhr

Material: Eine lange, dünne Schachtel, Stifte, Klebeband, weißes Papier.

Wir bedecken die Oberfläche der Schachtel mit weißem Papier und kleben dieses mit Tesa fest. Quer über das eine Ende der Schachtel befestigen wir einen Stift mit Klebestreifen. An einem sonnigen Morgen nehmen wir unsere Schattenuhr hinaus ins Freie und stellen sie auf eine helle, ebene Oberfläche (etwa auf ein Blatt weißes Papier). Wir richten die Längsachse der Schachtel nach der Sonne. Beobachte, bis wohin der Schatten des Bleistifts fällt, und ziehe an der Schattengrenze eine Linie. Daneben schreibst du die betreffende Uhrzeit. Wiederhole dies zu verschiedenen Zeiten während des Tages. Wann liegt die Schattengrenze am nächsten beim Bleistift?

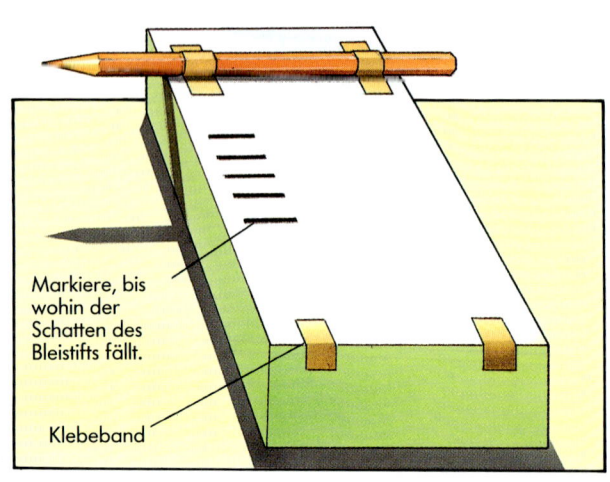

Markiere, bis wohin der Schatten des Bleistifts fällt.

Klebeband

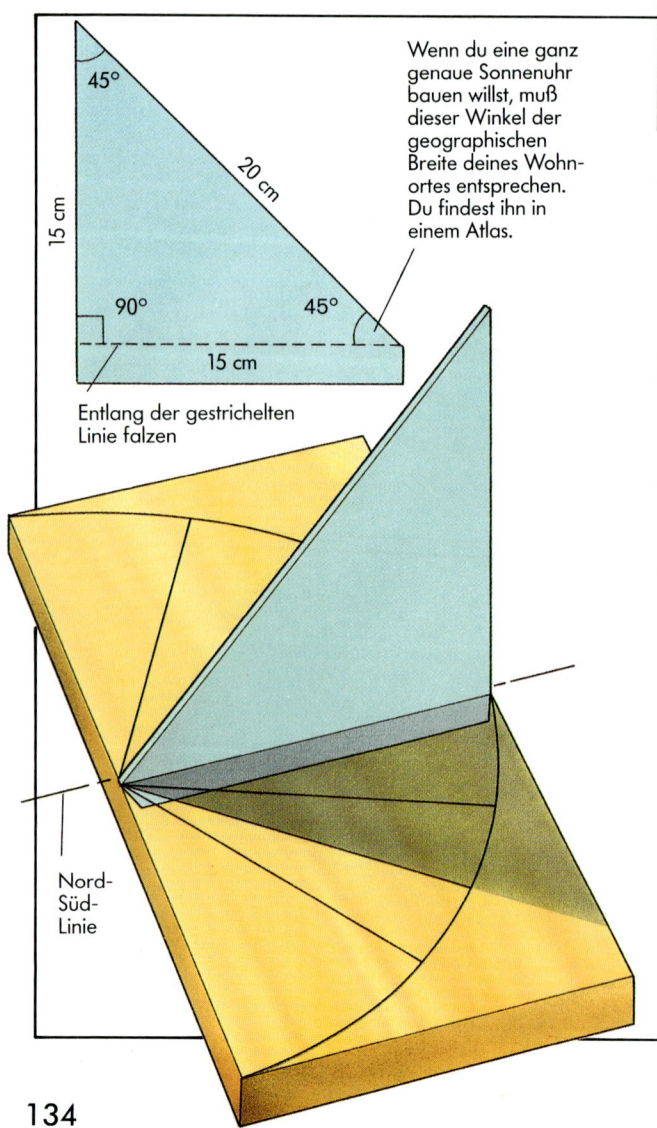

45°

20 cm

15 cm

90°   45°

15 cm

Wenn du eine ganz genaue Sonnenuhr bauen willst, muß dieser Winkel der geographischen Breite deines Wohnortes entsprechen. Du findest ihn in einem Atlas.

Entlang der gestrichelten Linie falzen

Nord-Süd-Linie

Wir bauen eine Sonnenuhr

Material: Dünner Karton, ein Winkelmesser, ein Zirkel, ein Kompaß, ein Stück Holz oder dicker Karton.

1. Zeichne ein rechtwinkliges Dreieck auf den dünnen Karton. Die beiden anderen Winkel sollten je 45° betragen. Die beiden kürzeren Seiten des Dreiecks sollten ungefähr 15 cm lang sein. Die längste Seite wird dann etwas über 20 cm messen.

2. Ziehe eine gestrichelte Linie wie im Schema links und schneide das Dreieck aus. Falze entlang der gestrichelten Linie.

3. Zeichne einen Halbkreis auf das Holz oder den dicken Karton (s. Zeichnung links).

4. Klebe den abgeknickten Teil des Dreiecks fest auf das Brett oder den Karton.

5. Stelle die Sonnenuhr auf eine ebene Oberfläche ins Freie, und zwar so, daß das Dreieck in der Nord- Süd-Linie liegt.

6. Markiere jede Stunde die Schattengrenze auf dem Brett. Du wirst merken, daß der Schatten auf dem Halbkreis jede Stunde dieselbe Entfernung zurücklegt. An sonnigen Tagen gelingt es dir deswegen, die Uhrzeit anhand der Lage des Schattens auf der Sonnenuhr abzulesen.

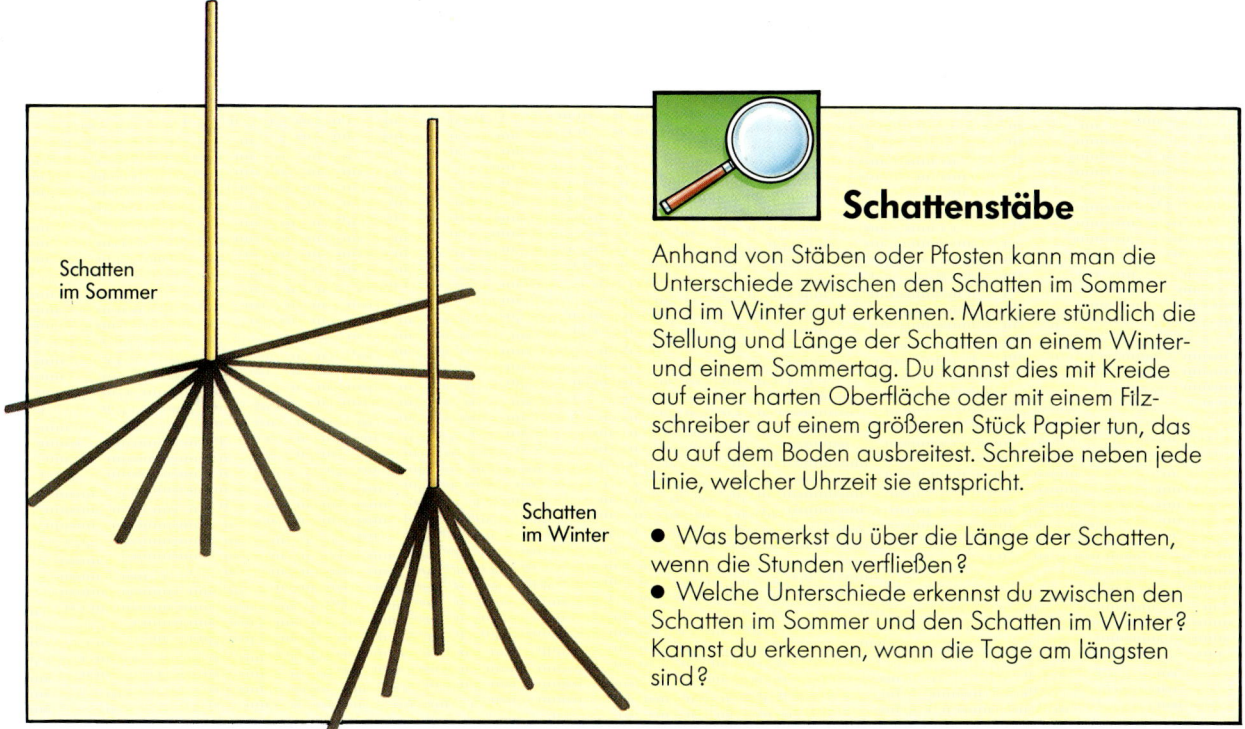

Schatten
im Sommer

Schatten
im Winter

Schattenstäbe

Anhand von Stäben oder Pfosten kann man die Unterschiede zwischen den Schatten im Sommer und im Winter gut erkennen. Markiere stündlich die Stellung und Länge der Schatten an einem Winter- und einem Sommertag. Du kannst dies mit Kreide auf einer harten Oberfläche oder mit einem Filzschreiber auf einem größeren Stück Papier tun, das du auf dem Boden ausbreitest. Schreibe neben jede Linie, welcher Uhrzeit sie entspricht.

● Was bemerkst du über die Länge der Schatten, wenn die Stunden verfließen?
● Welche Unterschiede erkennst du zwischen den Schatten im Sommer und den Schatten im Winter? Kannst du erkennen, wann die Tage am längsten sind?

Schatten im Weltall

Auch der Mond und die Erde werfen enorme Schatten. Wenn der Mond zwischen der Erde und der Sonne vorbeizieht, fällt dessen Schatten auf Teile der Erde. Während dieser Zeit verfinstert sich die Sonne sogar am hellichten Tag. Man bezeichnet das als eine **Sonnenfinsternis.** Wenn die Erde zwischen die Sonne und den Mond zu stehen kommt, gelangt das Sonnenlicht nicht mehr auf unseren Erdtrabanten. Der Mond verfinstert sich, und deswegen spricht man von einer Mondfinsternis.

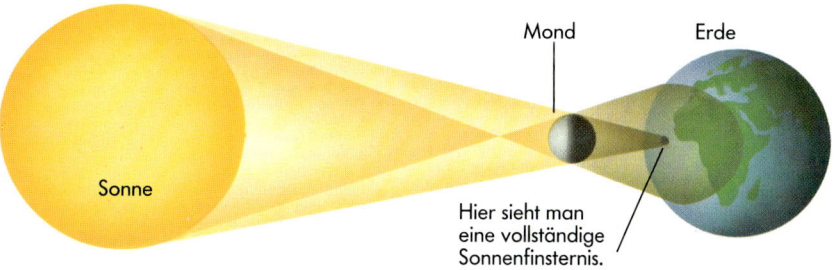

Sonne

Mond

Erde

Hier sieht man eine vollständige Sonnenfinsternis.

▶ Eine totale Sonnenfinsternis. Du erkennst, wie hinter der schwarzen Mondscheibe die äußere Atmosphäre der Sonne noch sichtbar ist.

135

Reflexion

Wenn Lichtstrahlen auf einen Gegenstand oder eine Oberfläche fallen, werden sie zurückgeworfen. Man spricht dabei von **Reflexion**. Am deutlichsten erkennst du sie bei Alufolie, Dosen, Flaschen und Löffeln. Flache, glänzende Oberflächen reflektieren die Lichtstrahlen am besten. Deswegen bestehen die meisten Spiegel aus flachem, hochpoliertem Glas mit einer Silberbeschichtung dahinter. Wenn du die Experimente auf diesen Seiten durchführst, findest du eine Menge darüber heraus, wie Spiegel das Licht zurückwerfen.

Winke dir selber mit der linken Hand zu, während du in den Spiegel schaust. Welche Hand verwendet dein Spiegelbild? Spiegel erzeugen seitenverkehrte Bilder, in denen die linke Seite als die rechte erscheint. Bitte einen Freund, er solle sich wie dein eigenes Spiegelbild verhalten und deinen Bewegungen eine Zeitlang folgen.

Wir erforschen Reflexionen

1. Schneide in ein Kartonstück ein Loch mit einem Durchmesser von ungefähr 2,5 cm und befestige mit Klebestreifen quer darüber einen Kamm.
2. Stelle das Loch im Karton in einem verdunkelten Raum so vor eine Taschenlampe, daß schmale Lichtstrahlen zwischen den Zinken des Kammes hindurchtreten.
3. Stelle einen Spiegel in die Lichtstrahlen, so daß sie zurückgeworfen werden.
4. Bewege den Spiegel in unterschiedliche Richtungen. Was geschieht mit den Lichtstrahlen?

Du siehst die Lichtstrahlen deutlicher auf einer dunklen Oberfläche.

Geheimschrift

Du kannst einem Freund eine geheime Botschaft in Spiegelschrift schreiben. Lege ein Stück Papier vor einen Spiegel. Schau in den Spiegel und schreibe deine Botschaft auf das Papier. Wenn du sie auf dem Papier lesen willst, erscheint sie spiegelverkehrt. Dein Freund kann sie entziffern, wenn er sie wiederum in einem Spiegel betrachtet.

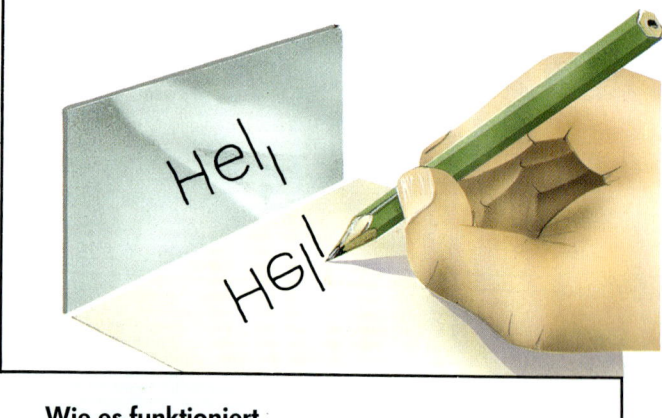

Wie es funktioniert
Das Licht wird in genau demselben Winkel zurückgeworfen, in dem es auftrifft. Wenn du den Winkel des Spiegels veränderst, verändert sich auch der Winkel der reflektierten Lichtstrahlen.

Immer mehr Reflexionen

Mit mehr als einem Spiegel kannst du einen Gegenstand von allen Seiten sehen. Der Grund liegt darin, daß die Lichtstrahlen von einem Spiegel zum anderen geworfen werden. Stelle zwei Spiegel Seite an Seite nebeneinander und plaziere einen kleinen Gegenstand dazwischen. Wie viele Spiegelbilder kannst du sehen?

Weitere Versuche

● Bewege die Spiegel näher aufeinander zu und dann weiter voneinander weg. Was geschieht mit der Zahl der Spiegelbilder?
● Stelle zwei Spiegel einander gegenüber, mit dem Gegenstand dazwischen. Du kannst dann unendlich viele Reflexionen erkennen, da das Licht immer wieder von den Spiegeln hin- und hergeworfen wird.

Wir bauen ein Kaleidoskop

Die prächtigen Muster eines Kaleidoskops entstehen durch Reflexionen an den Spiegeln, die sich im Innern befinden.

Material: Drei kleine Spiegel (alle von derselben Größe), Klebeband, Karton oder Papier, farbige Papierstückchen oder Perlen.

1. Klebe die Spiegel zu einem dreieckigen Prisma zusammen.
2. Stelle dieses mit der Stirnseite auf Karton oder Papier, und fahre mit einem Stift den Umrissen nach.

3. Schneide das entsprechende Dreieck aus dem Karton oder dem Papier aus und klebe es auf das eine Ende des Kaleidoskops.
4. Gib die farbigen Papierschnitzel oder die bunten Perlen hinein.
5. Schau in dein Kaleidoskop. Wie viele Muster kannst du erkennen? Schüttle das Kaleidoskop, um das Muster zu verändern.

Spiegel

Karton oder Papier

Klebeband

Muster im Innern des Kaleidoskops

Wir bauen ein Periskop

Material: Zwei kleine, viereckige Spiegel, ein Stück starker Karton mit den Maßen 30 x 30 cm, Klebeband, Lineal, Winkeldreieck, Schere.

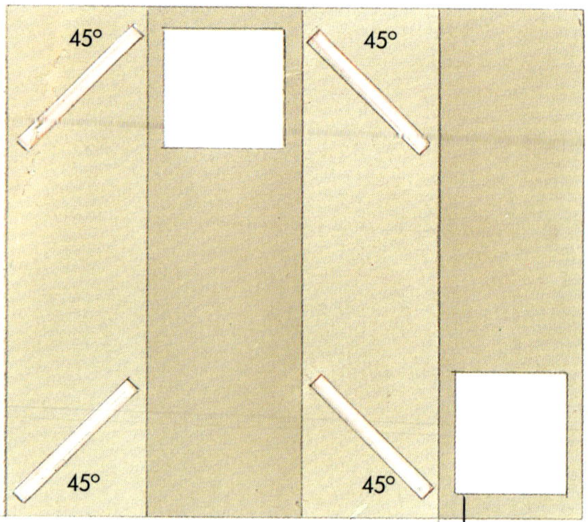

Wenn ein Unterseeboot unter der Wasseroberfläche fährt, kann der Kommandant dennoch beobachten, was auf dem Meer geschieht. Er muß dazu nur das lange, röhrenförmige **Periskop** über die Wasseroberfläche hinausstrecken. In einem Periskop sind zwei Spiegel so befestigt, daß man mit ihnen um die Ecke sehen oder Dinge beobachten kann, die zu hoch für einen selbst liegen. Du kannst dir selbst ein Periskop bauen.

1. Zeichne drei Linien auf einen Karton und teile ihn damit in vier gleiche Streifen.

2. Schneide wie im Schema rechts in zwei Streifen je ein Viereck.

3. Schneide in die beiden anderen Streifen je zwei Schlitze. Sie müssen mit den Seiten des Kartons einen Winkel von 45° bilden.

4. Falte den Karton zu einem röhrenförmigen Gebilde und klebe die Seiten fest.

5. Stecke die Spiegel in die schrägen Schlitze und klebe sie ebenfalls fest. Der eine Spiegel sollte nach oben, der andere nach unten schauen.

6. Wenn du das Periskop an den Seiten hältst, kannst du über die Köpfe der Menschen hinwegsehen oder Dinge beobachten, die größer sind als du.

Wie es funktioniert

Licht von den Gegenständen wird vom oberen Spiegel auf den unteren geworfen. Dort kannst du sie dann deutlich sehen.

45°   45°

45°   45°

Stecke die Spiegel in die Schlitze

Schneide ein Viereck aus

Vorderseite des Spiegels

Rückseite des Spiegels

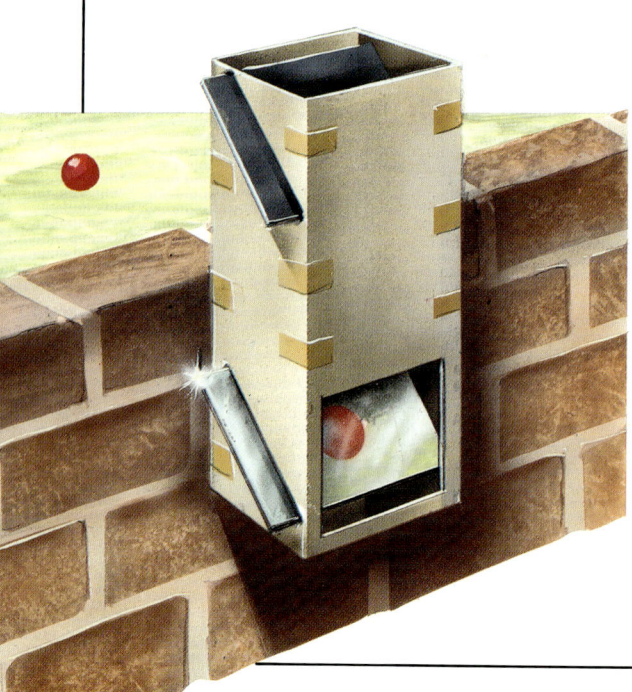

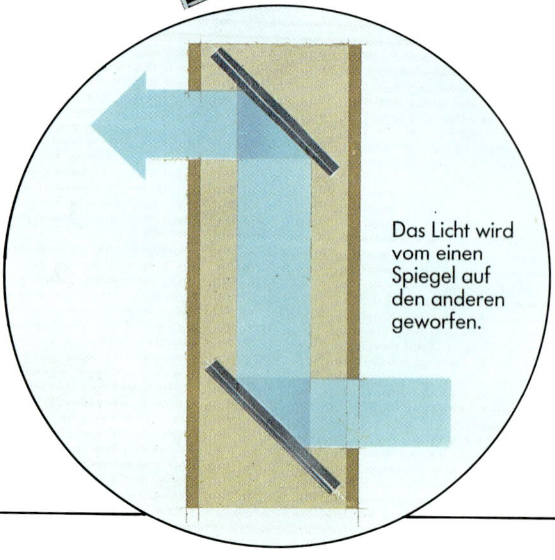

Das Licht wird vom einen Spiegel auf den anderen geworfen.

Gekrümmte Spiegel

Die Bilder in gekrümmten Spiegeln sehen anders aus als die in flachen. Schau dein Gesicht einmal in der hohlen und einmal in der gewölbten Seite eines polierten Löffels an. Wie unterscheiden sich die Bilder?

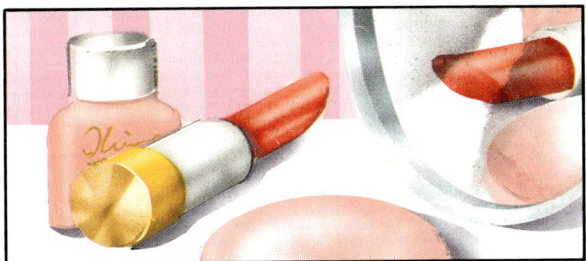

Spiegel, die in der Mitte nach außen gewölbt sind (wie die Außenseite eines Löffels), nennen wir **Konvexspiegel.** Sie erzeugen ein **kleineres** Bild als jenes, das in einem flachen Spiegel entsteht. Konvexspiegel werden in Autos verwendet. Sie sammeln Licht aus einem großen Gebiet und verschaffen dem Fahrer eine gute Übersicht darüber, was in seinem Rücken passiert.

Spiegel, die in der Mitte nach innen gewölbt sind (wie die Vorderseite eines Löffels), nennen wir **Konkavspiegel.** Im Vergleich zu einem flachen Spiegel geben sie ein **vergrößertes** Bild. Konkav sind vor allem die Rasier- und Makeup-Spiegel. Mit Konkavspiegeln stellt man auch leistungsstarke Fernrohre her (s. Seite 144 – 145).

▶ Die merkwürdigen Vexierspiegel, denen du fast in jedem Vergnügungspark begegnest, sind zum Teil konvex und zum Teil konkav. Die einen abgebildeten Teile erscheinen darin stark gedehnt, andere zusammengeknautscht. Wenn man sich davorstellt, sieht man schon sehr komisch aus!

Lichtbrechung

Das Licht wandert durch unterschiedliche Stoffe auch mit unterschiedlicher Geschwindigkeit. In Wasser oder Glas pflanzt es sich langsamer fort als in Luft. Wenn Licht langsamer wird, verändert es gleichzeitig etwas seine Richtung. Diese Erscheinungen nennen wir Lichtbrechung oder **Refraktion.** Sie bewirkt, daß die Bilder von Gegenständen an den Stellen einen »Knick« bekommen, wo die Grenze zweier verschiedener Stoffe liegt.

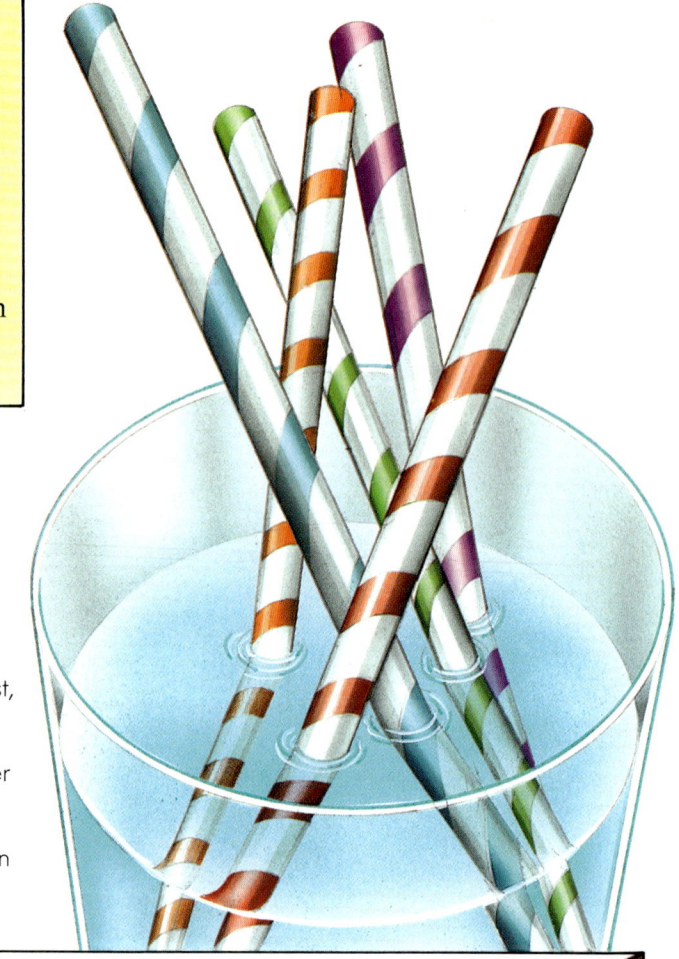

Wasser kann Licht brechen

Fülle ein Glas mit Wasser und stelle einen Trinkhalm hinein. Beobachte genau, wie er im Wasser steht. Du merkst sogleich, daß der Halm einen Knick aufzuweisen scheint. Wenn du ihn aber aus dem Wasser hebst, siehst du, daß er ganz gerade ist. Die Lichtstrahlen verändern ihre Richtung etwas, wenn sie ins Wasser eintreten. Dadurch sieht der Trinkhalm aus, als hätte er einen Knick in der Mitte. Schau auch deine Füße an, wenn du bis zu den Waden im Wasser in der Badewanne stehst. Du wirst dieselbe Erscheinung feststellen können!

Magisches Geld

Material: Eine Münze, eine Schüssel oder ein Glas Wasser.

1. Stelle die Schüssel auf einen Tisch und lege die Münze hinein.
2. Schau auf die Münze und gehe langsam zurück, bis sie vom Rand der Schüssel verdeckt wird.
3. Bleibe an dieser Stelle stehen und bitte einen Freund, Wasser in die Schüssel oder in das Glas zu gießen. Nun kannst du die Münze wieder sehen!

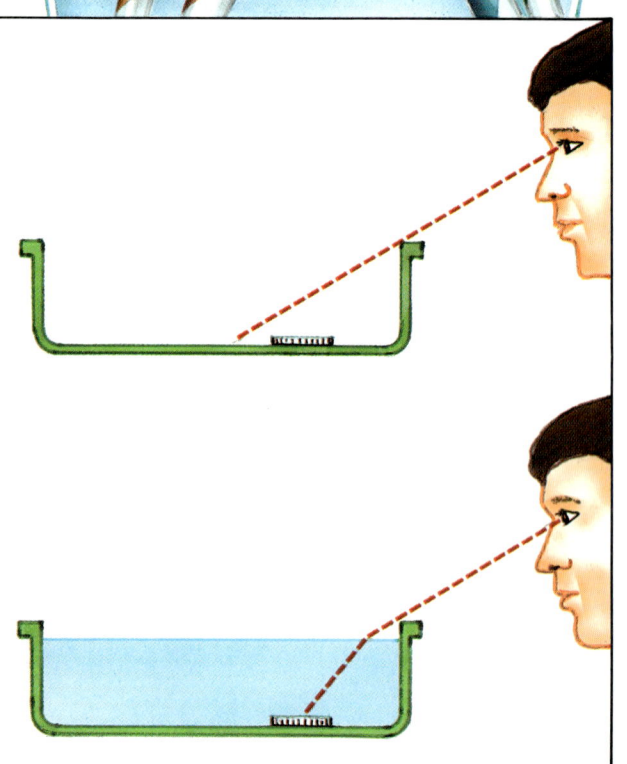

Wie es funktioniert
Das Licht von der Münze wird vom Wasser so gebrochen, daß du es wieder sehen kannst. Schwimmbäder und Teiche sehen niemals so tief aus, wie sie in Wirklichkeit sind, denn das Licht vom Boden wird gebrochen, bevor es in deine Augen gelangt.

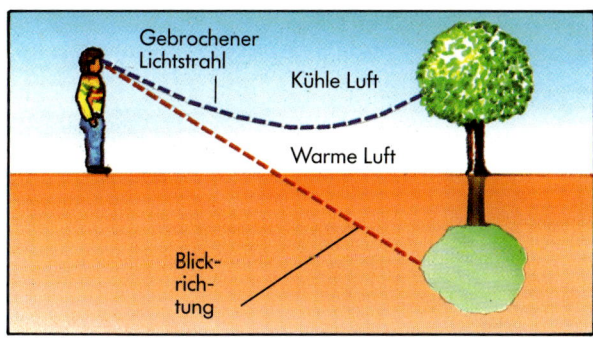

Auch Luft kann Licht brechen

An sehr heißen Tagen kannst du gelegentlich auf Straßen eine silbrige Erscheinung erkennen, die ähnlich wie ein Wasserteich aussieht, obwohl die Straße doch trocken ist! Licht vom Himmel wird von der heißen Luftschicht nahe der Straßenoberfläche gebrochen. Das »Wasser«, das du zu erkennen glaubst, ist nichts anderes als gebrochenes Sonnenlicht. Aus demselben Grund sehen Menschen in der Wüste eine Fata Morgana (s. Bild oben). Die heiße Luft bricht das Licht so, daß weit entfernte Gegenstände ganz nahe erscheinen.

Glas kann Licht brechen

Halte einen Stift ungefähr in dessen Mitte an eine dicke Glasscheibe. Der Teil des Stiftes, der unter der Glasscheibe liegt, erscheint versetzt im Vergleich zum oberen Teil des Stiftes. Der Grund liegt darin, daß das Licht im Glas sich langsamer bewegt als in der Luft. Lichtstrahlen verändern ihre Richtung beim Eintritt ins Glas und erzeugen den Eindruck, als sei der Stift in der Mitte entzweigebrochen.

Glas kann man in unterschiedliche Formen gießen, so daß es das Licht auch in unterschiedliche Richtungen bricht. Darüber findest du mehr auf den beiden nächsten Seiten.

Linsen

Alle durchsichtigen Stoffe (wie Wasser oder Glas), die Lichtstrahlen brechen, kann man als Linsen verwenden. Linsen sind auf einer oder auf beiden Seiten gewölbt und brechen das Licht auf besondere Weise. Sie lassen die betrachteten Gegenstände größer oder kleiner erscheinen, je nach der Form der Linse. Wie Linsen funktionieren, kannst du auf der Seite 144 – 145 herausfinden.

Linsen können aus jedem durchsichtigen Material bestehen, sofern es glatte Seiten aufweist. In jedem deiner Augen befindet sich eine Linse. Normalerweise stellt man Linsen jedoch aus Glas her. Sie werden in Brillen, Fotoapparate, Mikroskope und Fernrohre eingebaut. Selbst ein älteres Mikroskop wie das im Bild rechts enthält mehrere Sätze von Linsen. Sie können den Gegenstand Hunderte von Malen oder bis über tausendmal größer erscheinen lassen.

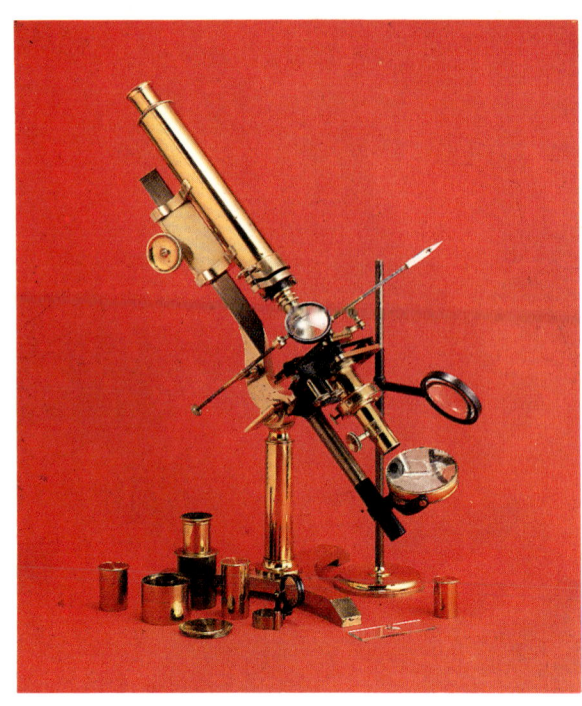

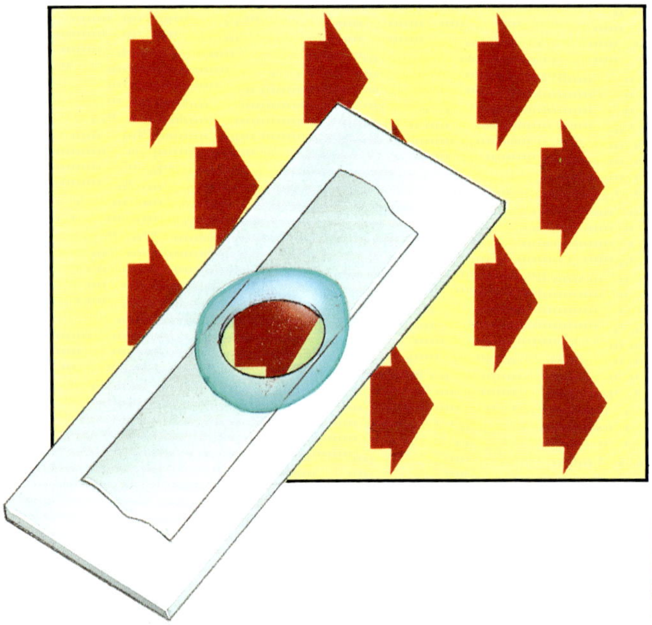

Dinge vergrößern . . .

Das Wasser wirkt bisweilen wie eine Linse und läßt betrachtete Dinge größer erscheinen. Bau dir selbst eine Linse aus einem Wassertropfen, um zu erfahren, wie dies funktioniert. Schneide in ein Stück Karton ein Loch mit einem Durchmesser von etwa 2,5 cm. Klebe ein Stück durchsichtigen Tesafilm darüber. Mit einem Trinkhalm bringst du vorsichtig einen Tropfen Wasser auf das Klebeband. Schau nun durch den Wassertropfen hindurch ein Baumblatt oder den Text eines Zeitungsartikels an. Du merkst sofort, daß die Wasserlinse wie ein Vergrößerungsglas wirkt.

Karton

Klebestreifen

Wassertropfen

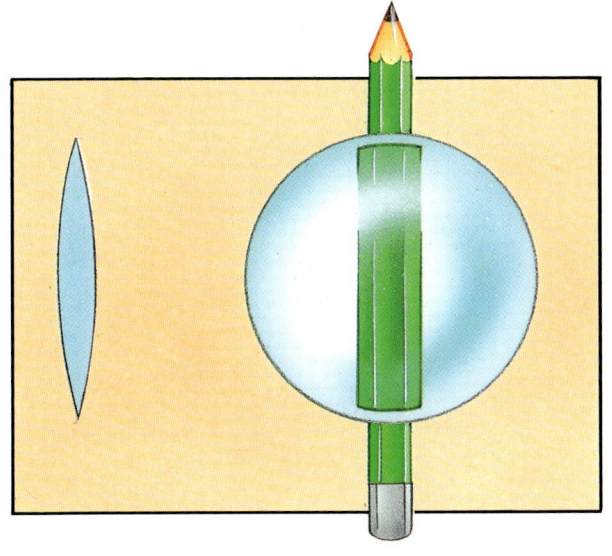

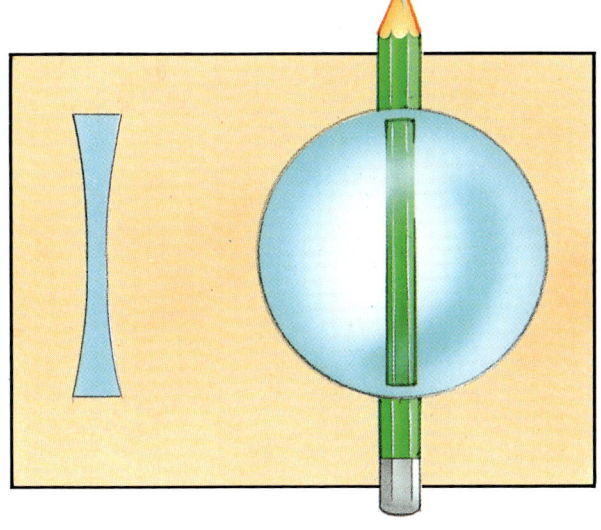

Konvexe Linsen lassen Gegenstände größer erscheinen. Konvex-Linsen sind in der Mitte dicker als an den Rändern. Diese Form nennen wir konvex.

Konkavlinsen bewirken, daß die Dinge kleiner erscheinen. Die Linsen sind in der Mitte dünner als am Rand. Diese Form nennen wir konkav.

. . . und verkleinern

Leih dir für kurze Zeit die Brille einer kurzsichtigen Person aus. (Der Kurzsichtige kann weit entfernte Gegenstände nicht scharf sehen.) Halte die Brille in geringem Abstand über diesen Text und schau durch die Linsen. Du wirst merken, daß die Buchstaben deutlich kleiner geworden sind. Wenn du niemanden kennst, der kurzsichtig ist, so schau durch den Boden eines sehr dicken Glases. (Das wird nicht so gut funktionieren wie bei der Brille. Weil das Glas nicht genau gewölbt ist, erscheinen die Buchstaben vielleicht verzerrt.)

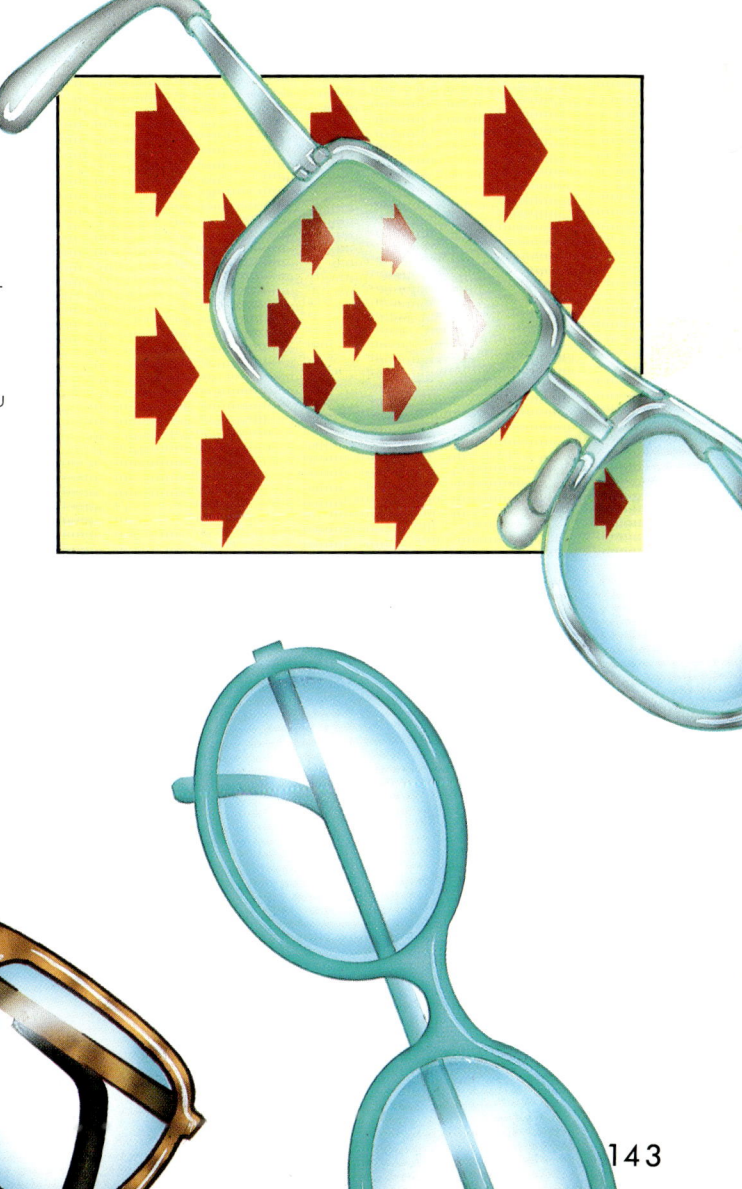

Wie Linsen funktionieren

1. Schneide in den Karton ein Loch mit einem Durchmesser von ungefähr 2,5 cm und klebe den Kamm über das Loch.

2. Stelle den Karton in einem verdunkelten Raum vor die Taschenlampe.

3. Lege das weiße Papier so aus (eventuell auf ein paar Bücher), daß du die Lichtstrahlen, die durch den Kamm ziehen, deutlich erkennst.

4. Halte das Vergrößerungsglas vor das Papier und beobachte, was mit den Lichtstrahlen geschieht.

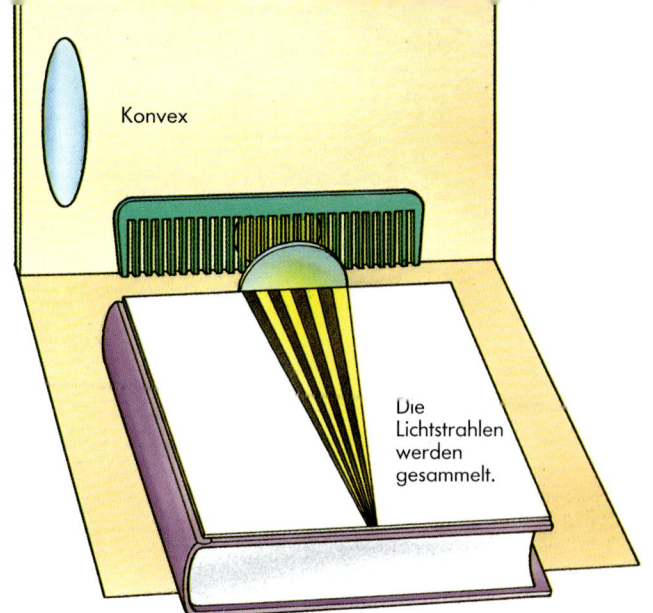

Konvex

Die Lichtstrahlen werden gesammelt.

Fernrohre

Du kannst einen kleinen Gegenstand vergrößern, wenn du eine Linse nahe daranhältst. Für die Beobachtung weit entfernter Dinge brauchst du aber ein Fernrohr oder ein Teleskop. Teleskope bringen die Gegenstände näher heran, so daß man sie deutlicher sehen und in den Einzelheiten untersuchen kann.

▶ Amateur-Astronomen beobachten den nächtlichen Sternenhimmel mit solchen Teleskopen. Damit kann man schon Einzelheiten auf der Mondoberfläche oder die Ringe um den Planeten Saturn beobachten. Man erkennt damit sogar Galaxien, die über 50 Millionen Lichtjahre von uns entfernt sind.

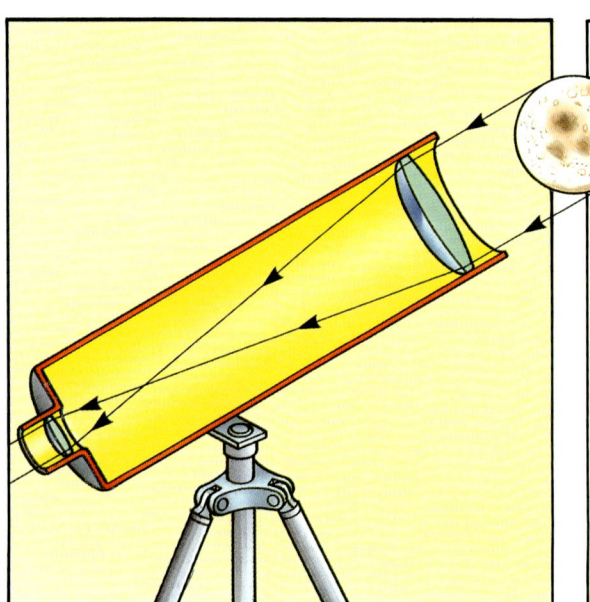

Linsenfernrohre oder Refraktoren haben im Innern zwei Linsen, welche das Licht brechen.
Eine große Linse sammelt und fokussiert das Licht, und eine zweite vergrößert es, damit man das Bild gut erkennen kann.

Spiegelteleskope haben im Innern genau geschliffene Spiegel, um das Licht zu brechen. Ein großer Spiegel mit gekrümmter Oberfläche wirft das Licht auf einen kleineren, flacheren Spiegel. Dieser lenkt das Bild über eine kleine Vergrößerungslinse schließlich in das Auge.

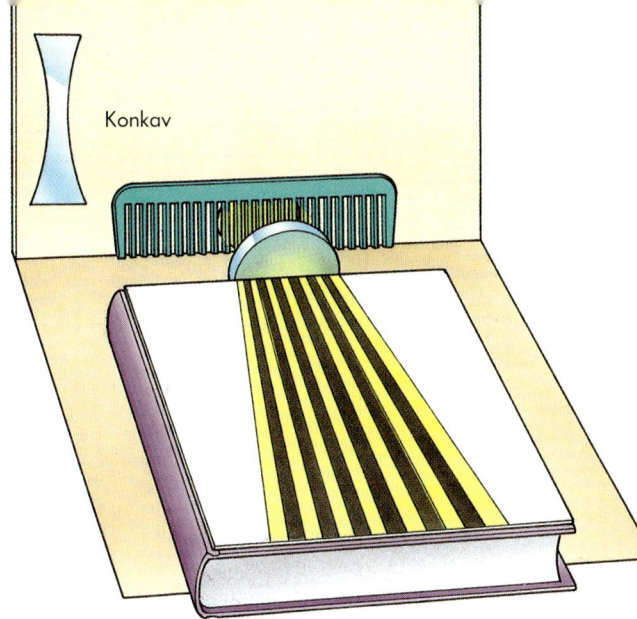

Konkav

Material: Karton, ein Kamm, eine Taschenlampe, Klebeband, ein Vergrößerungsglas, ein weißes Blatt Papier, Bücher (eventuell).

Wie es funktioniert

Das Vergrößerungsglas ist eine Konvexlinse. Es bricht die Lichtstrahlen so, daß sich alle in einem Punkt treffen. Wir nennen ihn den Brennpunkt und sagen, das Licht wird **fokussiert.**

Wiederhole den Versuch mit einer Konkavlinse, wie sie in der Brille kurzsichtiger Menschen zu finden ist. Bei dieser Art Linsen ist die Mitte nach innen gewölbt. Konkavlinsen zerstreuen das Licht und sammeln es nicht in einem Brennpunkt.

Wir bauen ein Fernrohr

Material: Ein Rasierspiegel, ein schmaler, flacher Spiegel, ein Vergrößerungsglas.

1. Stelle den Rasierspiegel an das Fenster und richte ihn gegen die Sterne oder den Mond.
2. Halte den flachen Spiegel so, daß in der Mitte das Bild des Rasierspiegels erscheint.
3. Betrachte das Bild des Rasierspiegels im flachen Spiegel über ein Vergrößerungsglas.
Das Bild der Sterne oder des Mondes wird deutlich größer erscheinen.
Nach diesem Prinzip baute Isaac Newton in der Mitte des 17. Jahrhunderts übrigens das erste Spiegelteleskop.

Achtung:
Schau niemals direkt in die Sonne (vor allem nicht durch Linsen oder Fernrohre)! Du fügst dabei deinen Augen Schäden zu.

Licht und Sehen

Wenn du die Augenlider offen hältst, dringt Licht, das alle Gegenstände um dich herum zurückwerfen, in deine Augen ein. Die dunkle Eintrittsöffnung bezeichnen wir als **Pupille.** Sie liegt inmitten des farbigen Teils deiner Augen, der **Iris** oder Regenbogenhaut. Eine **Linse** hinter der Iris bündelt die Lichtstrahlen, so daß sie auf die **Retina** oder Netzhaut im Hintergrund des Auges fallen. Sehnerven übertragen Informationen über die Bilder ins Gehirn, und dieses stellt daraus den Seheindruck wieder her.

Die Pupille

Die Pupille, die mitten im Auge liegt, kann ihre Öffnung vergrößern oder verkleinern und kontrolliert damit die Menge des Lichts, das in dein Auge fällt. Du kannst dies beobachten, indem du dir genau in die Augen schaust. Halte dich einige Minuten in einem nur schwach beleuchteten Raum auf. Schau in den Spiegel und merk dir die Größe deiner Pupillen. Geh dann ins helle Licht, z. B. ins Freie, und schau dir dort erneut deine Pupillen an.

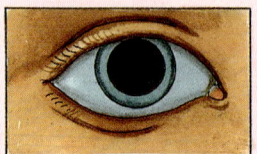

Dunkel

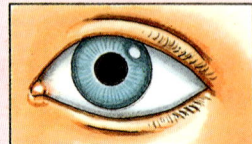

Hell

Bei schummrigem Licht öffnen sich die Pupillen weit, um soviel Licht wie möglich hereinzulassen. Im hellen Licht hingegen werden sie sehr klein, um zu verhindern, daß zuviel Licht auf die Netzhaut gelangt und diese empfindliche Schicht schädigt.

◄ Schnitt durch das menschliche Auge. Das Bild des Läufers steht im Auge auf dem Kopf, denn die Lichtstrahlen bewegen sich geradlinig fort und kreuzen sich hinter der Linse.

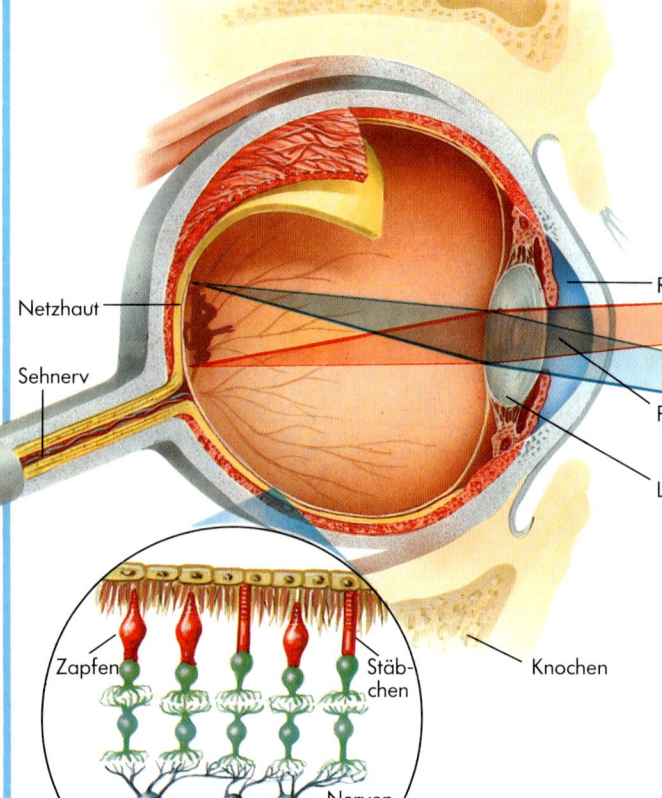

Netzhaut

Sehnerv

Zapfen — Stäbchen

Nerven

Knochen

Regenbogenhaut

Lichtstrahlen

Pupille

Linse

Im Kreis: Stark vergrößerter Blick auf spezialisierte Zellen in der Netzhaut, die **Zapfen** und die **Stäbchen.** Sie haben die Namen nach ihrer Form. Stäbchen nehmen Helligkeitsunterschiede, aber keine Farben wahr. Sie funktionieren auch bei Dämmerlicht. Die Zapfen hingegen nehmen Farben wahr und arbeiten nur bei hellem Licht. Nur mit ihrer Hilfe sehen wir die Dinge farbig.

Wir bauen ein Augenmodell

1. Bohre ein kleines Loch in die Mitte des schwarzen Kartons – es stellt die Pupille in unserem Auge dar.
2. Stelle den schwarzen Karton an die Seite des Wassergefäßes und den weißen Karton ihm gegenüber. Dieser stellt die Netzhaut dar.
3. Stelle die Tischlampe so auf, daß sie in einer Linie mit dem weißen und dem schwarzen Karton liegt und zünde sie an.
4. Lösche alle anderen Lichtquellen im Zimmer und verdunkle den Raum, ziehe gegebenenfalls auch die Vorhänge zu.

5. Bewege den weißen Karton so lange zum Glasgefäß hin und von ihm weg, bis das Bild der Tischlampe darauf erscheint.

Wie es funktioniert
Das Bild der Tischlampe wird verkleinert sein und auf dem Kopf stehen. Auch das Bild, das auf unserer Netzhaut entsteht, steht auf dem Kopf. Das Gehirn ist aber daran gewöhnt und kann das Bild so interpretieren, daß wir es aufrecht stehend sehen.

Schwarzer Karton — Weißer Karton

Kopfstehendes Bild

Kurzsichtig und weitsichtig

Manche Menschen können mit ihrer Augenlinse von weit entfernten Gegenständen kein scharfes Bild auf der Netzhaut erzeugen. Der Brennpunkt der Lichtstrahlen liegt **vor** der Netzhaut, und das Bild auf der Netzhaut erscheint verschwommen. Solche Menschen bezeichnen wir als **kurzsichtig.** Ihren Sehfehler korrigiert man durch Brillen mit konkaven Linsen.

Kurzsichtig

Die Lichtstrahlen haben ihren Brennpunkt vor der Netzhaut.

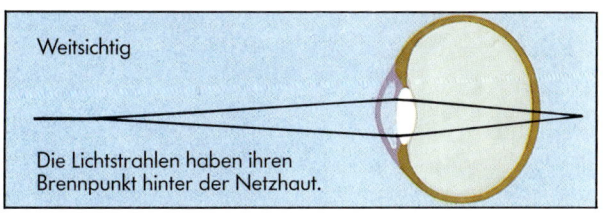

Weitsichtig

Die Lichtstrahlen haben ihren Brennpunkt hinter der Netzhaut.

Anderen Menschen gelingt es nicht, nahe gelegene Gegenstände scharf zu sehen, weil der Brennpunkt **hinter** ihrer Netzhaut liegt. Dieser Sehfehler heißt **Weitsichtigkeit.** Man kann ihn mit Konvexlinsen korrigieren.

Das Kaninchen verschwindet

Im Augenhintergrund zieht der große Sehnerv ins Gehirn. An einer Stelle der Netzhaut befinden sich deshalb weder Stäbchen noch Zapfen; Lichtstrahlen, die darauf fallen, können nicht gesehen werden. Mit diesem Versuch kannst du dies nachweisen.

Halte das Buch in normalem Leseabstand von den Augen entfernt. Schließe das linke Auge und schau den Zauberstab an. Bewege nun das Buch langsam auf das Auge zu. Plötzlich wird das Kaninchen verschwinden!

Mit zwei Augen

Weil du zwei Augen hast, siehst du auch von allem zwei Bilder. Dabei erzeugt jedes Auge von der Welt um dich herum ein etwas unterschiedliches Bild. Das Gehirn vergleicht diese beiden etwas verschiedenen Bilder und schafft daraus einen drei-dimensionalen Eindruck. Du siehst die Dinge also in ihrer räumlichen Tiefe. Damit kannst du auch Entfernungen und die Perspektive abschätzen.

Wieviele Stifte?

1. Stelle ein Glas Wasser auf einen Tisch. In etwa 30 cm Abstand dahinter stellst du aufrecht einen Bleistift.
2. Schau durch das Glas. Du wirst die Bilder von zwei Bleistiften erkennen.
3. Schließe das linke Auge: Der rechte Bleistift wird verschwinden. Schließe das rechte Auge: Der linke Bleistift wird verschwinden.

Wie es funktioniert
Das Wasser wirkt wie eine Linse. Da das Wasser aber in einer zylindrischen Form vorliegt, schaut jedes Auge in einem deutlich verschiedenen Winkel darauf. Deswegen siehst du mit beiden Augen auch zwei Bleistifte. Mit je einem Auge kannst du aber nur ein Bild erkennen.

Die Rakete fliegt auf den Mond

Halte das Buch so, daß deine Nasenspitze den Punkt in der Mitte des Bildes unten berührt. Drehe das Buch langsam im Gegenuhrzeiger-sinn (also nach links). Du siehst, wie die Rakete ins Weltall fliegt und auf dem Mond landet!

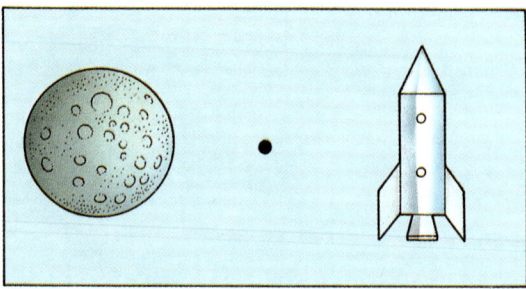

Wie es funktioniert
Jedes Auge übermittelt dem Gehirn eine etwas unterschiedliche Botschaft. Das rechte Auge sieht die Rakete und das linke den Mond. Dein Gehirn kombiniert beide Bilder und interpretiert das Geschehene so, als ob die Rakete fliegt.

Zielen

Zeichne einen Punkt auf ein Stück Papier und lege dieses ungefähr 75 cm von dir entfernt auf einen Tisch. Setz dich an den Tisch, decke ein Auge mit einer Hand zu, nimm in die andere Hand einen Stift und versuche damit den Punkt zu treffen.

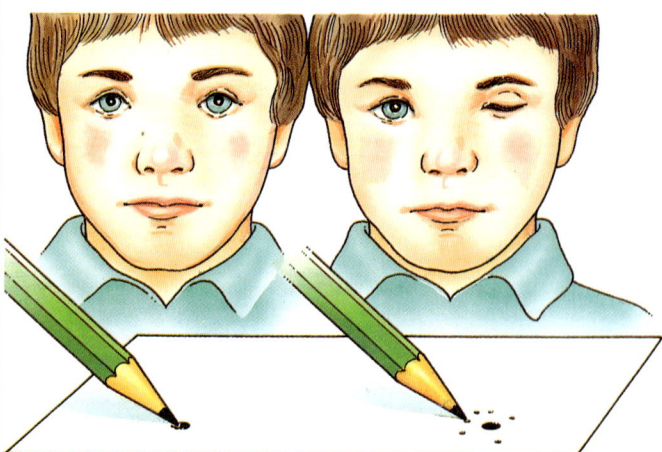

Beim ersten Versuch wirst du ziemliche Mühe haben, weil wir mit einem Auge Entfernungen nicht gut abschätzen können. Das gelingt uns nur mit beiden Augen.

Das Loch in der Hand

Suche eine Kartonrolle oder rolle ein Stück Papier zu einer langen Röhre. Schau mit dem rechten Auge durch die Röhre und halte die linke Hand mit der Handinnenfläche gegen dich gerichtet nahe an die Rolle. Du wirst sehen, daß du scheinbar mitten in der Hand ein Loch hast!

Wie es funktioniert
Dein rechtes Auge sieht das Innere der Röhre, und das linke Auge sieht die geöffnete Hand. Das Gehirn wird verwirrt, weil es so unterschiedliche Signale von deinen Augen erhält. Es kombiniert die Bilder, und deswegen siehst du ein Loch in der Hand.

Wir bauen einen 3-D-Gucker

Material: Karton, Stift, Lineal, Schere.

1. Zeichne dieses Kreuz mit Lineal und Stift auf den Karton. Die Höhe sollte 5 cm betragen. Jeder Kreuzarm sollte ungefähr 1,3 cm breit sein.
2. Schneide die Kreuzform aus, so daß ein Loch zurückbleibt.
3. Halte den Karton senkrecht in einem rechten Winkel zu einem Bild oder einer Fotografie.
4. Starre einige Sekunden durch das Kreuz auf das Bild, du wirst es dann dreidimensional sehen. Es hilft übrigens, wenn du erwartest, daß du es dreidimensional siehst.

Wie es funktioniert
Die Kreuzform verbirgt die Ränder des Bildes, so daß du nicht richtig erkennen kannst, daß es tatsächlich flach ist. Dein Gehirn ist es aber gewohnt, die wirkliche Welt dreidimensional zu sehen, und auch in diesem Fall läßt es ein eigentlich flaches Bild dreidimensional **erscheinen.**

Mit Bildern von Gebäuden klappt es gut.

Optische Täuschungen

Mit den Versuchen auf dieser Seite kannst du deine Augen in die Irre führen: Gegenstände bewegen sich scheinbar, obwohl sie sich in Ruhe befinden, und du siehst Dinge, die überhaupt nicht da sind. Du erkennst auch, wie der Hintergrund die Form oder Größe eines Gegenstands verändern kann.

Das Schloßgespenst

Halte dieses Buch in einem Abstand von 30 cm vor dich hin. Schau unverwandt auf das schwarze Gespenst und konzentriere dich auf dessen Gesicht. Zähle langsam bis dreißig, schaue dann unvermittelt in den Schloßbogen. Zähle bis zehn, und du wirst sehen, daß ein weißes Gespenst erscheint!

Wie es funktioniert

Wenn du auf das schwarze Gespenst starrst, erhält der Teil der Netzhaut, auf dem das Bild entsteht, kein helles Licht. Die umgebenden Gebiete der Netzhaut hingegen übermitteln dem Gehirn, wie hell der weiße Hintergrund hinter dem Gespenst ist. Wenn du nun auf den Schloßbogen schaust, dann ist der Abschnitt der Netzhaut, der Informationen über den Hintergrund geliefert hat, schon recht müde und spricht nicht

Stell die Musik an

Schau dir dieses Bild auf einer Drehscheibe an und bewege das Buch langsam im Kreis. Deine Augen können den schwarzen und den weißen Kreisen nicht folgen, weil sie ihre Lage dauernd verändern. Das Gehirn interpretiert das Bild so, als ob sich die Platte drehte. Das ist es nämlich, was das Gehirn **erwartet.**

richtig auf das Weiß des Torbogens an. Deswegen erscheinen einige Gebiete leicht grau. Das Gebiet der Retina, das aber die dunklen Umrisse des Gespenstes wahrgenommen hat, arbeitet ohne Ermüdung und bildet einen Teil des Torbogens (nämlich den Umrissen des Gespenstes entsprechend) ganz weiß ab. Deswegen siehst du ein weißes Gespenst in einem leicht grauen Torbogen.

Verwirrender Hintergrund

Sind alle diese Figuren gleich groß?

Schaue diese Zeichnungen ganz genau an. Die drei Figuren im Bild links sind gleich groß, doch die Linien des Hintergrundes bewirken, daß die Figur rechts viel größer erscheint als die beiden Figuren links. Das Hintergrundmuster in der Zeichnung unten verwirrt die Augen und das Gehirn und bewirkt, daß der Kreis verzerrt aussieht.

Ist dieser Kreis wirklich rund?

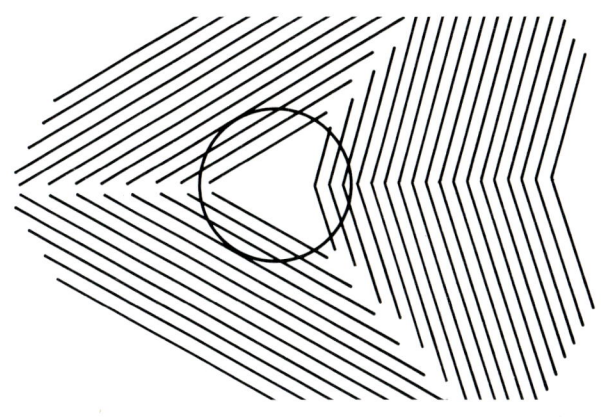

Hinweise auf Größen und Entfernungen

Unsere Augen verwenden viele Hinweise aus der Umgebung, um herauszufinden, wie weit Dinge entfernt und wie groß sie sind. Wir vergleichen oft die Größe von Gegenständen mit anderen Dingen, die sich in deren Nähe befinden. Damit gewinnen wir eine gewisse Perspektive. Betrachte die drei Beispiele rechts und unten. Sie machen es uns schwer, Längen, Entfernungen und die Perspektive richtig abzuschätzen.

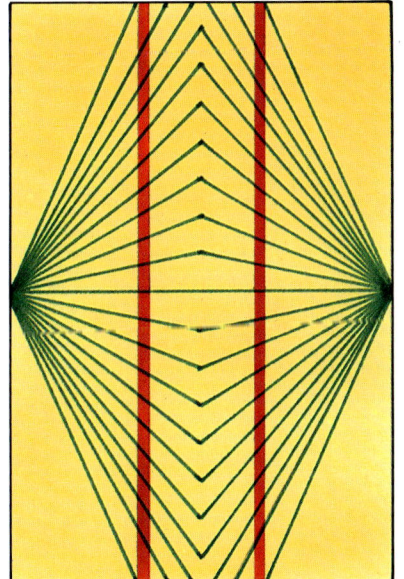

Im Bild oben sind die beiden waagrechten Linien gleich lang. Die zusätzlichen Striche bewirken jedoch, daß der eine Pfeil länger aussieht als der andere.

In diesen beiden Zeichnungen erscheinen die roten Linien gekrümmt, obwohl sie ganz gerade sind.

Bewegte Bilder

Wenn deine Augen zwei Bilder sehr kurz hintereinander sehen, können sie nicht feststellen, daß sich das zweite Bild leicht geändert hat. Wir sehen dann eine Bewegung. Du kannst nur zwölf getrennte Bilder pro Sekunde sehen. Wenn die Bilder in schnellerer Folge auftreten, siehst du sie als Film mit fließender Bewegung. Die Filme im Kino werden mit einer Geschwindigkeit von 24 Bildern pro Sekunde gezeigt.

Wie man Bilder in Bewegung versetzt

Vor der Erfindung der Filme erzeugte man bewegte Bilder mit einer Reihe von Zeichnungen. Jede unterschied sich etwas von der vorhergehenden. Man druckte die Zeichnungen in Bücher und blätterte sie dann sehr schnell durch. Dadurch erschienen die Bilder sehr schnell hintereinander, und das Auge sah eine stetige Bewegung. Du kannst das selbst ausprobieren, erst mit zwei Bildern, dann mit einer ganzen Reihe.

Der Fisch im Glas

1. Zeichne einen Fisch und ein rundes Aquarium auf ein Stück Packpapier. Klebe den Fisch auf die eine und sein Aquarium auf die andere Seite des runden Kartonstücks.

2. Befestige den Karton mit Klebeband auf einem Stift oder dünnen Stab.

3. Halte den Stab oder den Stift zwischen beide Handflächen.

4. Bewege die Handflächen gegeneinander und versetze damit den Stab vorwärts und rückwärts in schnelle Drehung. Du siehst den Fisch im Aquarium schwimmen!

Das glückliche und das traurige Gesicht

1. Zeichne auf einen Karton oder ein Stück Papier die Umrisse eines lachenden Gesichtes.

2. Lege ein Stück Pauspapier über das Gesicht und klebe es mit Tesafilm auf der linken Seite fest.

3. Übertrage das Gesicht auf das Pauspapier, doch gib ihm statt eines Lächelns einen finsteren Ausdruck.

4. Rolle das Pauspapier um einen Bleistift.

5. Bewege den Bleistift schnell von links nach rechts und entrolle dabei immer wieder die Zeichnung mit dem traurigen Gesicht. Beobachte dabei, wie sich der Gesichtsausdruck ändert. Kannst du dir andere Figuren ausdenken, mit denen das funktioniert?

Mache deinen eigenen Film

Material: Papier, Stifte, Nadel und Faden (oder ein kleines Notizbuch).

Suche ein Notizbuch mit kleinen Seiten oder stell dir ein eigenes dünnes Büchlein her. Schneide dazu Blattstücke im Format 7,5 x 7,5 cm zu, falte sie in der Mitte und nähe die Seiten mit Nadel und Faden zusammen. (Bitte einen Erwachsenen um Hilfe, wenn das Papier sehr dick ist.)

Nähe entlang des Falzes

Auf jede Seite des Buches zeichnest du eines der Bilder in der Folge rechts. Du kannst auch eigene Zeichnungen eintragen. Jedes Bild muß sich vom anderen leicht unterscheiden. Du darfst nur auf die rechte Seite zeichnen. Wenn das Buch voll ist, blättere die Seiten mit dem Daumen schnell durch. Du siehst dann, wie die Geschichte »lebendig« wird.

Regenbogenfarben

Das Sonnenlicht und das Licht von Glühbirnen erscheinen farblos und werden »weißes« Licht genannt. In Wirklichkeit besteht es aber aus einer Mischung verschiedener Farben. Wir können diese Farben erst dann erkennen, wenn das Licht durch einen durchsichtigen Stoff fällt (etwa Wasser oder Glas), der es in die Farben des Spektrums auflöst. Ein vollständiges Spektrum besteht aus den sieben Regenbogenfarben Rot, Orange, Gelb, Grün, Blau, Indigo und Violett. Dazu kommen noch zwei weitere Arten von Licht (Ultraviolett und Infrarot), die wir nicht sehen können. Du kannst das Spektrum in Wassertröpfchen oder im Regenbogen sehen.

Wir machen einen Regenbogen

Der Wissenschaftler Isaac Newton zeigte im 17. Jahrhundert als erster, daß sich Licht in sieben Farben auflösen läßt. Er verwendete ein kleines Stück Glas mit dreieckigen Seiten, ein sogenanntes **Prisma.** An dessen Stelle funktioniert der Versuch auch mit einer Schüssel Wasser und einem Spiegel.

Fülle an einem sonnigen Tag die Schale mit Wasser und stelle einen Spiegel schräg gegen die Seiten. Richte die Schale so aus, daß Sonnenlicht auf den Spiegel fällt. Halte ein Stück weißen Karton dem Spiegel gegenüber und bewege ihn so lange, bis darauf die Regenbogenfarben erscheinen. Vielleicht mußt du dazu auch die Stellung des Spiegels etwas verändern. Wenn der Spiegel und der Karton sich in der richtigen Lage befinden, befestigst du den Spiegel mit etwas Modelliermasse.

Wie es funktioniert

Der Wasserkeil zwischen dem Spiegel und der Oberfläche des Wassers funktioniert wie ein Prisma und löst das weiße Licht in seine verschiedenen farbigen Bestandteile auf. Der Grund dafür liegt in der unterschiedlichen Fortpflanzungsgeschwindigkeit jeder dieser Farben; deswegen werden sie im Innern des Prismas auch im unterschiedlichen Maße gebrochen (s. S. 140 – 141). Violettes Licht wird am meisten, rotes Licht am wenigsten gebrochen.

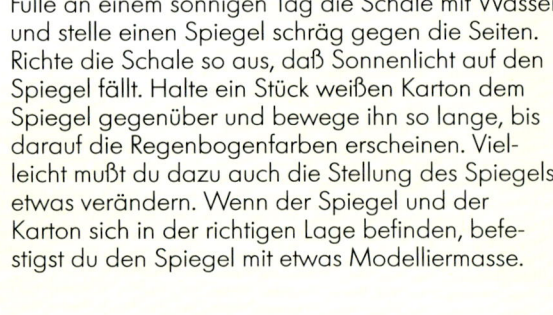

Weitere Versuche

Halte ein Vergrößerungsglas zwischen Spiegel und Karton. Die Linse bricht das Licht so, daß die Farben sich wieder vereinigen und der Regenbogen verschwindet. Dies beweist, daß die sieben Farben des Regenbogens zusammen weißes Licht ergeben.

Farbscheiben

Auch mit diesem Versuch kannst du zeigen, daß weißes Licht aus den sieben Farben des Regenbogens zusammengesetzt ist.

Material: Karton, Schere, ein kurzer Stift mit scharfer Spitze oder ein zugespitzter Stab.
1. Schneide eine runde Kartonscheibe mit einem Durchmesser von 10 cm zu.
2. Teile sie in sieben gleiche Abschnitte, jede mit einem Innenwinkel von etwa 51°. Nimm dazu ein Winkelmeßgerät zu Hilfe.
3. Bemale jeden Abschnitt mit einer der Regenbogenfarben.
4. Bohre ein kleines Loch in der Mitte der Scheibe und stecke den Stift oder Stab hindurch.
5. Versetze den Kreisel in rasche Drehung. Was siehst du?

51°

Wie es funktioniert

Wenn sich die Farbscheibe schnell dreht, können deine Augen nicht jede Farbe getrennt wahrnehmen. Du siehst nur das Ergebnis, wenn sich die verschiedenen Farben miteinander mischen. Deswegen erscheint die Farbscheibe in einem gebrochenen Weiß, obwohl sie in Wirklichkeit sieben Farben zeigt.

Weitere Versuche

● Fertige auf dieselbe Weise eine weitere Farbscheibe, allerdings nur mit drei Abschnitten. Färbe einen Abschnitt rot, einen blau und einen grün. Beim schnellen Drehen erscheint die Farbe wiederum in gebrochenem Weiß. Rot, Blau, Grün sind nämlich die **Hauptfarben,** die unsere Augen wahrnehmen.
● Mache Versuche mit unterschiedlichen Kombinationen von je zwei Hauptfarben. Bemale eine Farbscheibe halb rot und halb grün und eine andere halb rot und halb blau. Welche Farben erkennst du, wenn du die Scheiben in Drehung versetzt? (Du wirst merken, daß sich Unterschiede zur Vermischung von Malfarben ergeben.)

Welche Farbe?

Die meisten Gegenstände produzieren kein eigenes Licht. Sie reflektieren das Licht, das auf sie fällt, und unsere Augen nehmen das reflektierte Licht wahr. Deswegen hängt die Farbe eines Gegenstandes von der Farbe des Lichtes ab, den dieser in unsere Augen zurückwirft.

▶ Farben, die du siehst, hängen von der Art Licht ab, das auf die Gegenstände fällt. Das gelbe Natriumdampflampenlicht der Straßenbeleuchtung läßt einige Farben sehr hell erscheinen. Diese verwendet man für Sicherheitskleidung, damit sie nachts sofort auffällt.

Erklärung für die Farben

Weiße Gegenstände werfen alle Farben des Lichtes zurück.

Farbige Gegenstände reflektieren gewisse Farben und verschlucken (absorbieren) die restlichen. Wir sehen die zurückgeworfenen, reflektierten Farben. Ein roter Pulli sieht rot aus, weil er mehr vom roten Teil des Spektrums reflektiert als von jeder anderen Farbe. Die übrigen Farben, die auf den Pulli fallen, werden weitgehend absorbiert.

Schwarze Gegenstände reflektieren kaum etwas von dem Licht, das auf sie fällt. Doch in der Praxis werfen auch schwarze Gegenstände etwas Licht zurück. Vollständig schwarz kann nur ein Loch sein. Führe dazu ein Experiment durch.

Suche eine Schachtel mit einem Deckel und schneide ein kleines Loch in eine Stirnseite. Bemale die Innenseite der Schachtel und die Oberfläche um das Loch mit einer tiefschwarzen Farbe. Wenn du auf die bemalte Stirnseite schaust, wird sie schwarz aussehen, doch das Loch darin erscheint noch viel dunkler. Alles Licht, das über das Loch in das Schachtelinnere gelangt, wird dort verschluckt. Das Loch reflektiert kein Licht und erscheint völlig dunkel.

Kein Weg führt hindurch

Die meisten Gegenstände verschlucken oder reflektieren all das Licht, das auf sie fällt. Sie lassen kein Licht hindurchtreten. Wir nennen sie auch undurchsichtig oder **opak.** Einige Beispiele: Papier, Metall, Stein, Stoffe.

Durchsichtige Gegenstände

Einige Stoffe reflektieren nur ganz wenig Licht. Das Licht dringt durch sie hindurch. Wir nennen solche Gegenstände deswegen **durchsichtig.** Wie viele Gegenstände aus durchsichtigem Material kommen dir in den Sinn? (Du findest mehr darüber auf den Seiten 158 – 159).

Etwas Licht dringt hindurch

Einige wenige Stoffe reflektieren einen Teil des Lichtes und lassen einen Teil hindurch. Wir nennen sie **durchscheinend.** Einige Beispiele: mattes Glas, dicke Kunststoffscheiben, Pauspapier. Durchscheinende Materialien ergeben ein verschwommenes Bild beim Hindurchsehen,

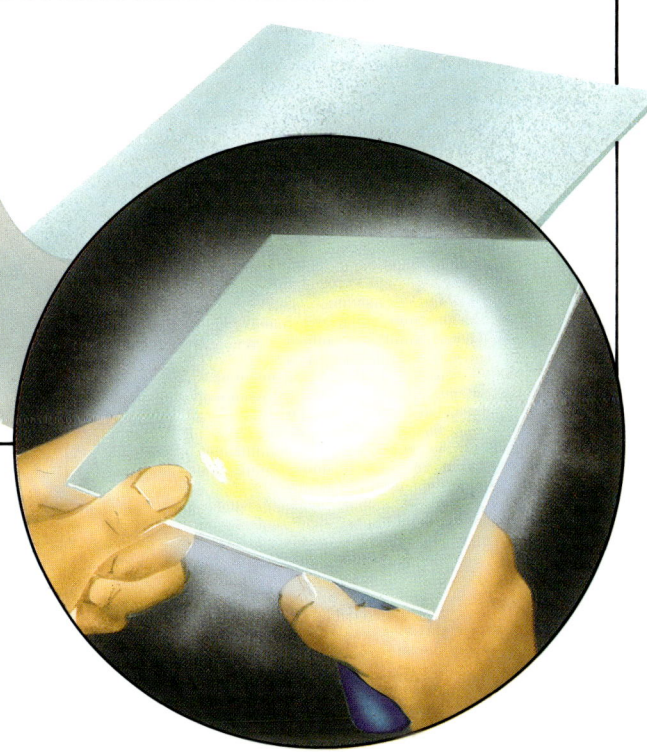

weil das Licht in alle Richtungen gebrochen wird.

Der kleine Unterschied

Ob ein Gegenstand durchscheinend oder durchsichtig ist, kannst du mit dem folgenden Versuch herausfinden. Halte in einem abgedunkelten Raum eine Taschenlampe hinter den Gegenstand. Wenn du das Licht deutlich siehst, ist der Gegenstand durchsichtig. Erscheint das Bild aber verschwommen, so ist er durchscheinend.

Farbwechsel

Aus durchsichtigen Stoffen kann man Farbfilter herstellen. Wenn man durch solche Filter hindurchsieht, verändert sich die Farbe anderer Gegenstände. Ein Filter läßt nur Licht von seiner eigenen Farbe hindurch.

Wir bauen einen Guckkasten

Finde mit diesem Experiment heraus, wie Gegenstände ihre Farben verändern, wenn du sie in unterschiedlich gefärbtem Licht betrachtest.

Material: Eine Kartonschachtel mit einem Deckel, farbiges Cellophanpapier, Klebeband, farbige Gegenstände, Schere.

1. Zuerst stellen wir die Farbfilter her. Schneide Rahmen aus Karton in der Größe 10 x 7 cm aus, und klebe darauf je ein Stück Cellophanpapier.

2. Schneide ein Rechteck aus dem dünnen Schachteldeckel. Es sollte etwas kleiner sein als die Papierfilter.

3. Schneide ein Guckloch in die Seite der Schachtel.

4. Lege ein rotes Cellophanpapier über die Schachtel.

5. Lege einen roten Gegenstand (z. B. eine Tomate) und einen grünen Gegenstand (z. B. einen Apfel) in die Schachtel. Leuchte mit einer Taschenlampe durch den Filter. In welcher Farbe erscheinen die Früchte, die du durch das Guckloch siehst?

Wie es funktioniert

Der rote Filter läßt nur rotes Licht in das Innere der Schachtel hindurchtreten. Die rote Tomate sieht bleich aus, weil sie hauptsächlich rotes Licht reflektiert, das durch den Filter hindurchtreten kann. Der grüne Apfel

Eine rote Welt

Erzeuge mit einem Wasserprisma ein Farbspektrum auf einem Stück Karton (s. S. 154) oder male deinen eigenen Regenbogen auf ein stück Papier. Betrachte ihn nun durch ein Stück Cellophan. Was geschieht mit dem Spektrum?

Wie es funktioniert

Du wirst merken, daß nur rotes Licht auf dem Karton zu sehen ist. Das Cellophan ist durchsichtig und läßt Licht hindurchtreten. Gleichzeitig ist es aber auch rot, und das bedeutet, daß es alle Farben des Spektrums mit Ausnahme des Rot absorbiert. Damit kann nur rotes Licht auf den Karton fallen. (Das Cellophanpapier reflektiert auch etwas rotes Licht, so daß es selbst in unseren Augen rot erscheint.)

hingegen reflektiert hauptsächlich grünes Licht, und dieses wird vom Filter zurückgehalten. Der Apfel erscheint dunkel, weil von ihm kein reflektiertes Licht zu sehen ist. Betrachte die beiden Früchte auch durch einen grünen Filter. Ist dieses Mal der Apfel oder die Tomate dunkel?

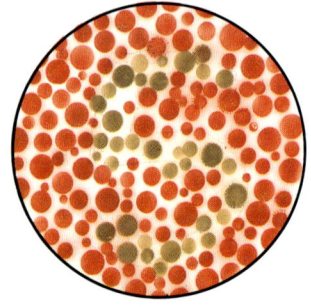

Einige Menschen können den Unterschied zwischen Grün und Rot nicht sehen. Sie erkennen das »S« in der Zeichnung nicht. Wir sagen, sie sind farbenblind.

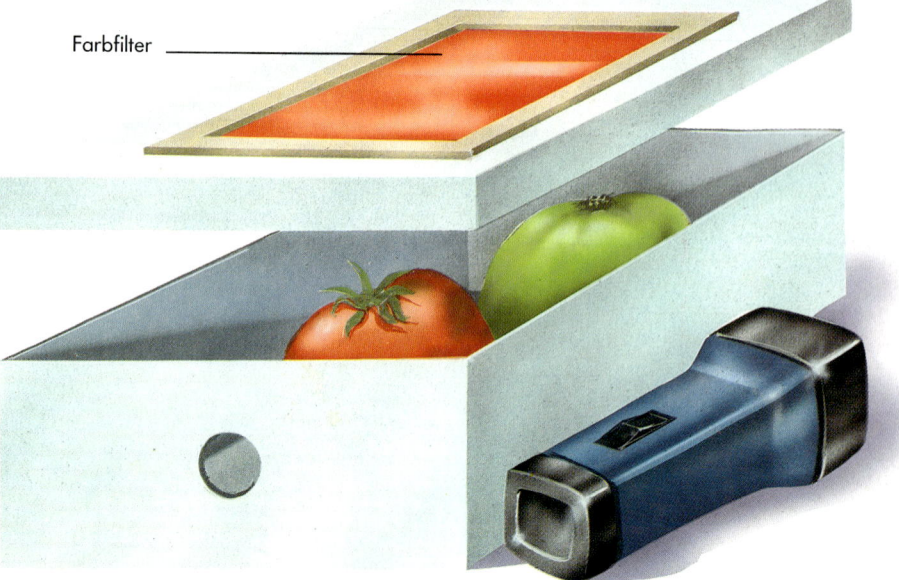

Farbfilter

▲ Mit Farbfiltern kann man in Discotheken spektakuläre Lichteffekte erzeugen.

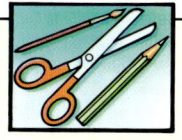

Wir bauen uns ein Glasfenster

Glasfenster arbeiten wie Filter. Aus dünnem Karton und farbigem Cellophanpapier kannst du dir dein eigenes Glasfenster herstellen.

1. Wähle ein Muster für dein Glasfenster aus. Es kann ebensogut eine Rakete wie eine Hummel sein. Zeichne das Muster auf den Karton.
2. Lege die Farbfelder fest und notiere sie dir.
3. Schneide das Muster aus dem Karton. Denke aber daran, daß die Stege breit genug sein müssen für das Festkleben des Cellophanpapiers.
4. Schneide das farbige Cellophanpapier so aus, daß es hinter die ausgesparten Löcher paßt. Du mußt aber einen Rand übriglassen für das Festkleben.
5. Klebe die ausgeschnittenen Cellophanpapierstücke mit Leim oder Tesafilm auf die Rückseite und hänge am Ende dein Glasfenster ans Licht.

Farbtrennung

Farbige Gegenstände reflektieren einige Farben des Lichtspektrums zurück, das auf sie fällt. Sie enthalten nämlich Farbstoffe oder **Pigmente.** Um mehr über das Verhalten von Farbstoffen herauszufinden, untersuchen wir zum Beispiel Tusche oder Filzschreiberfarbe.

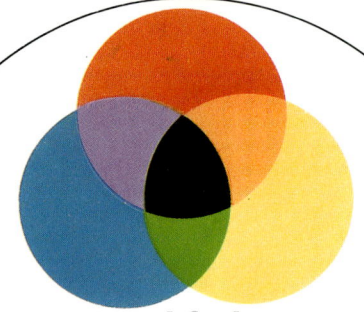

Mischfarben

Viele Stoffe enthalten mehrere unterschiedliche Pigmente, von denen jedes auch die entsprechende Farbe reflektiert. Wenn du Farben mischst, mischst du auch deren Pigmente. Dabei ergeben sich nicht dieselben Effekte wie bei der Mischung farbigen Lichts (s. S. 155).

Wir untersuchen Tusche und Farbstoffe

Mit diesem Versuch trennen wir die unterschiedlichen Farbpigmente in einigen Tuschesorten und Farbstoffen.
Material: Weißes Löschpapier (oder große Kaffeefilter), eine Schüssel oder eine Untertasse voll Wasser, Tuschefarben oder Farbstoffe (z. B. Lebensmittelfarbstoffe, Filzschreiberfarben).

1. Schneide das Löschpapier oder den Kaffeefilter in lange Streifen mit den ungefähren Maßen 2 x 30 cm.
2. Bringe einen Tropfen von der Tusche oder dem Farbstoff, den du untersuchen willst, in ungefähr 4 cm Entfernung vom einen Ende des Löschpapiers an.
3. Hänge den Papierstreifen so auf, daß das Ende mit dem Farbtropfen gerade noch in die Wasserschüssel eintaucht. Bald erkennst du farbige Bänder, die über das Papier ziehen.
4. Nimm den Papierstreifen aus dem Wasser, wenn die Farbe fast das obere Ende erreicht hat. Laß das Papier trocknen, dann kannst du die Farben genau untersuchen.

Wie es funktioniert
Das Papier saugt Wasser aus der Schüssel an, und das Wasser zieht die unterschiedlichen Farben in die Höhe. Jedes der Farbpigmente wandert mit einer eigenen Geschwindigkeit nach oben, so daß du bald getrennte Farbbänder erkennen kannst. Dieses Verfahren bezeichnen wir als **Chromatographie.** Einige Tinten und Farbstoffe bestehen nur aus einem einzigen Pigment, andere hingegen sind Mischungen aus zwei oder mehr Farben.

Abbinden und Färben

Durch Abbinden und nachfolgendes Färben kann man verhindern, daß der Farbstoff das Tuch gleichmäßig färbt. Es bleiben also in der bunten Farbe weiße Muster übrig.

Material: Ein altes Taschentuch (oder ein anderes Stück Stoff), Schnur oder Faden, ein Farbstoff aus dem Laden für das Färben in kaltem Wasser (oder eigener Farbstoff).

1. Bereite den Farbstoff nach der Gebrauchsanweisung zu.

2. Entscheide dich, wo die Muster auf dem Stück Tuch erscheinen sollen. Mache in diesen Gebieten mit dem Finger eine Ausbeulung im Stoff und binde dann fest einen Faden darum. Über den ersten kommt später noch ein zweiter Faden.

3. Färbe das Stoffstück, lasse es trocknen und schneide dann die Fäden auf.

Wie es funktioniert

In die fest abgebundenen Stellen kann der Farbstoff nicht oder nur ganz wenig eindringen. Diese Gebiete bleiben weiß und ergeben am Ende blumenähnliche Muster.

Wir machen unsere eigenen Farbstoffe

Lange vor der Entwicklung künstlicher Farbstoffe verwendeten die Menschen natürliche Farbstoffe aus Pflanzen oder aus Mineralien. Sie färbten damit ihre Kleider, ihre Töpferwaren und andere Gegenstände zu Hause. Du kannst dich selbst in der Herstellung einiger natürlicher Farbstoffe versuchen. Probiere deine Farbstoffe an weißen Stoffstücken aus, z. B. alten Taschentüchern oder Resten von alten Leintüchern (nimm nicht gerade dein bestes T-Shirt, denn manche Farben lassen sich nicht mehr herauswaschen!). Das Stoffstück muß sauber und trocken sein. Verwende keinen Stoff, der mit Weichspülern behandelt wurde, denn diese Chemikalien können eine Färbung verhindern.

Verfahren für Pflanzenfarbstoffe

Koche die Blätter oder Früchte ungefähr 15 Minuten in einem Topf und laß sie dann abkühlen. Du kannst das Pflanzenmaterial auch auf eine Schüssel legen und mit kochendem Wasser übergießen. Laß es dann ungefähr eine Viertelstunde lang stehen. Dann brauchst du einen Filter. Schneide die Spitze einer Plastikflasche ab, stecke sie umgekehrt in den Körper der Flasche und lege einen Kaffeefilter ein. Gieße die Flüssigkeit aus dem Topf oder der Schüssel auf den Filter. Du erhältst dadurch eine farbige Flüssigkeit, mit der du Stoffe färben kannst.

Achtung: Bitte bei diesen Versuchen einen Erwachsenen um Hilfe, denn kochendes Wasser ist gefährlich und erzeugt schlimme Verbrühungen. Trage zum Schutz deiner Kleidung eine Schürze oder einen Overall.

Mögliche Farben

- **Rot –** Rote Beete, Kirschen, Rotkohl
- **Gelb –** Zwiebelschalen
- **Grün –** Spinat
- **Braun –** Jod, Tee, Kaffee (ungefähr 2 Teelöffel auf ein halbes Glas Wasser)
- **Blau –** Löse einen Eßlöffel Mehl in einer halben Tasse Wasser und füge 1 oder 2 Tropfen Jodtinktur hinzu.

Licht zum Leben

Grüne Pflanzen brauchen das Sonnenlicht, um ihre Nahrung selbst herstellen zu können. Ohne Sonnenlicht sterben die grünen Pflanzen. Ohne sie könnte aber auch kein anderes Lebewesen auf dieser Erde überleben. Alle Lebewesen fressen entweder Pflanzen oder Tiere, die sich selbst wiederum von Pflanzen ernährt haben.

▲ Die grünen Pflanzen verwenden als Energie das Sonnenlicht und sie werden von Tieren gefressen. Pflanzenfresser wiederum fallen Fleischfressern zum Opfer. Eine solche Verbindung bezeichnen wir auch als Nahrungskette.

Pflanzen und Licht

Mit diesem Experiment kannst du beweisen, daß grüne Pflanzen Licht zum Überleben brauchen. Lege ein festes Stück Karton auf den Rasen und laß es dort einige Tage liegen. Hebe es dann hoch und untersuche das Gras darunter. Es wird dir sofort auffallen, daß das Gras gelb und ungesund aussieht. Wenn du den Karton nach dem Versuch entfernst, wird sich das Gras langsam wieder erholen.

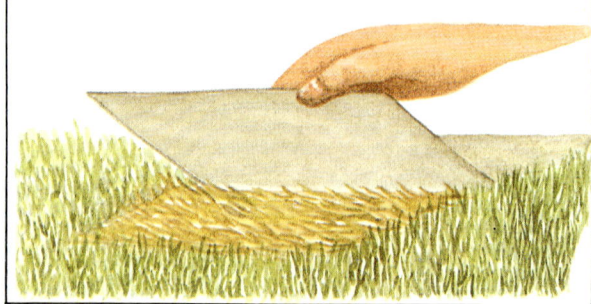

Sich nach dem Licht strecken

Pflanzen wachsen dem Licht entgegen, um möglichst viel davon zu bekommen. Ist Licht überall um sie herum, so wachsen sie aufrecht. Kommt das Licht jedoch nur von einer Seite, so wachsen sie schräg zur Lichtquelle. Das kann man mit einem einfachen Keimungsversuch beweisen.

Bringe etwas Boden in zwei alte Untertassen und säe Kressesamen darauf. Schneide ein kleines Loch in die eine Seite einer Schachtel. Stelle eine Untertasse in die Schachtel und setze den Deckel auf. Laß die andere Untertasse im Freien. Die Samen dürfen ungefähr eine Woche lang keimen. Wachsen sie in den beiden Untertassen unterschiedlich?

Vergiß nicht zu gießen, wenn der Boden trocken wird.

Das Gras wächst im Innern des »Treibhauses« höher.

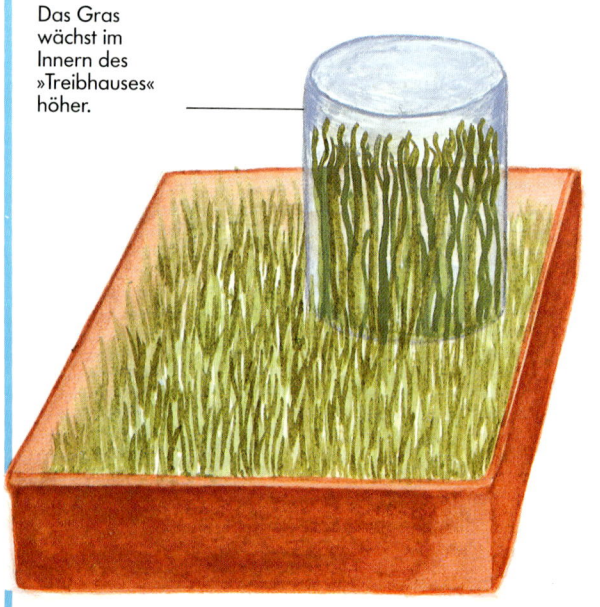

Treibhäuser

In Treibhäusern herrscht eine warme Atmosphäre für die Aufzucht von Pflanzen. Licht und Wärme von der Sonne gelangen durch das Glas ins Innere und wärmen die Luft auf. Die Wärme kann aber nicht entkommen, so daß im Innern höhere Temperaturen herrschen als draußen. Den Treibhauseffekt kannst du auch mit einem Glas hervorrufen, das du über ein Stück Rasen oder über Keimlinge stülpst. Im Innern des »Treibhauses« werden die Pflanzen schneller wachsen.

Katzenaugen scheinen in der Nacht zu glühen. Der Grund liegt in einer besonderen reflektierenden Schicht im Augenhintergrund, hinter der Netzhaut. Nachts, wenn nur geringe Lichtmengen in das Katzenauge eindringen, wird das Licht wieder durch die Netzhaut reflektiert. Deswegen kann die Katze nachts gut sehen. Viele Säugetiere haben eine solche besondere Schicht im Auge; wir nennen sie **Tapetum.**

Einige Tiere können Licht erzeugen. Glühwürmchen ziehen Geschlechtspartner mit Lichtblitzen an. Verschiedene Glühwürmchenarten haben dabei auch unterschiedliche Lichtsignale, an denen sie sich gegenseitig erkennen.

Viele Tiere machen von Licht und Farbe Gebrauch, um sich vor ihren Feinden zu verstecken. Man spricht dabei von **Tarnung.** Die Heuschrecke (Bild oben) sieht beispielsweise genauso wie ein Blatt aus. Die dunklen Streifen auf dem Tigerfell helfen mit, die Umrisse der Gestalt aufzulösen, so daß das Tier im Dschungel sehr schwer zu sehen ist. Damit kann sich der Tiger an Beutetiere heranschleichen, ohne selbst gesehen zu werden.

Licht von der Sonne

Das Sonnenlicht enthält zwei Arten von Strahlen, die wir nicht sehen können. Wir nennen sie ultraviolette und infrarote Strahlen. Die ultravioletten Strahlen bewirken, daß unsere Haut braun wird. Sie verhindert damit, daß weitere ultraviolette Strahlen in den Körper gelangen und dort Schaden anrichten. Sonnencremes enthalten Stoffe, die einen Teil der auftreffenden ultravioletten Strahlen absorbieren. Die Sonnenwärme gelangt in Form von Infrarotstrahlung zu uns. Wenn sie zu stark ist, kann sie die Haut verbrennen.

Wärme von der Sonne

Die Sonne heizt mit ihrer Wärme alles auf der Erde auf. Das Festland erwärmt sich schneller als das Meer, kühlt sich aber auch schneller ab. Du hast vielleicht schon beim Barfußlaufen am Strand bemerkt, daß das Meer am Abend wärmer ist als der Boden.

1. Fülle einen der Behälter mit Wasser und den anderen mit trockenem Boden oder Kompost.

2. Stelle die beiden Behälter an die Sonne und stecke je ein Thermometer hinein. Lies nach einiger Zeit die Temperaturen ab.

Material: Zwei Behälter, zwei Thermometer, trockener Boden, Wasser, ein schwarzes Tuch.

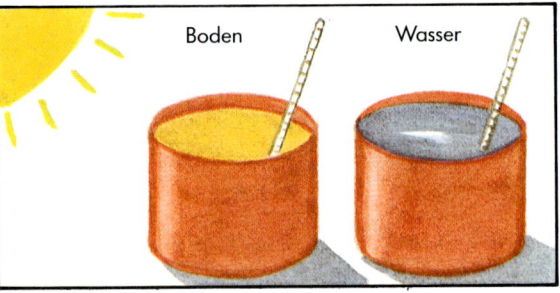

Boden   Wasser

3. Decke die Behälter mit einem schwarzen Stück Tuch zu und lasse sie ungefähr zwei Stunden lang in der Sonne stehen. Miß die Temperatur alle halbe Stunden. Welcher Behälter heizt sich schneller auf? Welcher erreicht die höchste Temperatur?

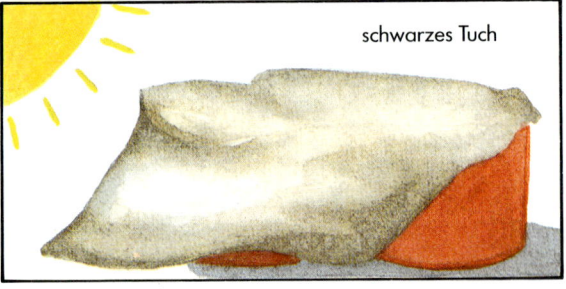

schwarzes Tuch

4. Stelle die Behälter nun an eine kühle Stelle im Schatten. Welcher Behälter kühlt am schnellsten aus?

Wir backen eine Kartoffel

Mit Hilfe der Infrarot-Strahlung von der Sonne kannst du dir eine Mahlzeit zubereiten. Mikrowellenherde arbeiten übrigens auf ähnliche Weise.

1. Lege den Korb mit Alufolie aus, und zwar mit der glänzenden Seite nach innen. Die Folie sollte so glatt wie möglich liegen; klebe sie mit Tesafilm fest.

2. Stecke den Nagel oder die Gabel durch die Mitte des Korbbodens und befestige darauf die kleine Kartoffel.

3. Stelle den »Kocher« in die pralle Sonne. Die besten Ergebnisse erzielst du an einem **sehr** heißen Tag um die Mittagszeit.

4. Richte deinen »Kocher« immer wieder nach der Sonne aus.

Wie es funktioniert
Die Alufolie reflektiert die Sonnenstrahlen wie ein Spiegel und sammelt sie in der Kartoffel. Diese erhitzt sich dadurch und wird am Ende gekocht, allerdings nur, wenn die Sonne stark genug scheint.

Material: Eine kleine Kartoffel, Alufolie, ein geflochtener Korb mit rundem Boden oder eine runde Metallschüssel, ein langer Nagel oder eine Gabel, Klebeband

Wärme und Strom von der Sonne

Sonnenkollektoren auf Dächern oder an Hauswänden sammeln die Wärme von der Sonne. Man beheizt damit Räume oder wärmt das Wasser. Sonnenkollektoren sind so ausgerichtet, daß sie möglichst viel Sonnenwärme abbekommen. Einige lassen sich sogar nach dem Lauf der Sonne ausrichten. In sonnigen Gebieten kann man mit Sonnenkollektoren und Solarzellen den größten Teil der Energie gewinnen, die eine Familie mit einem Haus braucht. In den Solarzellen wird das Sonnenlicht direkt in Elektrizität umgewandelt. Auch Satelliten gewinnen ihre Energie aus Solarzellen.

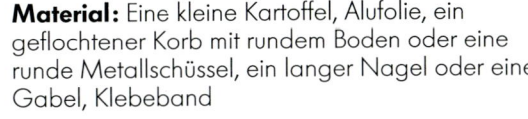

Laser-Licht

In den Lasern wird Licht verstärkt und scharf gebündelt. Laser-Licht kann erstaunliche Energiemengen aufweisen und zum Beispiel in Sekundenschnelle ein Loch in eine Stahlplatte bohren oder auf dem Mond eine Lichtscheibe erzeugen. Laser mit geringerer Energie werden von Ärzten bei Operationen eingesetzt. Laserstrahlen können auch Informationen übertragen, z. B. bei der Compact Disc.

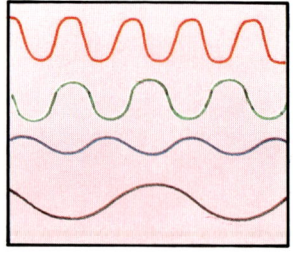

Gewöhnliches (weißes) Licht ist eine Mischung verschiedener Wellenlängen (Farben). Die Wellen überlappen sich.

Ein besonderes Licht

Gewöhnliches Licht von der Sonne oder von einer Glühbirne ist eine Mischung von verschiedenen Farben. Jede Farbe entspricht Licht mit einer ganz bestimmten Wellenlänge. Die Wellen überlappen sich dabei gegenseitig. Ein Laserstrahl hingegen weist nur Licht einer einzigen Farbe und damit Wellenlänge auf. Die Wellen schwingen auch alle zur gleichen Zeit auf und ab. Laser-Licht besteht aus einem engen Strahlenbündel, das sich nur in eine Richtung fortpflanzt, und enthält deswegen sehr viel Energie.

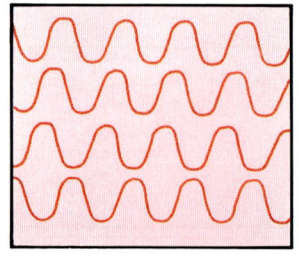

Einfarbiges Licht besteht nur aus Licht einer einzigen Wellenlänge. Die Wellen überlappen sich.

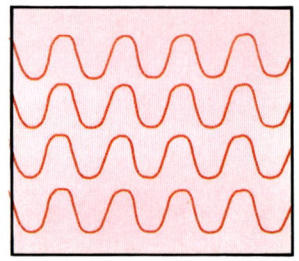

Laser-Licht besteht nur aus Licht einer Wellenlänge, und alle Wellen schwingen gleichsinnig miteinander.

Wie Laser funktionieren

Im Innern eines Lasers befindet sich ein Kristall (z. B. Rubin) oder eine Röhre voller Gas (etwa Kohlendioxid, Krypton oder Argon). Eine Energiequelle (z. B. Blitzlicht) richtet Energiestöße in den Kristall oder das Gas. Wenn sich genügend Energie aufgebaut hat, wird sie in Form eines energiereichen Laserstrahls abgegeben. Die Zeichnung unten zeigt einen Laser mit einem Rubinkristall.

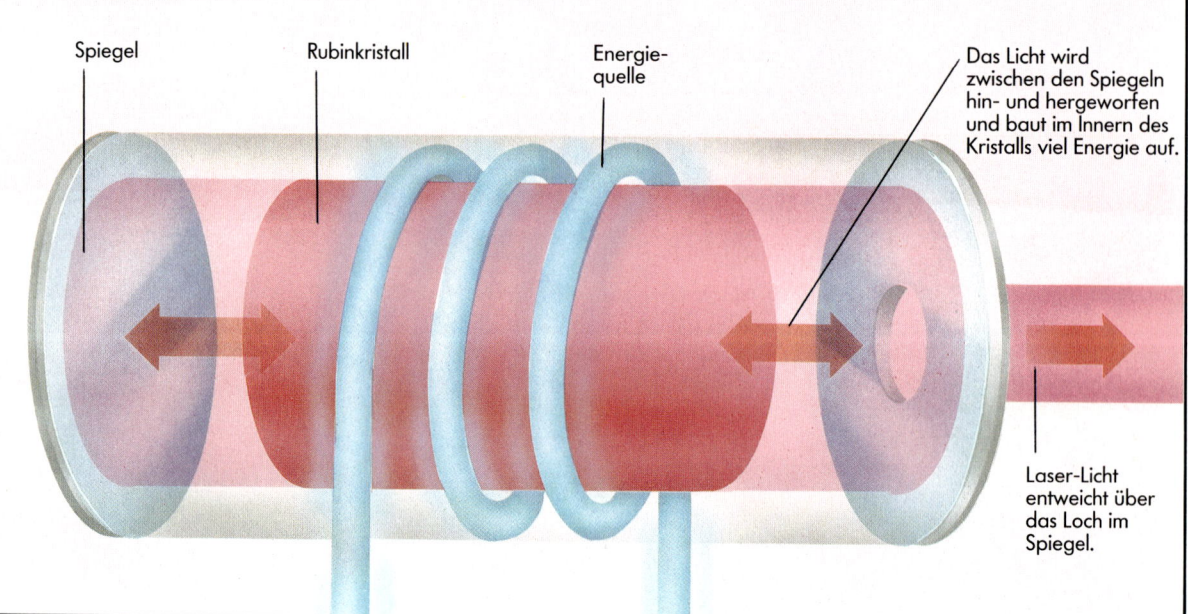

Spiegel

Rubinkristall

Energiequelle

Das Licht wird zwischen den Spiegeln hin- und hergeworfen und baut im Innern des Kristalls viel Energie auf.

Laser-Licht entweicht über das Loch im Spiegel.

▲ Laserstrahlen breiten sich nicht wie normale Lichtstrahlen in alle Richtungen fort, sondern bleiben gebündelt. Damit kann man sie für feinste Bohrarbeiten verwenden. Hier wird mit einem Laser ein Loch in Aluminium gebohrt.

◄ Mit Hilfe von Lasern kann man dreidimensionale Bilder erzeugen, die Hologramme.

Licht-Quiz

Antworten

1. Falsch. Jedes Licht pflanzt sich geradlinig fort (Seite 166).

2. Falsch. Konvexlinsen entwerfen ein vergrößertes Bild und heißen deswegen auch Vergrößerungsgläser (Seite 143).

3. Richtig. Die Pupillen verengen sich, um zu verhindern, daß zu viel Licht in die Augen eindringt und die lichtempfindliche Schicht (Netzhaut) im Augenhintergrund schädigt (Seite 146).

4. Links: Spiegel entwerfen ein seitenverkehrtes Bild; deswegen sollte das Kind im Spiegelbild die andere Hand heben (Seite 136). Mitte: Das Glasgefäß dient als Treibhaus. Das Gras darunter wächst schneller als in der umgebenden Wiese (Seite 162). Rechts: Alle Schatten sollten in dieselbe Richtung weisen (Seite 132/133).

5. Falsch. Der Regenbogen setzt sich nur aus sieben Farben zusammen. Rot, Orange, Gelb, Grün, Blau, Indigo und Violett (Seite 154).

Worterklärungen

Atmosphäre Die Gashülle, welche die Erde umgibt und hauptsächlich aus Stickstoff und Sauerstoff besteht.

Brennpunkt Der Punkt, an dem sich die Lichtstrahlen hinter einer Konvexlinse sammeln. Im Brennpunkt entsteht das schärfste Bild.

Dichte Das Gewicht eines Gegenstandes im Verhältnis zu seinem Volumen. Man berechnet die Dichte, indem man das Gewicht in Gramm durch das Volumen in Kubikzentimeter teilt.

Durchscheinend Durchscheinende Stoffe lassen eine gewisse Menge Licht hindurchtreten. Dahinter entsteht aber ein verschwommenes Bild, weil das Licht in alle Richtungen abgestrahlt wird.

Durchsichtig Durchsichtige Stoffe lassen Lichtstrahlen ohne weiteres hindurch. Sie erzeugen ein scharfes Bild.

Filter Mit einem Filter kann man Flüssigkeit von darin enthaltenen Festkörperteilchen trennen. Solche Filter bestehen aus Papier, Sand oder Kohleschichten. Lichtfilter lassen nur Licht einer bestimmten Farbe hindurchtreten.

Fokussieren Lichtstrahlen in einem Brennpunkt sammeln. Durch Fokussieren erhält man scharfe Bilder.

Holographie Als Holographie bezeichnen wir eine Technik, die Gegenstände mit Laserlicht fotografiert und daraus dreidimensionale Bilder herstellt.

Infrarotlicht Eine besondere Gruppe von Strahlen. Ihre Wellenlänge ist größer als die des Lichts am roten Ende des Spektrums. Infrarotlicht können wir nicht mehr mit unseren Augen wahrnehmen, doch wir spüren es als Hitze.

Isolation Wärmedämmung. Eine Isolierschicht verhindert, daß Wärme oder Kälte (oder Elektrizität oder Schall) hindurchtreten. Gut isoliert ist zum Beispiel die Thermosflasche, die ein Getränk stundenlang warmhält.

Kapillarkräfte Die Kapillarkräfte treten in engen Röhren auf und bewirken, daß Flüssigkeit nach oben gezogen wird. Die Kapillarkräfte beruhen auf der Oberflächenspannung.

Kondensation Der Übergang vom gasförmigen in den flüssigen Zustand. Wenn Wasserdampf beispielsweise kondensiert, bilden sich winzige Tröpfchen, die wir unter anderem als Wolken oder Nebel sehen.

Konkav Nach innen gekrümmt. Konkave Linsen sind in der Mitte dünner als am Rande. Sie führen zu einer Zerstreuung des Lichts, so daß Gegenstände dahinter kleiner erscheinen.

Konvektion Wärmetransport in einer Flüssigkeit oder in einem Gas durch Bewegung des Stoffes selbst. Die Konvektion beruht darauf, daß sich Gase oder Flüssigkeiten beim Erwärmen ausdehnen. Damit verringert sich ihre Dichte, und sie steigen über kühlere Gase oder Flüssigkeiten, die sie umgeben.

Konvex Nach außen gekrümmt. Eine Konvexlinse ist in der Mitte dicker als am Rande. Sie sammelt die Lichtstrahlen und läßt Gegenstände größer erscheinen. Man spricht deshalb auch von einer Sammellinse oder von einem Vergrößerungsglas.

Laser Laserlicht besteht aus sehr energiereichen, scharf gebündelten Strahlen. Alle Wellen bewegen sich dabei gleichsinnig. Das Wort »Laser« stammt aus dem Englischen und bedeutet ungefähr Lichtverstärkung durch angeregte Strahlungsemission. Man kann auch von einem Lichtverstärker sprechen.

Lichtbrechung Eine Veränderung in der Fortpflanzungsrichtung von Lichtstrahlen an der Oberfläche zwischen zwei Stoffen, z. B. zwischen Luft und Wasser. Man spricht auch von Refraktion. Die Lichtbrechung beruht darauf, daß sich Licht in unterschiedlichen Stoffen mit unterschiedlicher Geschwindigkeit fortbewegt.

Linse Ein durchsichtiger Gegenstand (üblicherweise aus Glas) mit einer oder zwei gekrümmten Oberflächen. Es gibt Linsen, die ein vergrößertes oder verkleinertes Bild des betrachteten Gegenstandes entwerfen.

Oberflächenspannung Die feine »Haut« an der Oberfläche von Flüssigkeiten. Sie beruht auf der gegenseitigen Anziehung der winzigen Teilchen (Moleküle) an der Oberfläche.

Opak Undurchsichtig. Solche Stoffe lassen kein Licht hindurchtreten, und wir können nicht durch sie hindurchsehen.

Pendel Ein aufgehängter Gegenstand, der frei schwingen kann. Es spielt dabei keine Rolle, ob das Gewicht an einer Schnur oder an einem Stab aufgehängt ist.

Reibung Eine Kraft, die bei jeder Bewegung zweier Oberflächen aneinander auftritt. Sie bewirkt am Ende, daß die Bewegung zum Stillstand kommt.

Rolle Eine Art Rad mit eingekerbter Lauffläche, die ein Seil aufnehmen kann. Aus mehreren Rollen kann man Flaschenzüge bauen. Sie machen es möglich, große Lasten mit geringer Kraft zu heben.

Schwerkraft Die Kraft, die alle Gegenstände zur Erdmitte hin anzieht. Die Anziehungskraft oder Gravitation bewirkt, daß alle Gegenstände auf der Erdoberfläche bleiben und ein Gewicht haben, und verhindert, daß diese Gegenstände in den Weltraum wegfliegen.

Schwerpunkt Der Punkt, an dem die Schwerkraft angreift. Jeder Gegenstand hat einen Schwerpunkt.

Spektrum Ein farbiges Band bestehend aus den sieben Regenbogenfarben: Rot, Orange, Gelb, Grün, Blau, Indigo und Violett. Jede Farbe entspricht dabei dem Licht einer bestimmten Wellenlänge.

Trägheit Die Neigung jedes Gegenstandes, in Ruhe oder in Bewegung zu verharren.

Turbine Ein Rad mit Blättern, das von Heißdampf, Wasser oder Gas angetrieben wird. Mit Turbinen treibt man Schiffe, Flugzeuge und die Generatoren in Kraftwerken an.

Ultraviolettes Licht Das ultraviolette oder UV-Licht besteht aus Strahlen mit etwas geringerer Wellenlänge als das Licht am violetten Ende des Spektrums. Wir können ultraviolettes Licht mit unseren Augen nicht mehr sehen. Manche Tiere nehmen es jedoch wahr, z. B. Bienen.

Verdunstung Der Übergang vom festen oder flüssigen in den gasförmigen Zustand. Wenn wir schwitzen, verdunstet Schweiß auf unserer Körperoberfläche und entzieht uns dabei Wärme.

Wasserdampf Gasförmiges Wasser. Wir können richtigen Wasserdampf nicht sehen. In der Umgangssprache bezeichnet man aber als Wasserdampf kondensierte winzige Wassertröpfchen in Form von Nebel oder von Wolken.

Wellenlänge Der Abstand zwischen einem Wellenberg und dem nächsten. Verschiedene Wellentypen haben auch unterschiedliche Wellenlängen. Je geringer die Wellenlänge, um so gefährlicher ist im allgemeinen die Strahlung, z. B. Röntgen- oder Gammastrahlung.

Zahnrad Rad mit einem gezähnten Rand. Durch Kombinationen von Zahnrädern kann man die Drehgeschwindigkeit und die Drehrichtung verändern.

Zentrifugalkraft Eine Kraft, die bei jeder kreisförmigen Bewegung auftritt. Sie bewirkt, daß der bewegte Gegenstand von der Mitte des Kreises weggezogen wird und die Neigung hat wegzufliegen.

Register

Bildnachweis

Zusätzliche Grafiken:
Catherine Constable: S. 26 – 29, 42 – 45, 84 – 85, 116, 117, 162 – 165
Andrew Macdonald: S. 64 – 69, 72 unten links, 92, 93, 104, 105, 107 oben rechts
Mike Saundres *(Jillian Burgess)*: S. 52 – 53, 136 – 139, 154 – 161, 166
David Salariya und Shirley Willis: S. 109 unten.
Crocker: S. 147, 153 (Schwarzweiß)

Fotografien:
Argos Distributors Limited: 116
Blackpool Pleasure Beach, Astroswirl: 122
British Aerospace, Civil Aircraft Division: 71
J. Allan Cash: 13, 39, 78, 108, 139, 165
C. E. G. B.: 127
Michael Chinery: 163 unten
Nik Cookson: 99, 103, 136
Warren Jepson Limited: 57
London Fire Brigade: 25
Nature Photographers: 77, 163 oben
New York State, Commerce Department, Albany, N.Y.: 20
Osh Kosh Truck Corporation: 106
Parfums Lagerfeld Limited: 67
Port of Rotterdam: 35
R. O. S. P. A.: 156
Science Museum, London: 24, 142
Smiths Industries: 62
Thames Water: 42
Transport and Road Research Laboratory: 101
WHO Group: 167 unten
ZEFA: 12, 17, 18, 41, 44, 46 oben und unten, 52, 60 – 61, 72, 79, 80, 81, 84, 87, 95, 104, 112, 115, 126, 132, 135, 141, 159, 164, oben
Carl Zeiss Jena Limited: 145

Bildredaktion: Jackie Cookson